The Neuroscience of Addiction
중독의 신경과학

The Neuroscience of Addiction
© Francesca Mapua Filbey 2019
This translation is published by arrangement with Cambridge University Press.
All rights reserved.

No part of this publication may be used or reproduced in any form or by any means without written permission except in the case of brief quotations embodied in critical articles or reviews.

Korean Translation Copyright © 2025 by ECO-LIVRES Publishing Co.
Korean translation rights arranged with Cambridge University Press, Cambridge through BC Agency, Seoul.

이 책의 한국어판 저작권은 BC 에이전시를 통해 저작권자와 독점 계약한 에코리브르에 있습니다.
저작권법에 의해 한국 내에서 보호를 받는 저작물이므로 무단 전재와 복제를 금합니다.

중독의 신경과학

초판 1쇄 인쇄일 2025년 7월 7일   초판 1쇄 발행일 2025년 7월 10일

지은이 프란체스카 마푸아 필비 | 옮긴이 홍욱희
펴낸이 박재환 | 편집 유은재·신기원 | 마케팅 박용민 | 관리 조영란
펴낸곳 에코리브르 | 주소 서울시 마포구 동교로15길 34 3층(04003) | 전화 702-2530 | 팩스 702-2532
이메일 ecolivres@hanmail.net | 블로그 http://blog.naver.com/ecolivres | 인스타그램 @ecolivres_official
출판등록 2001년 5월 7일 제2001-000092호
종이 세종페이퍼 | 인쇄·제본 상지사 P&B

ISBN 978-89-6263-314-6 93180

책값은 뒤표지에 있습니다.   잘못된 책은 구입한 곳에서 바꿔드립니다.

중독의 신경과학

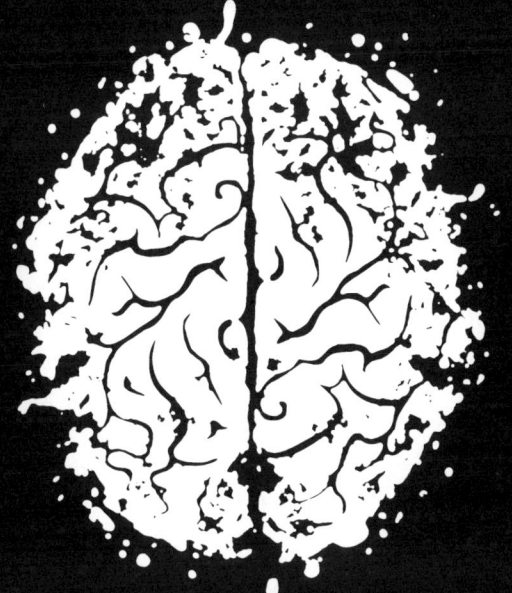

프란체스카 마푸아 필비 지음 | 홍욱희 옮김

에코
리브르

데이비드, 사랑과 지원에 감사드립니다.

콜린, 내 마음에 양식을 제공해준 것에 감사드립니다.

얼래스테어, 정신적 양식에 감사드립니다.

후안과 조지나 마푸아, 항상 나를 믿어줘 고맙구나.

펠리페와 에머리타 캔러스, 헌신의 본보기가 돼주셔서 감사드립니다.

차례

화보 차례	009
그림 차례	010
표 차례	015
서론	017
01 중독이란 무엇인가	021
02 중독의 이해를 위한 인간 대상 신경과학적 접근	049
03 중독의 뇌-행동 이론	067
04 첫 약물 사용의 동기부터 여가를 위한 사용까지: 보상 및 동기 시스템	087
05 단기 중독	111
06 금단 증상	135
07 갈망	159
08 충동성	183
09 뇌에 기반한 발견이 중독의 예방과 치료에 주는 영향	205
10 결론	231
용어 해설	257
찾아보기	269

화보 차례

화보 1.1 5세부터 20세까지 두뇌의 성숙 과정을 보여주는 종단 연구.

화보 2.4 회백질에서는 물 분자가 주로 등방성(축구공 모양)으로 확산하는 반면, 치밀한 백질 섬유 다발에서는 물 분자가 강한 이방성(럭비공 모양)으로 섬유 다발의 방향을 따라 확산한다.

화보 5.3 니코틴 투여의 효과를 규명하기 위한 PET 연구.

화보 6.3 빠른 베타파의 강도는 다중 약물 중독자의 금단 기간 3개월 동안 재발을 예측할 수 있는 지표가 된다.

화보 S7.1 델타포스비 단백질의 측정.

화보 8.5 복내측 전전두엽 피질 손상은 위험한 의사 결정을 유발한다.

화보 9.3 메타돈 보조 치료(methadone-assisted therapy, MAT)를 받은 후 갈망을 유도하는 과제에서 헤로인 사용을 장기간 끊은 사람들(평균 금단 기간: 193일)은 헤로인 사용을 단기간 끊은 사람들(평균 금단 기간: 23일)보다 뇌의 선조체에서 반응이 더 크게 감소했다.

화보 9.5 약물 및 인지 기반 치료의 (a) 공통적 신경 표적과 (b) 개별적 신경 표적.

화보 10.4 EEG의 진동은 알코올 사용 장애의 유용한 엔도페노타입이 될 수 있다.

그림 차례

그림 1.1 5세부터 20세까지 두뇌의 성숙 과정을 보여주는 종단 연구. 022

그림 1.2 중독 연구에서 사용하는 동물 행동 실험 패러다임. 033

그림 1.3 중뇌-피질-변연계 보상 시스템(mesocorticolimbic reward system)에서 다양한 약물의 작용 부위. 035

그림 S1.1 아직 신비에 싸여 있는 버섯. 042

그림 2.1 환자를 대상으로 한 MEG 스캐너. 052

그림 2.2 MRI의 원리. MRI 신호는 회전하는 양성자가 자기장의 축(중앙에 있는 화살표)을 중심으로 돌거나 흔들리면서(세차 운동) 발생한다. 055

그림 2.3 MRI 기계로 들어가는 환자. 055

그림 2.4 회백질에서는 물 분자가 주로 등방성(축구공 모양)으로 확산하는 반면, 치밀한 백질 섬유 다발에서는 물 분자가 강한 이방성(럭비공 모양)으로 섬유 다발의 방향을 따라 확산한다. 056

그림 2.5 인간 면역 결핍 바이러스(HIV)에 감염되고 알코올 중독이 있는 34세 남성 환자의 MRS 영상. 058

그림 S2.1 45년간 지켜온 사랑이 뇌에서는 어떻게 나타날까? 063

그림 S2.2 뇌와 행동의 연관성에 대한 연구는 골상학 분야에서 시작됐다. 065

그림 3.1 중독을 설명하는 그림. 집착/기대("갈망"), 과도한 섭취, 금단 072

	현상/부정적 정서의 악순환을 보여준다.	
그림 3.2	약물 사용자와 비사용자의 전전두엽과 피질하 영역 간 상호 작용을 보여주는, iRISA 증후군 모델의 개념도.	074
그림 3.3	2013년 14세 이상 오스트레일리아 인구 중 사회경제적 지위가 각각 최저와 최고인 사람들의 상습 흡연, 위험한 알코올 소비, 불법 약물 사용.	078
그림 S3.1	현대 미국의 오피오이드 유행병.	082
그림 4.1	(a) 레버 누르기와 (b) 두개 내 자기 자극은 실험동물의 보상과 동기를 연구하기 위한 실험 패러다임의 두 가지 예다.	088
그림 4.2	뇌의 보상 시스템은 도파민이 조절하는 중뇌-피질-변연계 경로에 위치한다.	090
그림 4.3	식염수와 암페타민을 사전에 복용한 쥐의 측좌핵 껍질부(위)와 핵심부(아래)에서 중간 가시 뉴런(medium spiny neuron)을 관찰하고 카메라 루시다 기법으로 그린 그림.	092
그림 4.4	도파민 방출은 보상의 신호다.	094
그림 4.5	칼리바스와 볼카우(Kalivas & Volkow, 2005)에 따르면, 전전두엽 피질에서 측좌핵 핵심부를 거쳐 복측 담창구로 이어지는 경로가 약물 탐색 행동의 최종 공통 경로로 작용한다.	097
그림 4.6	뇌에서의 도파민 감소가 노력에 미치는 영향에 대한 실험.	101
그림 S4.1	(a) 감각 및 새로움을 추구하는 경향은 청소년기의 특징이다. (b) 금전적 보상 지연 과제의 예시.	106
그림 5.1	알고올 단기 중독은 삼각 눈동 능력에 영향을 미칠 수 있다.	113
그림 5.2	약물 작용의 메커니즘.	115
그림 5.3	니코틴 투여의 효과를 규명하기 위한 PET 연구.	121
그림 5.4	가상 협실 운전 시뮬레이터의 예.	124
그림 5.5	(a) 편도체의 위치(화살표로 표시됨). (b) 단기 알코올 중독 상	125

태에서 정서가 나타난 얼굴에 대한 뇌 영역의 반응.

그림 S5.1 대마초가 합법화되면서 법률을 집행하는 데 어려움이 발생했다. 130

그림 6.1 시간의 경과에 따른 대마초 금단 증상의 심각성. 139

그림 6.2 시상에서 관찰한 기저선에서 하룻밤 금연 후까지 뇌 혈류 변화와, 기저선에서 금단 증상이 나타난 때까지 미네소타 금단 증상 점수로 평가한 주관적 니코틴 금단 증상의 변화. 142

그림 6.3 빠른 베타파의 강도는 다중 약물 중독자의 금단 기간 3개월 동안 재발을 예측할 수 있는 지표가 된다. 146

그림 6.4 금단 증상이 나타나는 동안 보상 시스템과 스트레스 시스템 간의 신경 적응. 148

그림 S6.1 아편 유사제를 사용하는 어머니에게서 태어난 아기들은 아편류에 대한 금단 증상에 시달린다. 152

그림 S6.2 페이스북에 중독될 수 있을까? 153

그림 7.1 촉각 단서로서 대마초를 사용하는 도구, 중립적 사물(연필), 비약물 보상 단서로서 음식(그림에는 나타나지 않은 과일)을 사용한 단서 유도 갈망 패러다임의 예. 163

그림 7.2 단서 유발 갈망 패러다임. 169

그림 7.3 역행 차폐 단서 과제의 예시. 171

그림 7.4 약물 남용에 따른 수상 돌기 구조의 변화. 172

그림 S7.1 델타포스비 단백질의 측정. 177

그림 8.1 충동성은 위험한 행동을 유발한다. 184

그림 8.2 피질-선조체 경로. 186

그림 8.3 자극제 의존자, 이들의 비사용 형제자매, 비사용 대조군을 대상으로 한 연구는 충동성이 (감각 추구성과 달리) 자극제에 대한 의존성을 유발하는 요인일 수 있다는 가능성을 보여준다. 189

그림 8.4 반응 선택 검사의 예시. 191

그림 8.5	복내측 전전두엽 피질 손상은 위험한 의사 결정을 유발한다.	194
그림 8.6	멈춤 회로의 개념도.	195
그림 8.7	지연 할인 검사의 예시.	196
그림 8.8	기다림 회로의 개념도.	198
그림 S8.1	청소년기는 뇌 발달에 있어 중요한 시기이면서 매우 충동적인 행동과 관련되는 시기이기도 하다.	202
그림 9.1	약물 중독 환자들과 당뇨병·고혈압·천식 환자들의 재발률 비교. 재발은 이 모든 질환에서 흔히 그리고 비슷하게 발생한다 (복약 이행도 유사하게 나타난다).	207
그림 9.2	포괄적 약물 중독 치료의 구성 요소.	208
그림 9.3	메타돈 보조 치료(methadone-assisted therapy, MAT)를 받은 후 갈망을 유도하는 과제에서 헤로인 사용을 장기간 끊은 사람들(평균 금단 기간: 193일)은 헤로인 사용을 단기간 끊은 사람들(평균 금단 기간: 23일)보다 뇌의 선조체에서 반응이 더 크게 감소했다.	210
그림 9.4	중독 치료에서 행동 치료와 약리학적 치료를 병행할 때 시너지 효과를 내는 메커니즘을 설명하는 모델.	217
그림 9.5	약물 및 인지 기반 치료의 (a) 공통적 신경 표적과 (b) 개별적 신경 표적.	218
그림 S9.1	동료 회복 전문가는 중독 치료에 새로운 관점을 제시할 수 있다.	224
그림 10.1	성인 쌍둥이를 대상으로 대규모 설문 조사를 통해 도출한 열 가지 중독의 유전 가능성(h^2, 가중 평균값).	236
그림 10.2	상호 보완적 기술의 통합(e)을 통해 복잡한 행동적 특성에서 나타나는 개인차의 신경생물학을 밝혀낼 수 있다.	237
그림 10.3	엔도페노타입의 개념은 이것이 유전적 메커니즘과 관찰할 수 있는 행동 사이에 인과적 경로로서 존재한다는 것이다.	238

그림 10.4 EEG의 진동은 알코올 사용 장애의 유용한 엔도페노타입이 될 수 있다.   240

그림 10.5 뇌 부피의 변화는 대마초 사용 장애의 엔도페노타입일 수 있다.   242

그림 10.6 (a) 출생 코호트 연구 설계(birth cohort design). (b) 이 전향적 연구에서는 알코올 및 약물 사용을 시작부터 조사했다. (c) 더니딘 연구에서는 출생 코호트에 대한 전향적 종단 설계를 통해 아동기에서 성인기에 이르기까지 전체 IQ 변화(표준 편차 단위로 측정함)의 변화를 발견했다.   245

그림 S10.1 외상 후 스트레스 장애.   251

표 차례

표 1.1 미국 마약단속국의 2017년 마약류 등급 분류. 024

표 1.2 DSM-IV를 DSM-5로 개정하며 수정한 중독의 증상. 030

표 1.3 물질 사용 장애와 강박적 과식의 행동적 증상에서 나타나는 일 038
반적 공통점(Volkow & O'Brien, 2007).

표 6.1 약물 특이성과 급성 금단 증상이 발생하는 시기. 138

서론

1990년대는 미국 정부가 정한 "뇌의 10년(Decade of the Brain)"이었다. 이 기간에 정부가 질병과 관련한 뇌의 근본 메커니즘을 규명하려는 노력을 경주하면서, 뇌가 중독에서 어떤 역할을 하는지에 대한 관심이 높아졌다. 신경과학 연구는 중독의 원인과 결과에 대한 이해를 넓히는 데서 큰 진전을 이뤘으며, 중독에 대한 낙인을 지우고 필요한 사람들에게 도움을 줬다. 그러나 이런 정보는 현재까지 대부분 과학계에서만 통용되고, 학생과 일반 대중에 대한 보급은 지연됐다. 이는 여전히 높은 중독의 유병률과 다른 질병 및 장애와의 동반 이환율에도 불구하고 임상을 포함한 대부분의 교육 프로그램에서 중독에 대한 강조가 부족한 주요 원인일 수 있다. 최근 미국 사회에서 제기된, 대마초와 오피오이드(아편류의 마약—옮긴이)라는 두 약물을 둘러싼 공중 보건 문제가 이 책의 필요성을 극명히 보여준다. 즉 학생과 일반인들을 모두 독자층으로 삼아 중독에 관한 신경과학적 정보를 쉽게 전달할 필요가 있다.

이 책의 접근 방식

이 책은 행동신경과학(behavioral neuroscience) 및 신경정신약물학(neuropsychopharmacology) 분야의 빈틈을 메꾸기 위해 집필됐다. 지금까지 이 주제와 관련성이 가장 높은 교재는 중독을 설명하기보다 중독을 연구하는 데 유용한 신경영상학적 기기의 활용법에 주안점을 뒀다. 또한 이런 책은 학부생이나 일반인이 아닌, 과학적 지식이 어느 정도 있는 사람들을 주 독자로 삼았다. 중독된 뇌에 대한 과학적 탐구와 대중의 관심이 증가하면서, 이 주제에 대한 신경과학 연구 결과를 체계적으로 정리하고 독자들이 쉽게 접근할 수 있는 교재의 필요성도 커지고 있다. 이 책은 모든 수준의 신경과학과와 의예과 학생 및 수련생들을 위한 교재로 활용할 수 있을 것이다. 이 책의 주된 예상 독자층은 상급 과정의 학부생, 대학원생, 교육받은 일반인들이다. 청소년기의 뇌에 관심이 있는, 공공정책·공중 보건·발달심리학 등 다른 분야의 과학자들도 쉽게 접근할 수 있도록, 신경과학에 대한 배경지식이 거의 또는 전혀 없는 사람들에게 적합한 수준으로 집필했다. 이 책은 뇌와 행동·정신약리학·신경심리학·행동신경과학 같은 대학 상급 과정의 부교재, (누구나 접근할 수 있도록 썼으므로) 교육받은 일반인을 위한 교양서, 대학과 대학원 과목이나 학부의 심화 수준 또는 대학원 수준의 세미나에서 (과학 논문을 보충 자료로 해서) 주 교재로 사용할 수 있다. 학생, 비전문가, 교육받은 일반인 등 모두가 이 책을 읽을 수 있을 것이다.

   이 책은 케임브리지 대학교 출판부에서 발간한 *Cambridge Fundamentals of Neuroscience in Psychology* 시리즈에 포함된다. 이 시리

즈의 목표는 심리학적 질문에 답하는 데 신경과학적 방법론과 연구를 어떻게 활용하는지 소개하는 것이다.

책의 내용과 구성

이 책에서는 지금까지 수행된, 중독의 가장 널리 알려진 단계에 대한 신경과학 연구를 정리했다. 첫 세 장은 이어지는 장들에서 다루는, 더 심도 있는 주제들의 토대가 될 내용이다. 먼저 1장에서는 중독의 임상적·행동적 특징에 관해 일반적 기초를 설명한다. 다음 장은 신경과학 연구에서 취하는 다양한 접근법을 소개하는데, 이후 장들에서도 언급된다. 따라서 여기서는 중독 연구에서 사용하는 현대 과학 기술에 대한 기본 지식을 제공한다. 기초가 되는 세 장 중 마지막 장에서는 뒤의 여러 장에서 설명하는 조사 연구에 바탕이 되는, 다양한 중독 관련 이론을 논의한다. 이 세 장의 목표는 현재까지 알려진 이 분야의 지식을 폭 넓게 소개하고, 후속 장들에서 다루는 정보를 통합하는 데 필요한 배경지식을 제공하는 것이다.

4장부터는 중독 문제와 관련해 중요한 여러 구성 개념을 논의하며, 단기 중독(intoxication)에서 비롯하는 중독(addiction)과 물질 사용(substance use)의 보상 효과에서 금단 증상과 치료까지, 중독이 진행하는 일종의 생태학적 순서를 따라 구성됐다. 이들 장에서는 주요 구성 개념들의 이해를 돕는 기본 연구와 관련한 문제를 다룬다.

이 책의 마지막 장에서는 이런 과정과 관련한, 예를 들면 사람에 따른 중독의 가변성과 같은 보조적 주제들에 대해 논의한다. 그다음으로 중독의 신경과학이라는 시대정신에 대한 종합적 개요를 제공한다.

이 책의 특징

각 장에는 개념이나 어려운 주제를 설명할 수 있는 그림이 포함돼 있으며, 본문에서 여기에 대한 설명을 찾아볼 수 있다. 장 끝부분에는 독자가 요점에 집중할 수 있도록 돕고 핵심을 강화하기 위해 요약을 정리했다. 각 장에 대한 독자의 이해도를 높이기 위해 복습 문제도 제공한다. 이 문제는 해당 장의 요점과 관련이 있다. 또한 추가 학습을 촉진할 수 있는 보충 자료로 "더 읽을거리"를 배치했다. "집중 조명"은 사회적 이슈를 그 장의 구성 개념과 관련지어 설명한다. "집중 조명"의 목표는 독자의 비판적 사고를 자극하는 것으로 중독에 대한 구성 개념을 실제 세계에 적용할 수 있도록 도울 것이다.

중독이란 무엇인가

학습 목표

- 중독의 임상적 정의를 설명할 수 있다.
- 중독의 현상학을 이해한다.
- 정신 활성 물질(psychoactive substance)의 분류법을 설명할 수 있다.
- 중독의 뇌 질환 모델에서 특성을 파악할 수 있다.
- 행동적 중독의 개념을 이해한다.

머리말

세계보건기구(WHO)에 따르면, 2000년 기준으로 전 세계에서 약 20억

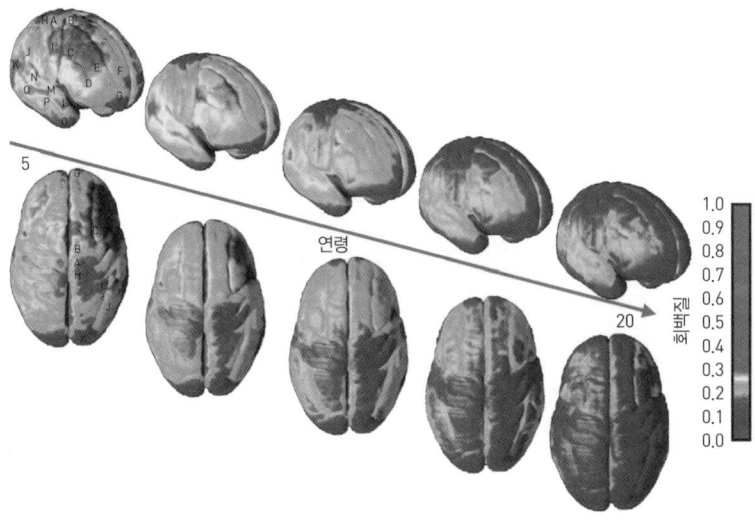

그림 1.1　5세부터 20세까지 두뇌의 성숙 과정을 보여주는 종단 연구. (출처: Gogtay et al., 2004. ⓒ 2004 National Academy of Sciences, USA.)
*이 그림의 흑백 버전은 일부 형태를 표시한다. 컬러 버전은 간지의 별도 사진 참조.

명이 술을 마시고, 13억 명이 담배를 피우고, 1억 8500만 명이 마약성 약물을 사용했다. 이로 인해 사망한 사람의 수는 그해 사망자의 12.4퍼센트에 달했다. 약물 중독은 누구에게나 영향을 미칠 수 있다. 성별, 인종, 나이에 상관없이 모두 마찬가지다. 하지만 중독률이 가장 높게 나타나는 시기는 청소년기에서 초기 청년기 사이(12~29세)다(UNODC, 2012). 이 시기에 뇌가 중요한 성숙 과정을 거치기 때문에 이때 약물 사용률이 높아지기 시작하면 이후 뇌가 발달하는 양상을 변화시킬 가능성이 있다. 그림 1.1은 뇌 발달이 회백질은 감소하고 대뇌 피질은 얇아지면서 시작해, 청소년기와 초기 성인기를 거치며 백질의 양이 증가하고 뇌의 연결성과 조직화가 강화되는 과정임을 보여준다(Giorgio et al.,

2010; Gogtay et al., 2004; Hasan et al., 2007; Lebel et al., 2010; Shaw et al., 2008).

　신경과학, 역학(疫學), 뇌 영상, 유전학 등 다양한 학문의 다학제 간 연구에 따르면, 중독은 뇌에 변화를 일으키기 때문에 뇌 질환으로 간주된다. 다른 뇌 질환들처럼 중독은 3P, 즉 그 영향이 몸 전체를 **통제하고**(pervasive), **지속적이며**(persistent), **병적**(pathological)이라는 특징으로 설명될 수 있다. 중독은 개인의 삶 전체에 영향을 미치고 **통제한다**고 할 수 있다. 또한 개인의 노력에도 불구하고 그 영향이 오랜 기간 유지되므로 **지속적**이다. 마지막으로 이런 영향이 개인으로서는 통제 불가능하기 때문에 **병적**이다. 따라서 중독자는 그 광범위한 부정적 결과에도 불구하고 약물을 강박적으로 찾게 되며 지속적으로 사용하고자 한다.

　임상적으로 중독은 미국에서 처음 발간됐으며 현재 제5판까지 나온 《정신질환의 진단 및 통계 편람(Diagnostic and Statistical Manual of Mental Disorders, DSM)》 또는 세계보건기구의 《국제질병분류(International Classification of Diseases, ICD)》와 같은 기준을 사용해, 임상 면담을 거쳐 공식적으로 진단된다. DSM-5에 따르면 중독은 만성적·점진적으로 진행하는 질병이며, 환자들의 행동 양상은 그 심각도에 따라 다양한 스펙트럼으로 나타난다. 따라서 2014년에 도입된 DSM-5는 이런 제반 증상을 "물질 사용 장애(substance use disorder, SUD)"로 정의한다.

　미국에서는 마약단속국(Drug Enforcement Administration, DEA)이 남용 및 해악의 위험성과 의료적 사용 가능성을 기준으로 약물을 분류하고 있다(표 1.1 참조). 1급 마약류(Schedule I)는 남용의 위험이 가장 높고 의료적 가치가 거의 또는 전혀 없는 약물인 반면 5급 마약류는 남용 가능성이 가장 낮다. 1급 마약류에는 헤로인, 리세르그산 디에틸아미드

표 1.1 미국 마약단속국의 2017년 마약류 등급 분류. 마약단속국은 약물을 허용되는 의학적 용도와 남용 및 의존 가능성에 따라 5개의 범주로 구분한다. I급 약물은 남용 가능성이 가장 높으며 심각한 심리적·신체적 의존을 유발할 가능성도 높다. V급 약물은 남용 가능성이 가장 낮다.

마약류 등급	분류 기준	약품, 물질, 화학물질의 명칭
1급	현재 의학적으로 활용되는 사례가 없음 남용 가능성이 매우 높음	헤로인 LSD 대마초 엑스터시 메타퀄론 페요테
2급	남용 가능성이 높음 의존의 위험이 심각함	바이코딘 코카인 메스암페타민 메타돈 딜라우디드 데메롤 옥시콘틴 펜타닐 덱세드린 애더럴 리탈린
3급	남용 가능성이 낮거나 중간 정도임 의존의 위험이 낮거나 중간 정도임	코데인 케타민 합성 대사 스테로이드 테스토스테론
4급	남용 가능성이 낮음 의존의 위험이 낮음	자낙스 다르보셋 발륨 아티반 앰비엔 트라마돌
5급	남용 가능성이 가장 낮음 의존의 위험이 가장 낮음	로비투신 리리카

(LSD), 대마초, 페요테(peyote), 메타퀄론(methaqualone), 3, 4-메틸렌디옥시메스암페타민, 즉 엑스터시(ecstasy) 또는 MDMA가 포함된다. 또한 남용의 우려가 있는 약물은 그 작용 방식과 행동으로 나타나는 증상에 따른 범주, 즉 마약, 카나비노이드, 억제제, 자극제, 환각제, 흡입제로 구분되기도 한다. 예를 들어 일부 약물은 두뇌의 특정 수용체를 표적으로 하지만(예: 카나비노이드), 다른 약물은 여러 수용체 시스템에 동시에 작용하기도 한다(예: 자극제).

물질 사용 장애의 현상학

중독은 약물 사용에 따르는 부정적 결과에도 불구하고 강박적으로 약물을 추구하는 것으로 정의된다. 약물 남용 및 의존에 대한 임상적 진단 기준은 그동안 과학적 연구에 기반해 지속적으로 수정돼왔고 앞으로도 그렇겠지만, 중독과 관련해 나타나는 행동적 결과들은 보상 자극(rewarding stimuli)에 대한 반응의 고조와, 보상 자극을 소비하려는 개인의 통제 불가능한 행동을 중심으로 한다. 다양한 중독 모델에서 중독에 영향을 미치는 여러 단계와 과정을 제안한다(3장 참조). 그러나 이런 모델 모두는 약물에 대한 초기의 쾌락적 반응으로부터 시작된다. 이 초기 반응은 약물을 획득하고 소비하려는 동기와 약물 사용에 대한 충동성 및 통제력 상실로 이어진다. 내성과 금단 증상 역시 약물 사용을 중단하려는 바람에도 불구하고 지속하게 만드는 중요한 과정이다.

중독 문제가 그렇게 복잡한 이유는 중독으로 이어지는 다차원적 과정이 여러 신경적·생물학적 사건의 연쇄 반응을 유발하기 때문이다. 이런 사건들은 에이즈, 암, 심혈관 및 호흡기 질환 등 여러 질병의 가능성을 증가시키고, 정신병(psychosis)을 포함해 정신 장애(mental disorder)의 발병과도 관련이 있다. 또한 약물 사용은 태아 알코올 증후군, 조산, 신생아 금단 증후군의 사례에서와 같이 출산 전의 태아에게도 유해한 영향을 준다. 중독을 겪는 개인은 자신의 책임을 다하지 못하는 위험에도 처한다. 예를 들어 약물 남용은 학업 중단의 위험성을 증가시키고〔미국 고등학교 중퇴자의 27퍼센트가 대마초를 흡연한 경험이 있으며, 10퍼센트는 처방약을 남용했고, 42퍼센트는 알코올을 소비했다—미국 약물남용 및 정신건강관리청 자료(www.samhsa.gov/data)〕, 미국 실업자 6명 중 1명은 약물을 사용했으며(www.samhsa.gov/data), 수감된 범죄자 중 약 70퍼센트는 수감 전 약물을 정기적으로 사용한 것으로 나타났다〔미국 법무부 보고서(www.bjs.gov/content/dcf/duc.cfm)〕.

이런 결과의 대부분은 약물 사용을 중단한 이후에도 지속된다. 따라서 예방 및 치료 전략은 장기적 금욕을 촉진하는 행동을 수정하는 데 중점을 둬야 한다. 현재 물질 사용 장애에 대한 치료 연구는 맞춤형 치료에 초점을 맞추고 있는데, 이는 기존 프로그램들의 성공률이 매우 낮아 치료 첫 해에 약 70퍼센트가 재발하기 때문이다.

중독의 인구통계학적 특성

역학 연구를 통해 인구통계학적 요인과 물질 사용 간의 관계를 이해할 수 있다. 이런 연구는 특정한 인구통계학적 요인과 물질 사용 유병률의 관련성을 보여준다. 예를 들어 역학 연구에 따르면 선진국에서 자극제를 사용하는 사람은 일반적으로 20~25세의 저소득층 남성들이었다(Babor, 1994). 미국의 국가 설문 조사 데이터에 따르면 알코올 사용은 연령, 성별, 민족적 배경에 따라 달라진다. 예를 들어 젊은 남성은 여성이나 고령자에 비해 알코올을 더 많이 소비하는 경향이 있다. 유사한 연관성은 니코틴 사용에서도 나타나는데, 낮은 사회 계층에서 흡연율이 더 높다(Jarvis et al., 2008). 그러나 여러 동적 요인이 약물 사용자의 추세를 변화시킨다. 예를 들어 과거에 미국에서 오피오이드 사용은 도시 지역에 거주하는 18~25세 남성에게 가장 흔했지만, 이후 몇 년 동안은 여성 사용자 수의 증가와 함께 사회 전체로 확산하는 경향을 나타냈다(Cicero et al., 2014). 다양한 약물 사용자들의 인구통계학적 특성에서 공통점이 드러난다. 보통 약물을 남용하는 개인은 남성이고, 젊고, 사회경제적 지위가 낮은 경향이 있다. 특히 약물에 대한 접근 가능성은 이런 연관성에서 중요한 역할을 하며, 알코올과 니코틴이 모든 약물 사용 중에서 유병률이 가장 높은 데에도 영향을 미친다. 그러나 이런 모든 특성 중에서 연령이 가장 중요한 인구통계학적 상관의 요인으로 나타난다.

특정 인구통계학적 집단 내에서 물질 남용의 가능성을 결정하는 요인은 여러 가지다. 약물이 다른 질환과 상호 작용하는 방식은 그 약물의 남용 및 의존 가능성에 큰 영향을 미칠 수 있다. 예를 들어 위험을 감수하는 행동이 높게 나타나는 집단은 약물을 남용할 가능성이 더 많다. 약물 남용 위험성이 큰 것으로 알려진 정신 장애로는 조현병, 양극성 장애, 우울증, 주의력 결핍 과잉 행동 장애(ADHD) 등이 있다. 유전적 요인 또한 중독의 위험에서 중요한 역할을 한다. 관련한 유전자들은 일반적으로 도파민 관련 기능을 조절하며, 도파민 수용체 D4 유전자(dopamine receptor D4 gene)가 대표적인 예다(Filbey et al., 2008).

중독에 대한 사회적 낙인

사람들은 역사적으로도 그래왔고 지금도 어느 정도는 중독을 "자유 의지가 고장 난 것(disorder of free will)"으로 본다. 이런 시각은 중독을 사회적 문제로 가정하고 해결책도 사회적 차원에서 찾아야 한다는 의중을 내포한다. 이때 추정되는 사회적 문제에는 가정 및 학교 환경을 포함해 유년기 양육의 실패, 방치나 학대 같은 혐오적 조건, 문화적 수용, 긍정적 영향과 역할 모델의 부재, 구조화되지 않은 환경, 또래 관계와 사회의 부정적 영향 등이 포함된다. 이런 사회적 요인 중 일부가 약물 사용의 초기 단계에서는 다소 영향을 줄 수 있겠지만, 이제까지 축적된 경험적 증거는 사회적 요인이 중독의 핵심 기반이라는 주장을 뒷받침하지 않는다. 이를 설명하기 위해 알코올 사용을 예로 들어보자. 대다수의 인구는 정기적으로 알코올을 소비한다(미국 성인의 52퍼센트가 정기적으로 음주한다). 그러나 음주 인구 중 겨우 10퍼센트 정도만이 중독으로 이어진다(Blackwell et al., 2014). 이는 중독이 단순한 "자유 의지" 이상의 문제임을 보여준다.

이제까지 제안된 사회적 해결책은 중독자들을 재활시키는 데 대체로 실패했는데, 이는 주로 중독의 근본적 병인론(病因論)을 해결할 수 없었기 때문이다. 중독에 대한 잘못된 낙인이 널리 유포된 나머지 중독을 겪는 사람들은 1) 필요한 치료를 받으려 하지 않고, 2) 필요한 사회적 지원을 적시에 받지 못하고, 3) 중독의 근본 메커니즘을 다루지 못하는 비효율적 치료를 받게 된다.

중독의 진단

정신 건강 장애에 대한 임상적 진단은 지난 수 세기 동안 개발된 분류 체계에 의존한다. 이런 분류 체계는 분류의 목적(임상, 연구, 행정 관련 목표)과 진단 범주의 구별 기준(현상학적 특징 대 병인론적 특징)에 따라서 달라진다. 가장 대표적인 두 체계는 앞에서도 제시됐던 《정신질환의 진단 및 통계 편람》과 《국제질병분류》다. 세계보건기구가 개발한 《국제질병분류》의 경우 1949년 제6판에 정신 건강 장애와 관련한 섹션이 처음 들어갔다. 이를 기반으로 미국정신의학회 산하 명명법 및 통계위원회가 1952년에 DSM 제1판을 개발했다. DSM은 임상적 활용에 중점을 둔 최초의 공식적 정신 질환 매뉴얼이 됐다. 현재 가장 최신판인 DSM-5는 2013년에 출판돼 2014년부터 적용되고 있다.

  중독의 진단과 관련해 DSM-5는 물질 사용 장애의 진단 기준을 통제력 손상, 사회적 손상, 위험한 사용, 약리학적 기준에 근거해 분류했다. DSM-Ⅳ에서 DSM-5로 개정되면서 나타난 가장 큰 변화는 DSM-Ⅳ의 범주적 증상을 DSM-5에서는 연속적 증상으로 통합했다는 점이

표 1.2 DSM-IV를 DSM-5로 개정하며 수정한 중독의 증상.

기준	DSM-IV 물질 남용	DSM-IV 물질 의존	DSM-5 물질 사용 장애
내성		○	○
금단 현상		○	○
의도했던 것보다 더 많이 또는 오래 사용함		○	○
사용을 중단하거나 줄이려는 욕구나 노력의 반복적 실패		○	○
물질 사용과 관련한 활동에 시간을 많이 소비함		○	○
물질 사용과 관련한 문제를 인지하고도 사용함		○	○
물질 사용으로 인해 중요한 활동을 포기함		○	○
반복적 사용으로 인해 역할에 따르는 중요한 의무를 이행하지 못함	○		○
반복적 사용으로 인해 물리적으로 위험할 수 있는 행동(예: 운전)을 하게 됨	○		○
사용과 관련한 사회적 문제가 반복됨에도 계속 사용함	○		○
물질에 대한 갈망			○

다(표 1.2 참조). 즉 DSM-IV에서는 물질 남용 및 의존을 이분법으로 진단했으나, DSM-5에서는 같은 차원의 증상으로 간주해 물질 사용 장애를 증상의 개수에 따라 경도(mild)에서 고도(severe)로 평가했다. 이는 남용과 의존의 증상이 서로 독립적인 것이 아니라 단일 차원을 이룬다는 증거를 바탕으로 한 결정이었다. 결과적으로 증상이 2~3개인 경우에는 "경도 물질 사용 장애", 4~5개인 경우에는 "중증도(moderate) 물질 사용 장애", 6~11개인 경우에는 "고도 물질 사용 장애"로 분류한다. 이런 새로운 중독 진단 분류 체계가 도입된 후, 여기에 반대하는 쪽에서는 단

일 차원 분류가 금단 증상·내성·갈망 같은 중독의 개별 특성을 충분히 반영하지 못한다는 주장도 있었다. 이런 특성은 분명 개념적·경험적으로 구별할 수 있는 것으로 봐왔고, 이 책에서는 그런 구성 개념들에 대한 신경과학적 기초를 논의할 것이다.

또 다른 변화는 물질 외의 대상에 대해서도 물질 사용 장애의 포괄적 기준을 적용한다는 점과 행동 중독(예: 도박 장애)이 포함된 것이다. 또한 DSM-5에서는 성격 장애 진단을 개선하기 위한 도구를 제공하며, 미래의 DSM 개정판에서 고려할 수 있는 진단도 추가했다. 여기(섹션 3)에는 인터넷 게임 장애와 카페인 사용 장애가 들어간다.

뇌 질환으로서의 중독 모델

앞에서 언급했듯 중독을 사회적 문제로 보는 관점은 중독과 관련한 행동적 증상을 다루는 데 있어 뇌의 역할을 간과하는 것이다. 이런 관점에서는 치료를 통해 근본 메커니즘과 직접 관련이 없을 수도 있는 행동을 수정한다. 그렇다면 이 근본 메커니즘이란 무엇을 의미할까? 우리가 뇌 질환으로서의 중독에 대해 아는 상당 부분은 약 30년 전에 시작된 동물 연구에서 비롯한다. 예를 들어 두개 내 자기 자극을 활용한 동물 실험에서 동물이 약물을 자발적으로 투여할 수 있도록 함으로써, 그 약물이 실험동물의 보상 역치를 어떻게 변화시키는지 살필 수 있다(그림 1.2a). 위크스와 동료들은 모르핀이 정적 강화 효과에 대한 고전적 연구에서 쥐가 모르핀을 스스로 정맥 내 투여하도록 훈련시켰다(Weeks,

1962). 그들은 쥐가 제약 없이도 모르핀을 직접 주사하고, 그 용량이 증가할수록 투여 빈도는 점점 감소하는 것을 발견했다. 또한 장소에 대한 조건부 선호(conditioned place preference)와 같은 고전적 조건화 모델에서는 약물의 보상적 속성과 약물 노출을 신호하는 단서 사이에 연합이 형성되는 과정을 보여주는데, 이는 실험동물이 보상 학습 메커니즘에 적응했음을 시사한다(그림 1.2b). 행동 민감화 모델(behavior sensitization model)은 반복적 약물 노출의 결과를 평가하고 이후 실험동물의 반응이 강화된다고 본다. 이런 종류의 모델은 약물 사용 초기의 쾌락적 반응(약물을 "좋아함")에서 갈망(약물을 "원함")으로 전이되는 중독 진행 과정을 보여준다. 예를 들어 쥐에게 고용량의 암페타민(예: 2.0mg/kg, 복강 투여)을 반복적으로 투여해 민감화시킨 연구에서 초기에는 쥐의 운동 활동이 느려졌다가 나중에는 증가하는 민감화 효과가 나타났다(Leith & Kuczenski, 1982). 다른 사례는 약물 재사용 모델에서 찾아볼 수 있는데, 이는 반복적 약물 노출이 행동에 미치는 영향을 평가하며 약물 재사용의 메커니즘을 검증하는 것이다. 이 모델에서는 레버를 누르는 행동과 같은, 이전에 약물에 대해 생긴 조작적(操作的) 반응이 소멸했다가 재발하는 현상이 나타날 수 있다. 예를 들어 약물과 연관된 환경에 대한 장소 선호가 소멸된 후에도 그 장소를 찾으면 증상이 재발할 수 있다. 이런 동물 모델은 첨단 기술과 집중적·과학적 연구를 통해 인간 모델에 적용됐으며(2장 참조), 중독 관련 과정에 깔린 신경생물학적 메커니즘의 핵심적 역할에 대한 이해가 점차 확대되고 있다. 이런 과정에 대해서는 이어지는 장들에서 개별적으로 논의할 예정이다.

약물마다 뇌에 작용하는 메커니즘이 고유하기 때문에 행동에 미치는

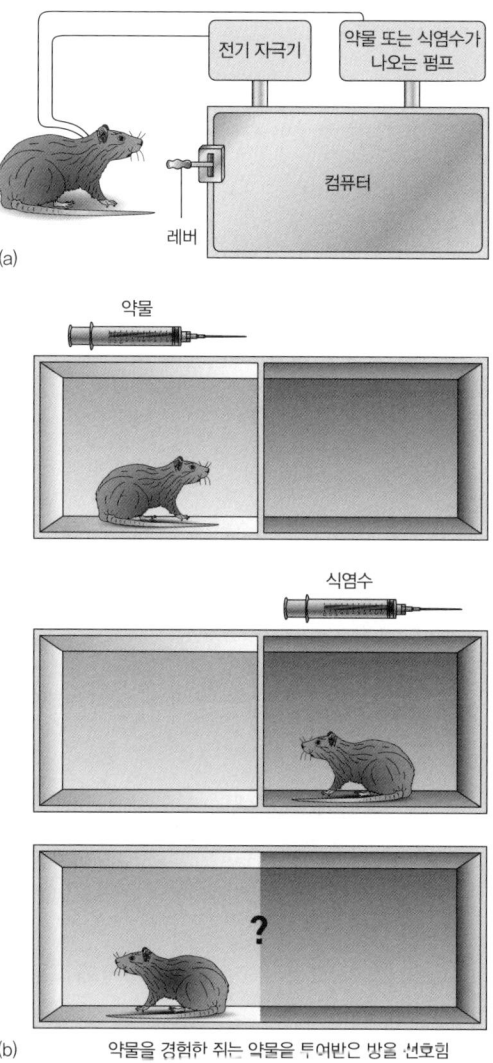

그림 1.2 중독 연구에서 사용하는 동물 행동 실험 패러다임. (a) 자가 투여 모델에서는 동물이 보상을 얻거나 뇌의 보상 영역에 전류 자극을 받기 위해(자기 자극) 특정 행동(예: 레버 누르기)을 지속적으로 수행한다. (b) 장소 선호 모델에서는 동물이 약물을 반복적으로 투여받은 환경에서 더 많은 시간을 보내며 이는 약물의 정적 강화 메커니즘을 입증한다. (출처: Camí & Farré, 2003. © 2003 Massachusetts Medical Society, USA.)

초기 효과는 매우 다양하게 나타난다. 오피오이드는 뇌의 뮤(μ) 수용체에 결합해 행복감, 진정, 안정감을 유발한다. 뮤 수용체가 없는 쥐의 경우 이런 행동적 효과뿐만 아니라 신체적 중독도 없다는 연구가 뮤 수용체의 중요성을 입증한다. 대마초 역시 흡입했을 때 이완을 유발하지만, 뇌의 카나비노이드 수용체(CB1)에 결합함으로써 효과를 발휘한다. 대마초는 안정감 외에도 행복감과 인지 기능의 둔화를 유발한다. 알코올 역시 인지 기능 둔화를 유발하지만, 세로토닌(5-hydroxitryptamine, 5-HT), 니코틴, 감마아미노뷰티르산(γ-aminobutyric acid, GABA), N-메틸-D-아스파르트산(N-methyl-D-aspartate, NMDA) 수용체를 포함한 여러 수용체의 활동을 조절해 작용한다. 알코올과 같은 억제제와는 반대로 정신 자극제(psychostimulants)는 일반적으로 도파민, 노르에피네프린, 세로토닌의 재흡수를 차단해 각성, 집중력, 운동 활동 증가와 같은 효과를 유발한다. 이는 신경 전달 물질이 시냅스 틈에 급속히 분비 및 축적되도록 한다.

이렇게 다양한 메커니즘과 효과에도 불구하고, 거의 모든 중독성 물질은 뇌의 변연엽(limbic lobe)과 전두엽(frontal lobe)의 중간 부분에 위치하는 뇌 영역을 표적으로 삼는다. 이런 영역은 일차적으로 중뇌의 복측 피개 영역(ventral tegmental area, VTA)에서 시작돼 편도체와 측좌핵으로 이어지는 도파민성 신경망으로 구성된다. 이 신경망은 쾌락 반응에서 도파민이 하는 역할 때문에 도파민성 보상 경로(dopaminergic reward pathway)라고도 부르며, 약물 및 비약물 자극의 보상을 처리하는 데 관여한다(그림 1.3 참조). 이 경로는 도파민 외에 오피오이드, GABA, 내인성 카나비노이드도 조절하며, 정서(emotion)와 동기를 처리한다. 따라서

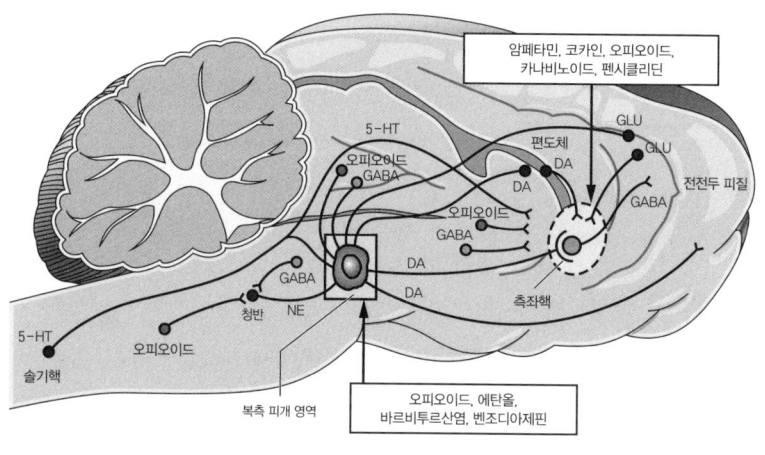

그림 1.3 중뇌-피질-변연계 보상 시스템(mesocorticolimbic reward system)에서 다양한 약물의 작용 부위. 이 경로의 주요 신경 전달 물질은 도파민(DA)이지만, 이 회로는 글루타메이트(GLU), GABA, 노르에피네프린(NE), 세로토닌(5-HT) 투사에 따라서도 조절된다. (출처: Camí & Farré, 2003. ⓒ 2003 Massachusetts Medical Society, USA.)

이 경로는 약물 복용 및 갈망과 강박을 의식적으로 경험하는 데 중요한 역할을 한다. 이 경로 내에서 여러 약물이 효과를 발휘한다. 그래서 이 경로의 뇌 영역은 광범위하고 영구적인 변화가 일어날 가능성이 높다. 중독의 증상 중 일부인 내성과 금단 현상은 이런 적응의 예다. 약물 남용은 보상 경로의 신경 전달 및 기능을 (자연적·비약물적 보상을 통한) 생물체의 생존이라는 진화적 역할에서 벗어나게 만든다. 이런 보상 네트워크의 비정상적 조절은 자연적 보상에 대한 반응성이 감소하는 결과를 낳는다. 이 신경 적응 또는 뇌의 "하이재킹(hijacking)"이 중독을 뇌 질환으로 분류하는 이유다.

중뇌-변연계 보상 경로의 신경 전달 변화는 스트레스 시스템 같은 다른 신경화학적 체계에서 연쇄적 변화를 유발하기도 한다. 연구 결과 만성적 약물 사용은 시상하부-뇌하수체-부신 축(hypothalamic-pituitary-adrenal axis, HPA axis)에서 코르티코트로핀(부신 피질 자극 호르몬) 방출 인자(corticotropin-releasing factor, CRF) 같은 스트레스 호르몬 조절에 장애를 초래한다. 조지 쿠브(George Koob)는 스트레스 시스템의 조절 장애가 약물 중단 시 발생하는 부정적 정서 상태에 영향을 미친다고 주장하며 이를 "반보상 시스템(antireward system)"으로 설명했다(Koob, 2006). 그는 이런 부정적 상태를 "중독의 어두운 면"이라고 표현했으며, 이는 흔히 금단 증상과 연관된다. 마지막으로 중독자가 강박적으로 약물을 탐닉하는 현상은 주로 전전두엽 피질(prefrontal cortex, PFC) 영역과 관련한 인지적 기능인 의사 결정 능력·통제력·학습 능력·기억력 등의 손상과 연결된다. 이런 뇌의 변화 중 일부는 장기간 지속하며, 이는 금단 기간이 길어도 재발이 잦은 중독의 특성으로 이어진다(전두엽은 대뇌의 앞부분으로, 외부에서 들어오는 모든 정보를 종합하고 판단하고 사고하며 자아를 발견하게 하는 영역이다. 이를 영어로 frontal lobe라고 하는데, 우리말로는 오랫동안 전두엽으로 불렸다. 여기서 가장 앞에 있는 부분이 합리적 판단, 대인관계 및 실행 능력 등 매우 중요한 역할을 담당하기에 특별히 prefrontal lobe라 하고, 우리말로는 전전두엽이 된다. 이 책에서는 PFC를 모두 '전전두엽 피질'로 번역했다—옮긴이).

인간에 대한 신경 영상 연구는 이런 여러 시스템이 중독에 관여한다는 사실을 뒷받침한다. 예를 들어 양전자 방출 단층 촬영(PET) 결과와 자기 공명 영상(MRI)에서 약물을 복용했을 때 중뇌-피질-변연계 경로의 안와 전두 피질, 전전두 피질, 전측 대상회, 편도체, 측좌핵이 활성화되는 것으로 나타났다. PET 및 MRI는 신경 활동을 간접적으로만 측정할 수 있으나, 이런 결과는 약물 섭취 시 이 경로 내에서 도파민 수준이 증가하기 때문일 가능성이 높다. 흥미롭게도 약물을 끊었을 때는 이런 활동이 감소하는 반대 현상을 관찰할 수 있다.

비약물성 중독

지금까지는 "화학적 중독(chemical addiction)"이라고 부르기도 하는, 물질 남용에 대한 반응으로서의 중독에 초점을 맞췄다. 그러나 연구가 확장되면서 비물질적 중독과 "행동 중독(behavioral addictions)"에서도 유사한 행동적 증상(내성, 금단 증상, 강박)이 나타나는 것으로 밝혀졌다. 여기에 대한 증거는 과식, 성행위나 포르노그래피, 운동, 도박, 비디오 게임, 태닝 등에 탐닉하는 강박적 활동에서 나왔다(Holden, 2010). 과거에는 이런 강박 장애가 "물질 관련 장애" "분류되지 않은 충동 조절 장애" "섭식 장애"로 제각기 분류됐다. 그러나 새로운 신경 영상 연구는 이런 행동 중독의 메커니즘이 약물 중독과 중첩할 수 있음을 시사한다(표 1.3 참조, Holden, 2001; Probst & van Eimeren, 2013).

  비약물성 중독은 동물 모델에서도 관찰할 수 있다. 예를 들어 정맥 자가 투여 실험에서 설탕이나 사카린 같이 기호성이 높은 먹이를 얻기 위해 레버를 누르도록 훈련받은 쥐들은 코카인이나 헤로인의 자가 투여를 줄이는 것으로 나타났다(Lenoir & Ahmed, 2008). 이런 예상치 못한 발견은 자연적 강화물(단 먹이)이 강화에 있어 코카인보다 가치가 높음을 시사하며, 이는 약물 사용 이력이 긴 동물에서도 동일하게 나타

표 1.3 물질 사용 장애와 강박적 과식의 행동적 증상에서 나타나는 일반적 공통점(Volkow & O'Brien, 2007).

물질 사용 장애	강박적 과식
내성	포만감을 유지하기 위해 음식을 점점 더 많이 섭취함
금단 증상	다이어트 중 스트레스와 불쾌감을 경험함
의도한 것보다 더 많은 양을 사용함	의도한 것보다 더 많은 양의 음식을 섭취함
중단하고자 하는 지속적 욕구	섭취량을 줄이고자 하는 지속적 욕구
사용이나 획득에 많은 시간을 소비함	먹는 데 많은 시간을 소비함
사회 활동의 감소	거절에 대한 두려움이나 신체적 제한으로 인해 활동을 포기함
신체적 또는 심리적 문제에도 불구하고 계속 사용함	신체적·심리적 문제에도 불구하고 과식함

났다. 한 연구에서는 설탕에 간헐적으로 접근한 경험이 있는 동물에게서 행동적 가소성이 나타났는데(Hoebel et al., 2009), 이는 설탕 소비가 중독의 기준을 충족한다는 개념을 뒷받침한다. 또한 설탕을 자가 투여하게 했을 때 실험동물의 섭취량이 점차 증가하는 내성이 관찰됐다(Colantuoni et al., 2001). 설탕이나 지방 공급을 중단한 후에는 불안 및 우울 같은 금단 증상이 나타났다(Colantuoni et al., 2002).

인간에 대한 신경 영상 연구에서는 도박(Worhunsky et al., 2014), 성행위(Kuhn & Gallinat, 2014), 인터넷 또는 비디오 게임(Kim et al., 2014), 음식(Filbey et al., 2012), 쇼핑(Dagher, 2007), 태닝(Kourosh et al., 2010) 등과 관련한 문제를 겪는 개인의, 약물 중독과 유사한 중뇌-피질-변연계 보상 시스템의 신경 반응을 볼 수 있었다. 이런 연구는 보상 시스템이 그런 강박적 행동의 결과인 신경 적응을 담당함을 시사한다. 피처스와 동료들(Pitchers et al., 2010)은 성적 경험에 있어 "금단" 상황에 놓인 쥐의 측좌핵에서 수상 돌기와 수상 돌기 가시가 증가하는 형태의 신경 적응을 보고했다. 또한 설치류의 운동은 약물 남용이나 자연적 보상과 마찬가지로 측좌핵과 선조체에서의 도파민 신호 증가와 연관이 있는 것으로 보인다(Freed & Yamamoto, 1985; Hattori et al., 1994). 주목할 점은 뇌 영역의 중복에도 불구하고 단일 세포 기록(single-unit recording) 연구에 따르면 자연적 보상과 코카인 또는 에탄올과 같은 약물의 자가 투여에 반응하는 세포 집단이 다르다는 것이다(Bowman et al., 1996; Carelli, 2002; Carelli et al., 2000; Robinson & Carelli, 2008). 새롭게 등장한 임상적 증거가 물질 중독 치료에 사용하는 약물 치료법이 비물질성 중독 치료에도 효과적일 수 있음을 시사한다는 것이 중요하다. 예를 들어 날트렉손(naltrexone), 날메펜(nalmefene), N-아세틸시스테인(N-acetylcysteine), 모다피닐(modafinil) 같은 약물이 모두 병적 도박꾼의 갈망을 줄이는 데 효과가 있다는 보고가 이어졌다(Grant et al., 2006; Kim et al., 2001; Leung & Cottler, 2009).

1장 요약

- 동물과 인간에 대한 모든 문헌은 중독이 중뇌-변연계 경로(mesolimbic pathway)의 정적 강화 메커니즘에서 비롯하는 뇌 질환임을 뒷받침한다.
- 이 경로 내에서 만성적 약물 사용은 먼저 신경 적응을 유발하며, 이는 중독의 행동적 증상으로 이어진다.
- 이런 적응은 스트레스 시스템을 포함한 다른 뇌 시스템에도 변화를 초래한다.

- 이런 순환 과정을 통해 중독은 만성적이고 재발이 잦은 장애로 발전한다.
- 비약물성 중독도 확인되고 있으며, 여기에는 물질 중독과 유사한 신경 메커니즘이 관여한다는 증거가 있다.

복습 문제

- 미국 마약단속국의 약물 분류에서 다섯 가지 범주는 어떻게 구분할까?
- 현재의 임상 지침(DSM-5)에서는 약물 사용 장애의 주요 증상을 어떻게 기술하고 있을까?
- 중독을 뇌 질환으로 이해하는 데 기여한 중요한 동물 연구는 무엇일까?
- 도파민은 중독과 관련한 과정에서 어떤 역할을 할까?

더 읽을거리

Babor, T. F. (2011). Substance, not semantics, is the issue: comments on the proposed addiction criteria for DSM-V. *Addiction*, 106(5), 870–872; discussion 895–877. doi:10.1111/j.1360-0443.2010.03313.x.

Barnett, A. I., Hall, W., Fry, C. L., Dilkes-Frayne, E. & Carter, A. (2017). Drug and alcohol treatment providers' views about the disease model of addiction and its impact on clinical practice: a systematic review. *Drug Alcohol Rev*, 37(6), 697–720. doi:10.1111/dar.12632.

Burrows, T., Kay-Lambkin, F., Pursey, K., Skinner, J. & Dayas, C. (2018). Food addiction and associations with mental health symptoms: a systematic review with meta-analysis. *J Hum Nutr Diet*, 31(4), 544–572. doi:10.1111/jhn.12532.

Diana, M. (2011). The dopamine hypothesis of drug addiction and its potential therapeutic value. *Front Psychiatry*, 2, 64. doi:10.3389/fpsyt.2011.00064.

Grant, J. E. & Chamberlain, S. R. (2016). Expanding the definition of addiction: DSM-5 vs. ICD-11. *CNS Spectr*, 21(4), 300-303. doi:10.1017/S1092852916000183.

Hou, H., Wang, C., Jia, S., Hu, S. & Tian, M. (2014). Brain dopaminergic system changes in drug addiction: a review of positron emission tomography findings. *Neurosci Bull*, 30(5), 765-776. doi:10.1007/s12264-014-1469-5.

Lewis, M. D. (2011). Dopamine and the neural "now": essay and review of addiction: a disorder of choice. *Perspect Psychol Sci*, 6(2), 150-155. doi:10.1177/1745691611400235.

Singer, M. (2012). Anthropology and addiction: an historical review. *Addiction*, 107(10), 1747-1755. doi:10.1111/j.1360-0443.2012.03879.x.

집중 조명

버섯의 신비는 여전히 밝혀지지 않았다

2015년 〈캐나다의학협회 저널(Canadian Medical Association Journal)〉에 발표된 보고서에서는 LSD와 MDMA 같은 환각제가 중독뿐만 아니라 외상 후 스트레스 장애(PTSD)에 따르는 불안 증상을 줄이는 데에도 효과적일 수 있음을 보여주는 몇 편의 소규모 연구에 주목했다(Tupper et al.,

그림 S1.1 아직 신비에 싸여 있는 버섯. (출처: https://pixabay.com/en/alone-autumn-background-britain-1239208/. 크리에이티브 커먼즈 CC0 라이선스에 따라 사용했다.)

2015). 예를 들어 2014년 스위스에서 진행된 연구에서는 불치병 환자들에게 LSD와 심리치료를 병행했을 때 불안감이 감소하는 결과가 나타났다(Gasser et al., 2014). 환자 소집단을 대상으로 한 미국의 다른 연구에서는 (일반적으로 엑스터시로 알려진) MDMA가 PTSD 증상을 크게 줄일 수 있음을 보여줬다. 그러나 환각제가 기분, 인지, 감각 처리, 지각에 부정적 영향을 미칠 수 있다는 경고도 많다. 예를 들어 LSD, 실로시빈(환각성 버섯에서 나옴), 메스칼린은 정신병이나 환각을 유발할 수 있다(그림 S1.1 참조).

환각제의 치료적 이점은 1950년대부터 지금까지 지속적으로 논의됐다. 하지만 환각제가 뇌에 어떤 영향을 미치는지는 여전히 밝혀지지 않았다. 더불어 환각제가 어떤 목적으로 사용돼야 하는지와 그에 따르는 위험과 이점을 규명하는 것도 과제로 남아 있다.

엑스터시를 PTSD 치료에 사용하는 방법을 연구하는 스티븐 키시(Stephen Kish)는 엑스터시가 사람들의 사회성을 증가시켜 환자와 치료사의 상호 작용을 촉진할 수 있다고 제안했다(Kish et al., 2010). 하지만 그는 환각제가 환각을 불러올 뿐만 아니라 일부 사례에서는 정신병을 유발할 수 있다고도 지적했다.

이런 연구에서 가장 큰 우려는 사람들이 환각제를 자가 치료에 사용할 위험이다. 길거리에서 구한 환각제는 순수하지 않을 가능성이 높으며, 이는 심각한 건강 문제나 심지어 사망으로 이어질 우려가 있다는 사실은 변함없다.

참고문헌

Babor, T. F. (1994). Overview: demography, epidemiology and psychopharmacology—making sense of the connections. *Addiction*, 89(11), 1391-1396.

Blackwell, D. L., Lucas, J. W. & Clarke, T. C. (2014). *Summary Health Statistics for U.S. Adults: National Health Interview Survey, 2012*. Vital Health Statistics, Series 10, No. 260. Hyattsville, MD: National Center For Health Statistics.

Bowman, E. M., Aigner, T. G. & Richmond, B. J. (1996). Neural signals in the monkey ventral striatum related to motivation for juice and cocaine rewards. *J Neurophysiol*, 75(3), 1061-1073. doi:10.1152/jn.1996.75.3.1061.

Camí, J. & Farré, M. (2003). Drug addiction. *N Engl Med*, 349(10), 975-986. doi:10.1056/NEJMra023160.

Carelli, R. M. (2002). The nucleus accumbens and reward: neurophysiological investigations in behaving animals. *Behav Cogn Neurosci Rev*, 1(4): 281-296. doi:10.1177/1534582302238338.

Carelli, R. M., Ijames, S. & Crumling, A. (2000). Evidence that separate neural circuits in the nucleus accumbens encode cocaine versus "natural" (water and food) reward. *J Neurosci*, 20(11), 4255-4266. doi:10.1523/JNEUROSCI.20-11-04255.2000.

Cicero, T. J., Ellis, M. S., Surratt, H. L. & Kurtz, S. P. (2014). The changing face of heroin use in the United States: a retrospective analysis of the past 50 years. *JAMA Psychiatry*, 71(7), 821-826. doi:10.1001/jamapsychiatry.2014.366.

Colantuoni, C., Schwenker, J., McCarthy, J., et al. (2001). Excessive sugar intake alters binding to dopamine and mu-opioid receptors in the brain. *Neuroreport*, 12(16), 3549-3552.

Colantuoni, C., Rada, P., McCarthy, J., et al. (2002). Evidence that intermittent, excessive sugar intake causes endogenous opioid dependence. *Obes Res*, 10(6), 478-488. doi:10.1038/oby.2002.66.

Dagher, A. (2007). Shopping centers in the brain. *Neuron*, 53(1), 7-8. doi:10.1016/j.neuron.2006.12.014.

Filbey, F. M., Ray, L., Smolen, A., et al. (2008). Differential neural response to alcohol priming and alcohol taste cues is associated with DRD4 VNTR and OPRM1 genotypes. *Alcohol Clin Exp Res*, 32(7), 1113-1123. doi:10.1111/j.1530-0277.2008.00692.x.

Filbey, F. M., Myers, U. S. & Dewitt, S. (2012). Reward circuit function in high BMI individuals with compulsive overeating: similarities with addiction. *Neuroimage*, 63(4), 1800-1806. doi:10.1016/j.neuroimage.2012.08.073.

Freed, C. R. & Yamamoto, B. K. (1985). Regional brain dopamine metabolism: a marker for the speed, direction, and posture of moving animals. *Science*, 229(4708), 62-65. doi:10.1126/science.4012312.

Gasser, P., Holstein, D., Michel, Y., et al. (2014). Safety and efficacy of lysergic acid diethylamide-assisted psychotherapy in subjects with anxiety associated with life-threatening diseases: a randomized active placebo-controlled phase 2 pilot study. *J Nerv Ment Dis*, 202(7), 513-520. doi:10.1097/NMD.0000000000000113.

Giorgio, A., Watkins, K. E., Chadwick, M., et al. (2010). Longitudinal changes in grey and white matter during adolescence. *Neuroimage*, 49(1), 94-103. doi:10.1016/j.neuroimage.2009.08.003.

Gogtay, N., Giedd, J. N., Lusk, L., et al. (2004). Dynamic mapping of human cortical development during childhood through early adulthood. *Proc Natl Acad Sci U S A*, 101(21), 8174-8179. doi:10.1073/pnas.0402680101.

Grant, J. E., Potenza, M. N., Hollander, E., et al. (2006). Multicenter investigation of the opioid antagonist nalmefene in the treatment of pathological gambling. *Am J Psychiatry*, 163(2), 303-312. doi:10.1176/appi.ajp.163.2.303.

Hasan, K. M., Sankar, A., Halphen, C., et al. (2007). Development and organization of the human brain tissue compartments across the lifespan using diffusion tensor imaging. *Neuroreport*, 18(16), 1735-1739.

Hattori, S., Naoi, M. & Nishino, H. (1994). Striatal dopamine turnover during treadmill running in the rat: relation to the speed of running. *Brain Res Bull*, 35(1), 41-49. doi:10.1016/0361-9230(94)90214-3.

Hoebel, B. G., Avena, N. M., Bocarsly, M. E. & Rada, P. (2009). Natural addiction: a behavioral and circuit model based on sugar addiction in rats. *J Addict Med*, 3(1), 33-41. doi:10.1097/ADM.0b013e31819aa621.

Holden, C. (2001). 'Behavioral' addictions: do they exist? *Science*, 294(5544), 980-982. doi:10.1126/science.294.5544.980

___ (2010). Behavioral addictions debut in proposed DSM-V. *Science*, 327 (5968), 935. doi:10.1126/science.327.5968.935.

Jarvis, M. J., Fidler, J., Mindell, J., Feyerabend, C. & West, R. (2008). Assessing smoking status in children, adolescents and adults: cotinine cut-points revisited. *Addiction*, 103(9), 1553-1561. doi:10.1111/j.1360-0443.2008.02297.x.

Kim, J. E., Son, J. W., Choi, W. H., et al. (2014). Neural responses to various rewards and feedback in the brains of adolescent Internet addicts detected by functional magnetic resonance imaging. *Psychiatry Clin Neurosci*, 68(6), 463-470. doi:10.1111/pcn.12154.

Kim, S. W., Grant, J. E., Adson, D. E. & Shin, Y. C. (2001). Double-blind naltrexone and placebo comparison study in the treatment of pathological gambling. *Biol Psychiatry*, 49, 914-921. doi:10.1016/S0006-3223(01)01079-4.

Kish, S. J., Lerch, J., Furukawa, Y., et al. (2010). Decreased cerebral cortical serotonin transporter binding in ecstasy users: a positron emission tomography/[^{11}C]DASB and structural brain imaging study. *Brain*, 133(6), 1779-1797.

Koob, G. F. (2006). The neurobiology of addiction: a neuroadaptational view relevant for diagnosis. *Addiction*, 101, Suppl. 1, 23-30. doi:10.1111/j.1360-0443.2006.01586.x.

Kourosh, A. S., Harrington, C. R. & Adinoff, B. (2010). Tanning as a behavioral addiction. *Am J Drug Alcohol Abuse*, 36(5), 284-290. doi:10.3109/00952990.2010.491883.

Kuhn, S. & Gallinat, J. (2014). Brain structure and functional connectivity associated with pornography consumption: the brain on porn. *JAMA Psychiatry*, 71(7), 827-834. doi:10.1001/jamapsychiatry.2014.93.

Lebel, C., Caverhill-Godkewitsch, S. & Beaulieu, C. (2010). Age-related variations of white matter tracts. *Neuroimage*, 52(1), 20-31. doi:10.1016/j.neuroimage.2010.03.072.

Leith, N. J. & Kuczenski, R. (1982). Two dissociable components of behavioral sensitization following repeated amphetamine administration. *Psychopharmacology (Berl)*, 76(4), 310-315.

Lenoir, M. & Ahmed, S. H. (2008). Supply of a nondrug substitute reduces escalated heroin consumption. *Neuropsychopharmacology*, 33(9), 2272-2282. doi:10.1038/sj.npp.1301602.

Leung, K. S. & Cottler, L. B. (2009). Treatment of pathological gambling. *Curr*

Opin Psychiatry, 22(1), 69-74. doi:10.1097/YCO.0b013e32831575d9.

Pitchers, K. K., Balfour, M. E., Lehman, M. N., et al. (2010). Neuroplasticity in the mesolimbic system induced by natural reward and subsequent reward abstinence. *Biol Psychiatry,* 67(9), 872-879. doi:10.1016/j.biopsych.2009.09.036.

Probst, C. C. & van Eimeren, T. (2013). The functional anatomy of impulse control disorders. *Curr Neurol Neurosci Rep,* 13(10), 386. doi:10.1007/s11910-013-0386-8.

Robinson, D. L. & Carelli, R. M. (2008). Distinct subsets of nucleus accumbens neurons encode operant responding for ethanol versus water. *Eur J Neurosci,* 28(9), 1887-1894. doi: 10.1111/j.1460-9568.2008.06464.x.

Shaw, P., Kabani, N. J., Lerch, J. P., et al. (2008). Neurodevelopmental trajectories of the human cerebral cortex. *J Neurosci,* 28(14), 3586-3594. doi:10.1523/JNEUROSCI.5309-07.2008.

Tupper, K. W., Wood, E., Yensen, R. & Johnson, M. W. (2015). Psychedelic medicine: a re-emerging therapeutic paradigm. *CMAJ,* 187(14), 1054-1059. doi:10.1503/cmaj.141124.

UNODC. (2012). *World Drug Report 2012.* Vienna, Austria: United Nations. Available at: www.unodc.org/documents/data-and-analysis/WDR2012/WDR_2012_web_small.pdf.

Volkow, N. D. & O'Brien, C. P. (2007). Issues for DSM-V: should obesity be included as a brain disorder? *Am J Psychiatry,* 164(5), 708-710. doi:10.1176/appi.ajp.164.5.708.

Weeks, J. R. (1962). Experimental morphine addiction: method for automatic intravenous injections in unrestrained rats. *Science,* 138(3537), 143-144.

Worhunsky, P. D., Malison, R. T., Rogers, R. D. & Potenza, M. N. (2014). Altered neural correlates of reward and loss processing during simulated slot-machine fMRI in pathological gambling and cocaine dependence. *Drug Alcohol Depend,* 145, 77-86. doi:10.1016/j.drugalcdep.2014.09.013.

중독의 이해를 위한 인간 대상 신경과학적 접근

학습 목표

- 현재 인간 대상 중독 연구에서 사용하는 신경 영상 기법에 대해 설명할 수 있다.
- 현재 신경 영상 연구의 한계를 이해한다.
- 각 신경 영상 기술의 기본 특징을 설명할 수 있다.
- 신경 영상 기술로 조사할 수 있는 뇌의 다양한 메커니즘을 이해한다.
- 신경 영상 기술을 임상과 연구 실무에 어떻게 적용할지 평가할 수 있다.

머리말

중독을 뇌 질환으로 이해하게 된 데는 최근의 뇌 영상 기술 발전이 크게 기여했다. 인간 신경 영상 연구에서 나타나는 방법론적 차이가 이런 이해를 복잡하게 만들 수 있지만 신경과학을 행동학, 유전학, 약리학 등 다른 학문과 통합하는 다변수적 접근법은 중독의 메커니즘에 대한 더 깊은 통찰을 제공했다. 또한 인간 외의 동물을 활용한 연구에서 얻은 지식을 인간에게 적용하는 중개 연구로 중독 과정의 전반적 메커니즘에 대한 우리의 이해는 더 풍부해졌다.

이런 신경 영상 기술은 그동안 어떻게 발전해왔을까? 그리고 이 기술은 임상적 정보 외에 어떤 추가 정보를 제공할까? 신경 영상 연구 결과를 활용해 중독으로 고통받는 사람들의 삶을 어떻게 개선할 수 있을까?

뇌의 전기적 활동 측정

1920년대에 도입된 뇌전도 검사(EEG)는 뇌의 전기생리학적 특성을 활용하는 기술이다. 뇌의 전기생리학적 신호 또는 "뇌파"를 측정함으로써 대뇌 피질 신경세포의 대규모 샘플, 주로 피라미드 세포의 전기적 활동 패턴(주파수, 전압, 형태학, 지형(topography) 등)을 분석한다. 이런 패턴은 신경세포 막의 이온 경사, 흥분성 및 억제성 시냅스 후 전위 등 신경 활동을 반영하며, 이를 통해 뇌의 기능을 추론할 수 있다. EEG는 두개 외부(두피)에 부착하는 전극 또는 두개 내부에 (외과적 방법을 통해 뇌 표면에) 삽입하는 전극을 통해 뇌에서 발생하는 전기적 전압 변화를 기록한다. 현재 임상 연구에서는 최소 21개의 전극을 사용하는 것을 이상적 기준으로 간주하며, 최대 256개의 전극을 사용하는 고밀도 EEG 시스템도 사용하고 있다. EEG는 뇌 활동에 대한 높은 시간 해상도를 제공하지만, 3차원 구조인 뇌를 2차원으로 표현하기 때문에 공간 해상도가 낮아 데이터의 해석에 한계가 있다. 따라서 두개 외부에서 측정된 EEG 데이터의 경우 신경 신호의 출처를 정확히 파악하는 데 제한이 생긴다. 또한 EEG는 대량의 신경세포에서 동기화된 활동을 측정하기 때문에 소규모 신경세포 샘플의 활동이나 미세한 활동은 감지하기 어렵다는 한계점이 있다.

뇌의 전기생리학적 활동이 만들어내는 자기장도 측정이 가능하다. 뇌 자기 공명 영상 기술(magnetoencephalography, MEG)은 뇌의 전기적 활동으로 생성된 자기장을 측정하는 기술이다(그림 2.1 참조). 신경세포에서 발생한 자기장은 거의 왜곡 없이 뇌 조직과 두개골을 통과하고, 두개골은 자기장을 전기적 신호보다 덜 왜곡하기 때문에 EEG에 비해 더 나은 공간 해상도를 제공한다. 뇌에서 발생하는 자기장은 약 10^{-15}테슬라(T)에 해당한다(1테슬라는 지구 자기장의 약 1억 분의 1 수준이다). 그렇게 미세한 신호를 감지하고 기록할 수 있는 것은 초전도 양자 간섭 장치(SQUID)라는 센서를 사용하기 때문이다. MEG 헬멧에는 고정된 SQUID 센서가 300개 이상 내장돼 있다. 이 센서들이 피라미드 세포의 수상 돌기에서 발생하는 세포 내 전류의 자기장을 증폭한다. 피라미드 세포는 대뇌 피질 표면에 수직으로 위치한다. MEG는 신경 활동을 직접 측정하는 장점이 있지만, 거리가 멀어지면 사이 신경세포(사이뉴런, internal neuron)의 신호가 급격히 약화되기 때문에 대뇌 피질에서 불과 몇 센티미터 이내만 감지할 수 있다(Cohen & Cuffin, 1991; Huettel et al., 2008). 또

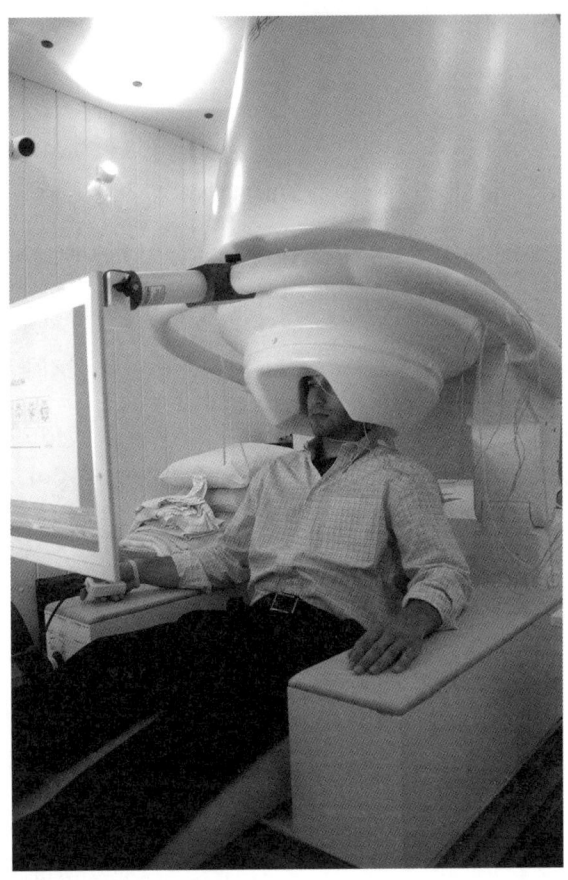

그림 2.1 환자를 대상으로 한 MEG 스캐너. (출처: https://images.nimh.nih.gov/public_il/image_details.cfm?id=80. © National Institute of Mental Health, National Institutes of Health, Department of Health and Human Services.)

한 MEG 신호는 근처 자동차의 이동이나 기타 전자기적 신호 등 외부의 자기 간섭에 매우 민감하기 때문에, MEG 스캐너는 자기장을 철저히 차폐(遮蔽)한 방에 있어야 한다.

EEG와 MEG는 모두 사건 관련 전위/장(event-related potentials/fields)

이나 진동 활동(oscillatory activity)을 연구할 때 시간-주파수 영역에서 뇌 기능을 직접 측정할 수 있다고 본다. 이 기술들은 밀리초(ms) 단위의, 매우 높은 시간 해상도를 제공한다. 두 가지 모두 비침습적 방법으로 두개 외부에서 측정이 가능하며, 주사를 맞거나 X선에 노출될 필요가 없다. 따라서 거의 모든 실험 대상에 적용할 수 있다. 마지막으로 이런 기술, 특히 EEG는 수동적이기 때문에 대부분의 조건에서 사용이 가능하다.

뇌 구조와 기능의 시각화

1970년대 처음으로 사용된 MRI는 오늘날 가장 널리 쓰이는 신경 영상 기술 중 하나다. MRI는 다양한 매개 변인을 특성화할 수 있는 진단 영상 도구로서의 유연성과 민감성 덕에 여전히 "최첨단" 기술로 간주되고 있다. MRI의 기본 개념은 물 분자 내 양성자의 핵자기 공명(核磁氣共鳴) 현상과 자기장의 상호 작용을 발견한 데 기반한다. 연구자들은 주어진 자기장 내에서 양성자의 유효한 세차 운동(歲差運動)을 측정했고, 이를 통해 MRI 신호를 도출할 수 있었다(Bloch et al., 1946; Purcell et al., 1946). MRI 스캔 중에는 라디오파 펄스(pulse)가 전달되는데, 이는 양성자들이 다른 방향으로 회전하게 만든다. 라디오파 펄스가 꺼지면, 양성자들은 다시 저에너지 상태로 돌아가며 자기장 내에서 정상적 정렬 상태를 회복한다. 이런 저에너지 상태로의 복귀, 즉 이완(relaxation)은 저장된 에너지를 빛의 형태로 방출하게 하며, 이를 자기 공명 스캐너가 감지해 우리가 보는 영상으로 변환한다(그림 2.2 참조).

MRI는 뇌의 거시적·미시적 구조, 기능, 신경화학적 구성을 고해상도 영상으로 보여준다(그림 2.3 참조). 구조적 MRI(structural MRI)는 뇌의 해부학적 영상을 제공한다. 이를 통해서 뇌 영역의 구조적 차원(예: 부피), 형태, 조직의 구성 등을 정량화할 수 있다.

미시적 수준에서 확산 텐서 영상(diffusion tensor imaging, DTI: MRI의 한 종류—옮긴이)은 조직을 통한 물 분자의 이동을 측정해 뇌와 신경 섬유의 구조를 시각화하는 기술이다. 이 기술을 사용하면 조직 내 물 분자의 움직임을 감지해 뇌 안 백질 섬유의 구조와 통합성을 파악할 수 있다. DTI 지표(DTI indices)를 통해 섬유 다발의 길이(예: 신경로 추적), 방향성(예: 분획 이방성), 확산성〔예: 추적성(trace)〕의 정량화가 가능하다. 높은 분획 이방성과 낮은 확산성은 건강한 백질 구조를 의미한다(그림 2.4 참조).

MRI는 구조적 정보를 제공할 뿐만 아니라, 역동적인 뇌의 생리학적 정보를 제공하는 기능적 영상 촬영도 가능케 한다. 기능적 자기 공명 영상(fMRI) 기법은 과제 수행 시뿐만 아니라 기저선인 휴지기 상태에서 발생하는 신경세포 활성화에 대해서도 거의 실시간으로 정보를 제공한다. fMRI 촬영의 핵심 요소는 혈액 산소 수준 의존(blood oxygenated level-dependentl, BOLD) 신호다. 이 신호는 1990년 세이지 오가와(誠二小川)가 처음 발견했으며, 생체 내(in vivo) 혈액의 산소화 수준이 변화함에 따라 MRI로 감지할 수 있는 자기 신호가 달라지는 현상을 의미한다. 따라서 BOLD 신호는 특정 뇌 영역이 활성화됨에 따라 산소 요구량이 증가하고, 이에 따라 산소 공급이 증가하는 정보를 제공한다. 즉 BOLD 신호는 신경 기능의 **간접적** 지표로, 기저 신경 활동과의 관계에 대한 몇

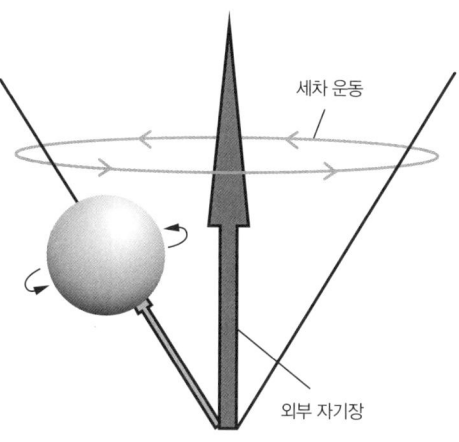

그림 2.2 MRI의 원리. MRI 신호는 회전하는 양성자가 자기장의 축(중앙에 있는 화살표)을 중심으로 돌거나 흔들리면서(세차 운동) 발생한다.

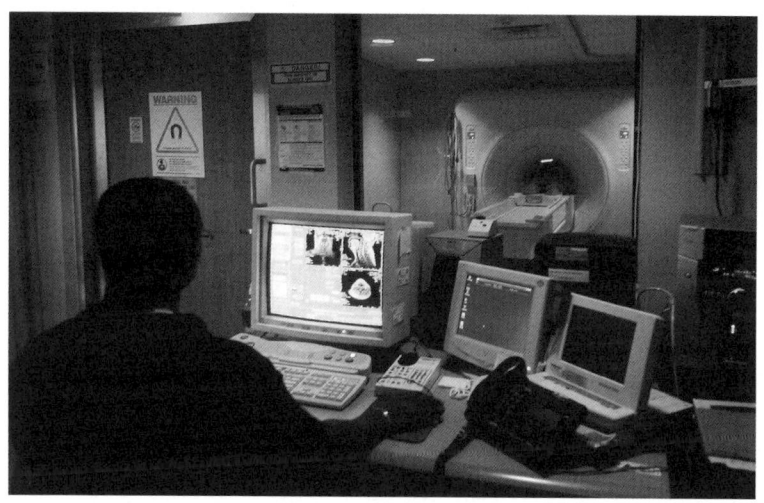

그림 2.3 MRI 기계로 들어가는 환자. (출처: https://commons.wikimedia.org/wiki/File:US_Navy_030819-N-9593R-228_Civilian_technician,_Jose_Araujo_watches_as_a_patient_goes_through_a_Magnetic_Resonance_Imaging,_(MRI)_machine.jpg. CC-PD National Naval Medical Center, Bethesda, MD, 2003.)

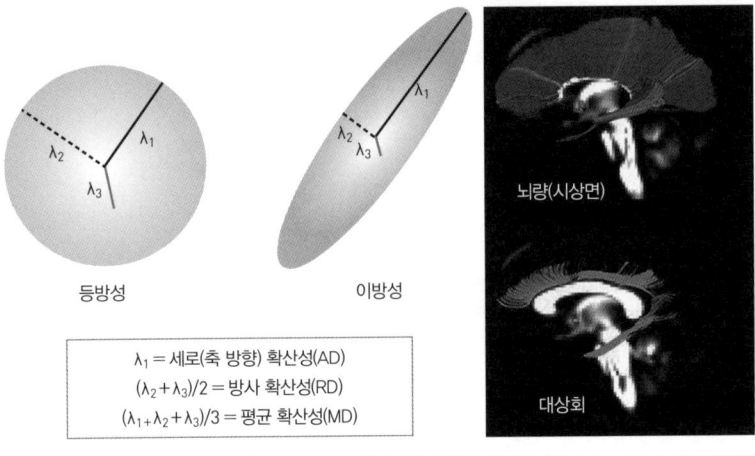

λ_1 = 세로(축 방향) 확산성(AD)
$(\lambda_2 + \lambda_3)/2$ = 방사 확산성(RD)
$(\lambda_1 + \lambda_2 + \lambda_3)/3$ = 평균 확산성(MD)

그림 2.4 회백질에서는 물 분자가 주로 등방성(축구공 모양)으로 확산하는 반면, 치밀한 백질 섬유 다발에서는 물 분자가 강한 이방성(럭비공 모양)으로 섬유 다발의 방향을 따라 확산한다. 방향성 확산을 측정하기 위해 가장 널리 사용되는 값은 분획 이방성이다. 이 값은 0~1의 범위에 있으며, 세로 방향의 확산 비율이 가로 방향(두 개 모두)의 확산 비율과 비교할 때 얼마나 되는지를 나타낸다. 분획 이방성 외에 사용할 수 있는 다른 측정값으로 축 방향 확산성(axial diffusivity, AD), 방사 확산성(radial diffusivity, RD), 평균 확산성(mean diffusivity, MD)이 있다. (출처: Whitford et al., 2011.)
*이 그림의 흑백 버전은 일부 형태를 표시한다. 컬러 버전은 간지의 별도 사진 참조.

가지 가정에 기반한다. fMRI는 내인성 또는 외인성 조영제를 이용한(혹은 이용하지 않는) 관류(perfusion) 기법, 국소 뇌 혈류 측정(regional cerebral blood flow), 뇌척수액 맥동 측정(cerebrospinal fluid pulsation), 위상 대비 혈류 측정(phase contrast flow measurement) 등을 포함한다.

MRI를 이용한 진단 기술의 발전은 스캔 장비와 과정의 혁신을 통해 계속되고 있다. 이런 발전에는 최대 11.75T의 고자장 영상(일반 병원의 경우 MRI의 해상도가 1.5~3T다), 고급 코일 기술을 활용한 멀티밴드 영상, 짧은 에코 시간 영상, PET-MRI나 SPECT-MRI나 EEG-MRI 같은 동시스캔 방식, 새로운 분자 MRI 조영제 개발 등이 있다. 따라서 MRI 기술을 통한 뇌 메커니즘의 이해는 앞으로도 계속 발전할 것이다.

컴퓨터 단층 촬영(CT)과 PET도 각각 뇌의 구조와 기능을 시각화한다. 그러나 MRI가 도입되면서 PET는 주로 뇌 분자 탐지에 사용하며, 이에 대한 자세한 내용은 다음 섹션에서 다룬다.

생화학적 영상

다른 영상 기술을 통해 뇌 분자를 정량적으로 분석할 수 있다. 이런 기술에는 자기 공명 분광법(MRS, 그림 2.5 참조), PET, 단일 광자 방출 컴퓨터 단층 촬영(SPECT)이 포함된다.

MRS는 MRI 스캐너로 수행하며, 뇌 조직의 N-아세틸아스파르트산·콜린·크레아틴 같은 대사산물에 고유한, 스펙트럼 내 무선 주파수 신호 또는 최고점을 기반으로 한다. 방사성 동위 원소를 사용하지 않는 MRS와 달리, PET와 SPECT는 방사성 뉴클레오타이드를 개인에게 주입해 사용한다. PET와 SPECT 기법의 장점은 생화학적 정보를 제공할 수 있다는 것이다. PET 리간드는 포도당, 도파민, 세로토닌, 오피오이드 수용체 등 특정 분자 또는 신경 수용체에 결합할 수 있다. 이런 방식으로 연구자들이 포도당 대사와 연구 대상인 수용체의 변화를 정량화하는 것이 가능하다. PET와 SPECT는 모두 방사성 추적자가 붕괴하며 방출되는 감마선을 감지해 이를 이미지로 변환한다. 그러나 PET는 감마선을 더 민감하게 감지하고(최대 1000배), 방사성 추적자의 반감기가

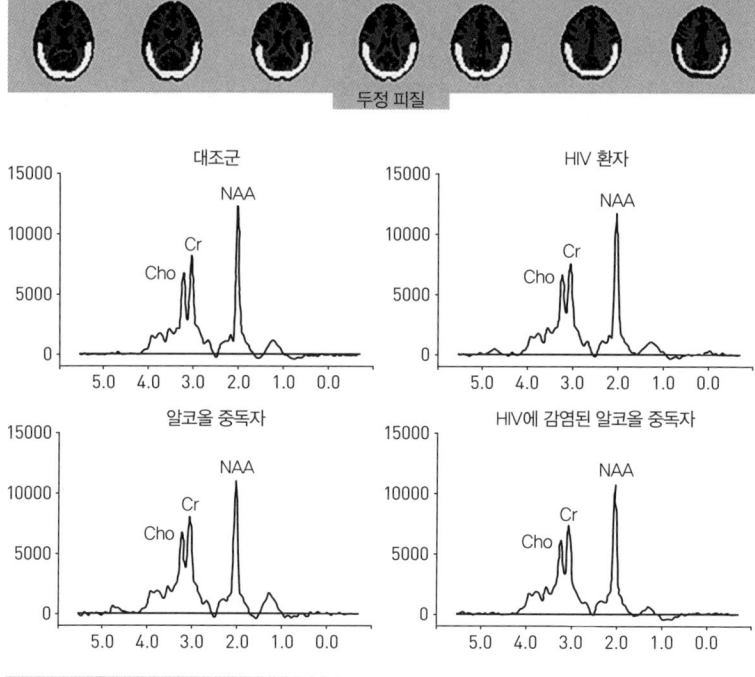

그림 2.5 인간 면역 결핍 바이러스(HIV)에 감염되고 알코올 중독이 있는 34세 남성 환자의 MRS 영상. 위쪽의 뇌 영상은 대사 물질의 정량화를 위해 MRS로 샘플링된 두정-후두 피질 영역(흰색)을 보여준다. 아래쪽의 그래프는 HIV 감염만 있는 경우, 알코올 중독만 있는 경우, HIV 감염과 알코올 중독이 동시에 있는 경우, 두 조건이 없는 건강한 대조군인 경우에 다양한 뇌 대사 물질의 MRS 스펙트럼을 나타낸다. 대사 물질인 N-아세틸아스파르트산(NAA)을 나타내는 최고점은 HIV와 알코올 중독이 동시에 있는 집단에서 다른 집단과 비교할 때 유의미하게 감소한 것을 볼 수 있다. Cho: 콜린, Cr: 크레아틴. (출처: Rosenbloom et al., 2010. © 2010 Alcohol Research: Current Reviews, USA.)

더 짧으며, SPECT에 비해 이미지 품질이 더 우수하다는 점에서 차이가 있다. 생화학적 영상은 질병 상태의 메커니즘과 잠재적 바이오마커를 알려주는 것뿐만 아니라, 신경 전달 및 신진대사에 대한 진단과 약물의 효과를 확립하는 데에도 도움이 된다.

신경 영상 연구의 한계

현재 중독과 관련된 뇌 변화에 대한 연구는 인간을 대상으로 할 수밖에 없다는 점에서 현실적 제약을 받는다. 특히 관련 연구의 결과들은 중독이 뇌의 변화와 연관할 가능성을 분명히 제시하지만, 그런 인과관계(즉 중독이 뇌 변화를 유발하는지 아니면 그 반대인지)를 직접 검증할 수 없기에 추론에 그친다. 다시 말해 이런 뇌의 변화가 "닭이 먼저냐, 달걀이 먼저냐 (원인이냐 결과냐-옮긴이)" 하는 문제로 귀착한다는 것이다. 여기서 고려해야 할 두 가지 가능성은 다음과 같다. 1) 관찰된 변화가 물질 노출의 직접적 결과일 가능성, 2) 관찰된 변화가 약물에 노출되기 전부터 존재했으며, 약물 남용 및 의존으로 이어질 수 있는 위험 요인일 가능성. 우선순위를 다투는 이런 논쟁은 사람이 약물에 노출되기 전후의 뇌를 살펴보는 전향적(轉向的)·종단적 연구 없이는 완전히 해결되기 어려울 것이다. 하지만 인과관계를 암시할 수 있는 정보를 제공하려는 접근법이 몇 가지 존재한다. 이런 접근법 각각은 우리의 이해를 진전시키고자 한다. 하지만 대다수의 연구 결과가 방법상의 차이로 인해 서로 모순된다. 가족, 형제, 쌍둥이들을 대상으로 하는 유전학적 연구를 예로 들어보자. 이런 연구에서는 연구 대상에서 나타나는 뇌의 변화가 유전적 요인으로 인한 것인지, 약물 노출로 인한 것인지를 구분하려고 시도한다. 대마초 사용자들에 대한 한 연구에서는 카나비노이드 수용체 유전자와 대마초 사용의 상호 작용이 편도체 부피에 영향을 미치는 것을 발견했는데, 이는 대마초의 영향이 유전적 소인과 상호 작용해 편도체 크기를 결정함을 시사한다(Schacht et al., 2012). 그러나 다른 연구에서는 대마초 사용이 편도체 부피에 영향을 미치지 않는다고 보고했다(Pagliaccio et al., 2015). 이 연구를 좀더 구체적으로 보면, 대마초 사용자의 편도체가 비사용자보다 작았지만 대마초 사용자와 그들의 형제 사이에는 편도체 부피의 차이가 거의 없었다. 이는 앞에서 밝힌 대마초 사용자와 비사용자 간의 뇌 부피 차이가 대마초가 아니라 대마초 사용 위험을 증가시키는, 유전적으로 결정된 뇌 변화 때문일 수도 있음을 시사한다. 요약하면 이 분야에 대한 연구가 더 많이 필요하고, 현재까지의 연구 문헌은 반복적 기능과 연관한 것으로 보이며 여러 조정 및 매개 변인을 포함한, 매우 복잡한 그림을 제시하고 있다.

2장 요약

- 신경과학 기술의 발전은 중독이 뇌 질환임을 이해하는 길을 닦았다.
- 신경영상학 기술을 통해 뇌의 전기생리학적·기능적·구조적·생화학적 특성을 측정할 수 있게 됐다.
- 뇌 영상 기술은 뇌의 구조 및 기능과 중독의 행동적 증상 간 연관성에 대한 증거를 제공한다.
- 중독의 행동적 증상을 뒷받침하는 신경 메커니즘을 이해하는 것은 치료적 개입의 잠재적 표적을 식별하는 데 중요하다.
- 향후 연구는 뇌 변화와 물질 노출 사이의 정확한 관계를 규명하는 데 초점을 맞춰야 한다.

복습 문제

○ 신경 영상 기술의 발전이 중독에 대한 이해에 어떤 영향을 미쳤을까?

○ EEG와 MEG는 어떻게 다를까?

○ MRI에 사용할 수 있는 기술에는 무엇이 있을까?

○ PET와 MRI가 제공하는 정보 사이에 어떤 차이가 있을까?

○ MRS를 통해 측정할 수 있는 화학 물질은 무엇일까?

○ 신경영상학 용어에서 "휴지기 상태(resting state)"는 무엇을 의미할까?

○ 신경영상학 연구 결과를 해석할 때 어떤 한계점을 고려해야 할까?

더 읽을거리

Garrison, K. A. & Potenza, M. N. (2014). Neuroimaging and biomarkers in addiction treatment. *Curr Psychiatry Rep*, 16(12), 513. doi:10.1007/s11920-014-0513-5.

Liu, P., Lu, H., Filbey, F. M., et al. (2014). MRI assessment of cerebral oxygen metabolism in cocaine-addicted individuals: hypoactivity and dose dependence. *NMR Biomed*, 27(6), 726-732. doi:10.1002/nbm.3114.

McClure, S. M. & Bickel, W. K. (2014). A dual-systems perspective on addiction: contributions from neuroimaging and cognitive training. *Ann N Y Acad Sci*, 1327(1), 62-78. doi:10.1111/nyas.12561.

Mello, N. K. (1973). A review of methods to induce alcohol addiction in animals. *Pharmacol Biochem Behav*, 1(1), 89-101.

Morgenstern, J., Naqvi, N. H., Debellis, R. & Breiter, H. C. (2013). The contributions of cognitive neuroscience and neuroimaging to understanding mechanisms of behavior change in addiction. *Psychol Addict Behav*, 27(2), 336-

350. doi:10.1037/a0032435.

Myers, K. M. & Carlezon, W. A., Jr. (2010). Extinction of drug- and withdrawal-paired cues in animal models: relevance to the treatment of addiction. *Neurosci Biobehav Rev*, 35(2), 285-302. doi:10.1016/j.neubiorev.2010.01.011.

Nader, M. A., Czoty, P. W., Gould, R. W. & Riddick, N. V. (2008). Positron emission tomography imaging studies of dopamine receptors in primate models of addiction. *Philos Trans R Soc Lond B Biol Sci*, 363(1507), 3223-3232. doi:10.1098/rstb.2008.0092.

Parvaz, M. A., Alia-Klein, N., Woicik, P. A., Volkow, N. D. & Goldstein, R. Z. (2011). Neuroimaging for drug addiction and related behaviors. *Rev Neurosci*, 22(6), 609-624. doi:10.1515/RNS.2011.055.

Stapleton, J., West, R., Marsden, J. & Hall, W. (2012). Research methods and statistical techniques in addiction. *Addiction*, 107(10), 1724-1725. doi:10.1111/j.1360-0443.2012.03969.x.

Yalachkov, Y., Kaiser, J. & Naumer, M. J. (2012). Functional neuroimaging studies in addiction: multisensory drug stimuli and neural cue reactivity. *Neurosci Biobehav Rev*, 36(2), 825-835. doi:10.1016/j.neubiorev.2011.12.004.

집중 조명 1

사랑과 뇌

신경 영상 기술의 발전으로 뇌가 영역 간에 연결된 네트워크를 통해 조화롭게 작동함을 확인할 수 있다. 이런 뇌 네트워크는 우리가 "쉴 때"나 특별한 과업을 수행하지 않을 때도 활성화한다. 이런 "휴지기 상태" 네트워크가 사랑과 같은 개인적 감정과 어떤 관련이 있는지에 대한 연구가 늘고 있다.

연구에서는 사랑의 감정이 보상적이고 따라서 보상 네트워크로 지원받기도 할 것이라고 널리 받아들인다. 따라서 이는 사랑이라는 감정의 변화에 따라 그 과정과 관련한 뇌 영역 역시 변화할 것을 시사한다(그림 S2.1

그림 S2.1 45년간 지켜온 사랑이 뇌에서는 어떻게 나타날까?

참조).

최근 일단의 연구자들은 사랑의 감정에서 나타나는 변화가 휴지기 상태 네트워크에 어떤 영향을 미치는지 조사했다. 연구 결과 보상, 동기, 감정 등을 조절하는 네트워크(배측 전방 대상 피질, 뇌섬엽, 미상핵, 편도체, 측좌핵)의 기능적 연결성(즉 뇌 영역 간의 신경 반응이 시간적으로 얼마나 동기화돼 있는지)이 "사랑에 빠졌다"고 응답한 참가자 집단에서 사랑에 빠지지 않은 집단(최근에 연애 관계를 끝냈거나 한 번도 사랑에 빠져본 적이 없는 사람들)보다 더 강하게 나타나는 것을 발견했다.

집중 조명 2

신경 영상을 통해 미래의 행동을 예측할 수 있을까?

우리가 신경영상학적 정보를 통해 어린아이에게서 나중에 발생할 수 있는, 중독 문제와 같은 정신 질환을 예측할 수 있다고 상상해보자(그림 S2.2 참조). 지금 수집되는 정보를 추후에 정신 질환 발병을 예방(또는 지연)하도록 개개인을 지원하는 데 활용할 수 있을까?

현재의 연구에서는 우리가 신경 영상 기술을 활용해 미래의 질환을 예측 및 예방할 수 있는 가능성을 현실로 만들기 위해 노력하고 있다. 최근 미국 국립보건원(NIH)은 청소년 뇌 인지 발달(Adolescent Brain Cognitive Development, ABCD) 연구(https://abcdstudy.org/)라는 역사적 연구에 자금을 지원했다. 이 연구의 궁극적 목표는 발전한 뇌 영상 기술을

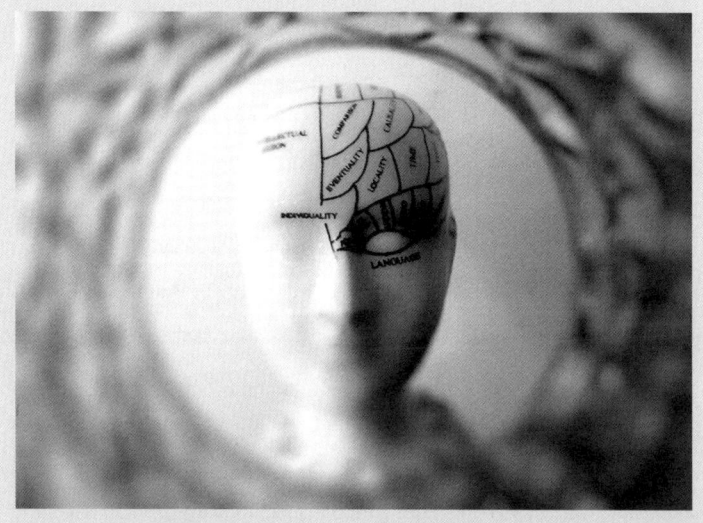

그림 S2.2 뇌와 행동의 연관성에 대한 연구는 골상학 분야에서 시작됐다. (출처: www.pexels.com/photo/photo-of-head-bust-print-artwork- 724994/.)

통해 뇌 발달을 지도화함으로써 정신 건강 문제와 중독의 예측 요인을 찾아내는 것이다. 미국 전역에서 진행되는 이 연구는 9~10세 어린이 1만 명을 대상으로 정신 건강, 중독, 교육, 문화, 환경, 유전 등에 대한 정보를 수집해 이런 요인이 뇌 발달과 어떻게 연관할 수 있는지를 조사한다. 이 연구에 참여한 아동들에게 10년 동안 매년 검사를 받게 해 위험 및 보호 요인, 정신 건강 문제, 중독에 대한 정보를 수집한다. 이 연구 결과를 통해 미래에 대한 예측력이 향상한다면 궁극적으로 우리 자녀들의 미래가 한결 나아질 수 있을 것이다.

참고문헌

Bloch, F., Hansen, W. W. & Packard, M. (1946). Nuclear induction. *Phys Rev,* 69(3-4), 127. doi:10.1103/PhysRev.69.127.

Cohen, D. & Cuffin, B. N. (1991). EEG versus MEG localization accuracy: theory and experiment. *Brain Topogr,* 4(2), 95-103. doi:10.1007/BF01132766.

Huettel, S. A., Song, A. W. & McCarthy, G. (2008). *Functional Magnetic Resonance Imaging,* 2nd edn. Sunderland, MA: Sinauer Associates.

Ogawa, S., Lee, T. M., Kay, A. R. & Tank, D. W. (1990). Brain magnetic resonance imaging with contrast dependent on blood oxygenation. *Proc Natl Acad Sci U S A,* 87(24): 9868-9872. doi:9868-9872. 10.1073/pnas.87.24.9868.

Pagliaccio, D., Barch, D. M., Bogdan, R., et al. (2015). Shared predisposition in the association between cannabis use and subcortical brain structure. *JAMA Psychiatry,* 72(10), 994-1001. doi:10.1001/jamapsychiatry.2015.1054.

Purcell, E. M., Torrey, H. C. & Pound, R. V. (1946). Resonance absorption by nuclear moments in a solid. *Phys Rev,* 69(1-2), 37-38. doi:10.1103/PhysRev.69.37.

Rosenbloom, M. J., Sullivan, E. V. & Pfefferbaum, A. (2010). Focus on the brain: HIV infection and alcoholism: comorbidity effects on brain structure and function. *Alcohol Res Health,* 33(3), 247-257.

Schacht, J. P., Hutchison, K. E. & Filbey, F. M. (2012). Associations between cannabinoid receptor-1 (CNR1) variation and hippocampus and amygdala volumes in heavy cannabis users. *Neuropsychopharmacology,* 37(11), 2368-2376. doi:10.1038/npp.2012.92.

Whitford, T. J., Savadjiev, P., Kubicki, M., et al. (2011). Fiber geometry in the corpus callosum in schizophrenia: evidence for transcallosal misconnection. *Schizophrenia Res,* 132(1), 69-74. doi:10.1016/j.schres.2011.07.010.

중독의 뇌-행동 이론

학습 목표

- 다양한 뇌 기반 중독 모델의 근거를 식별할 수 있다.
- 유인 민감화 모델(incentive sensitization model)의 맥락에서 "원함(wanting)"과 "좋아함(liking)"의 차이를 설명할 수 있다.
- 중독에서 대립 과정(opponent processes)이 무엇인지 설명할 수 있다.
- 손상된 반응 억제 및 현저성 귀인(impaired response inhibition and salience attribution, iRISA) 증후군 모델이 제시하는 중독의 행동적 양상에서 전전두엽 피질의 역할을 이해한다.
- 단서 유발 갈망 모델(cue-elicited craving model)의 메커니즘을 설명할 수 있다.

머리말

미국 국립약물남용연구소(NIDA)는 약물 중독을 "만성적이며 재발 가능성이 높은 **뇌 질환**"이라고 정의한다. 이런 맥락에서 뇌의 메커니즘과 중독의 관찰할 수 있는 행동적 증상 사이의 연관성을 설명하기 위해 다양한 중독 모델이 제안됐다. 이런 개념적 또는 이론적 모델은 검증하고 발전시킬 수 있는 작업의 틀을 제공함으로써 중독에 대한 신경과학 연구를 발전시켰다. 이번 장에서는 유인 민감화 이론, 생체 적응 이론(allostasis theory), 손상된 반응 억제 및 현저성 귀인 증후군 모델, 단서 유발 갈망 모델 같은 중요한 모델들에 대해 살펴보자.

초기의 약물 사용 이론에서는 약물이 제공하는 쾌락의 효과가 약물 소비를 유발하며, 의존은 이런 긍정적 효과를 얻기 위한 지속적 욕구로 인해 발생한다고 가정했다. 그러나 이 초기 이론들에서는 내성과 금단 증상 같은, 중독의 진행 과정에서 나타나는 다른 측면을 충분히 고려하지 못했다. 금단 증상의 존재는 초기에는 긍정적 보상이 중독을 유발하지만, 이후에는 중독 과정이 약물 사용 중단 후 나타나는 금단 증상을 회피하려는 것 같은 부적 강화로 전환됨을 시사한다. 이런 동기의 전환은 중독이 진행되는 동안 신경 적응이 발생함을 암시한다. 로빈슨(T. E. Robinson)과 베리지(K. C. Berridge)는 1993년에 약물 남용이 많은 신경 시스템, 특히 동기와 보상을 조절하는 영역에 변화를 일으킨다는 "유인 민감화" 모델을 제안했다. 이후 쿠브와 르몰(Koob & Le Moal, 1997, 2008)은 "쾌락 기준점"의 병리학적 변화로 중독자가 약물 섭취에 대한 통제력을 상실하게 된다는 신경생물학적 모델을 동기 이론에 기초해 제시했다. 21세기 이전 대부분의 신경생물학적 모델은 행동적·인지적·정서적 요소를 포괄하지 못한 채 피질하 영역에서 진행되는 과정에 중점을 뒀다. 이런 한계를 넘어서기 위해, 최근의 이론들에서는 약물로 인한 신경 적응의 피질 관련 측면을 통합하고, 검증할 수 있는 가설을 제공하고, 중독에 대한 독창적 관점을 제시한다.

유인 민감화 이론

로빈슨과 베리지(Robinson & Berridge, 1993)가 개발한 유인 민감화 이론은 신경 적응에 기반한 최초의 중독 이론이다. 이 이론에 따르면 반복적 약물 사용으로 인해 신경계에 변화가 생기며, 이는 강화와 동기를 조절하는 신경 기질(基質)도 변화시킨다. 또한 중독은 중뇌-피질-변연계 영역에서 약물의 작용에 대한 과민 반응으로 발생하며, 이는 약물의 유인 현저성을 증가시키는 역할을 한다. 유인 현저성이란 약물과 보상감 사이의 강력한 무의식적 연합으로 나타나는, 보상에 기반한 동기의 상태를 의미하며 약물에 대한 병적 동기화를 유발한다(즉 중독자는 약물의 쾌감을 단순히 "좋아하는" 것이 아니라, 강박적으로 "원하는" 상태가 되는 것이다). 또한 이 이론은 약물 관련 자극의 유인 민감화가 적합한 특정 자극에 동기를 연결하는 기억 및 학습 시스템의 변화에서 비롯한다고 설명한다. 즉 연합 학습(associative learning) 과정이 신경 민감화를 조절하며, 그 결과 조건화된(전에 학습한) 환경에서 행동적 민감성이 나타난다(Anagnostaras et al., 2002).

이 이론에서 "원함"은 "좋아함"(배측 선조체의 도파민, GABA, 내인성 카나비노이드, 오피오이드)과 달리 도파민 관련 경로〔대뇌 피질-변연계(corticolimbic) 영역의 도파민 및 글루탐산〕와 연결되는 것으로 보인다. 약물 사용은 원래 음식 섭취나 성행위처럼 생존에 필수적이고 중요한 정보의 부호화를 가능케 하는, 행동과 그 결과로서 쾌락적 가치의 정상적 관계를 "단락(短絡)"시키는 역할을 한다. 비록 제한적이지만, 유인 민감화의 잠재적 메커니즘이 전임상 및 임상 연구에서 나타났다. 민감화된 동물에서는 중뇌-변연계 뉴런의 발화율이 자주 증가했다. PET와 [^{11}C]라클로프라이드([^{11}C]raclopride)를 이용한 인간 대상 연구에서도 유사한 결과가 관찰됐다. 여기에 따르면 암페타민에 민감화된 남성들은 정신 운동 반응(psychomotor response)과 복측 선조체에서의 도파민 방출이 증가했으며, 이 효과는 1년 후 후속 연구에서도 관찰됐다(Boileau et al., 2006)(이는 약물 민감화가 단기적 현상이 아니라 장기간 지속할 수 있음을 시사하는 중요한 연구 결과다—옮긴이).

생체 적응 모델: 항상성 조절의 장애

생체 적응 모델은 과도한 약물 탐닉 및 사용에 대한 통제력 상실을 설명하기 위해 개발됐으며, 솔로몬과 코빗이 제안한 정서의 대립 과정 동기 이론에 기반한다(Solomon & Corbit, 1974). 대립 과정 이론은 특정 감정(예: 쾌락)의 표현이 반대 감정(예: 고통)을 억제한다고 설명한다. 즉 어떤 자극에 반응할 때 처음에는 짧고 강렬한 각성 상태가 나타난다. 이후 반대되는 부정적 감정 반응이 점차 나타나 다시 각성이 중간 정도로 유지되는 정상적 균형, 즉 항상성(恒常性) 상태로 돌아가게 된다. 솔로몬과 코빗(Solomon & Corbit, 1974)은 이런 부정적 감정 반응을 대립 과정이라고 불렀다.

중독의 관점에서 보면, 동기의 대립 과정 이론은 약물 사용으로 경험하는 초기의 긍정적 감정(예: 도취감, 불안 해소)이 곧이어 금단 증상(예: 두통, 메스꺼움) 같은 부정적 감정 상태로 이어진다고 설명한다. 즉 약물이 유발하는 즉각적 쾌락의 상태를 항상성으로 돌아가려는 뇌의 메커니즘이 억제한다는 것이다. 이 과정은 반복적 약물 사용으로 인해 더 복잡해진다. 약물을 계속 사용하면 내성이 생겨 동일한 수준의 쾌락을 얻기 위해 점점 더 많은 양이 필요해진다. 그러나 대립 과정 이론에 따르면, 흥미롭게도 내성은 긍정적 효과에 대한 둔감화가 아니라 부정적 효과에 대한 민감화로 인해 발생한다. 즉 반복적 약물 사용으로 대립 과정의 부정적 효과는 점점 강해지고, 쾌락의 경험은 점점 약해진다. 결국 지속적 약물 사용은 이런 부정적 상태를 피하려는 동기로 일어난다(6장 참조).

쿠브와 르몰은 항상성 붕괴의 신경생물학적 적응 과정을 포함하도록 이 모델을 확장했다(Koob & Le Moal, 1997)(그림 3.1 참조). 이들은 중독을 다음 세 단계, 즉 1) 과도한 섭취, 2) 금단 현상과 부정적 정서, 3) 집착과 기대의 순환이 반복되는 것으로 설명했다. 신경생물학적으로 보면, 첫 번째 단계에서는 보상에 대한 감각이 측좌핵에서 발생하는 흥분성 도파민 신호 전달에서 비롯한다. 이 강렬한 쾌감은 매우 두드러지는 보상적 기억으로 저장된다. 이런 긍정적 기억이 약물을 탐색하는 행동을

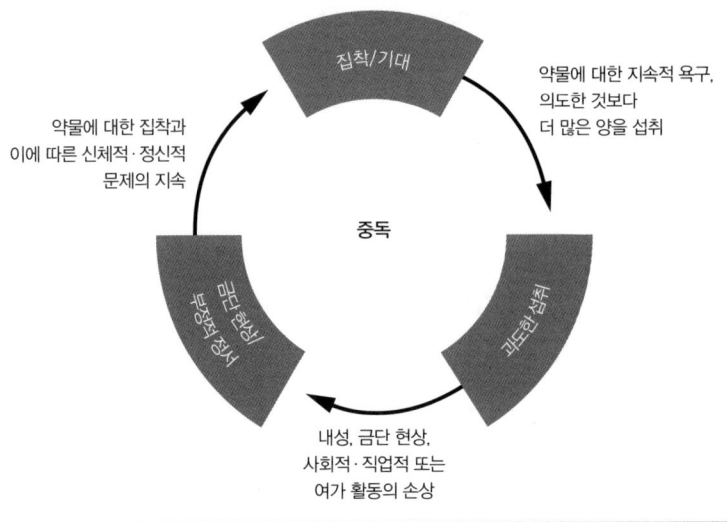

그림 3.1 중독을 설명하는 그림. 집착/기대("갈망"), 과도한 섭취, 금단 현상/부정적 정서의 악순환을 보여준다. 여기에는 《정신질환의 진단 및 통계 편람》 제4판에 명시된 물질 의존의 다양한 기준이 포함된다. (출처: Koob & Le Moal, 2008.)

강력하게 유발함에도 불구하고, 세포 수준에서는 다음의 두 가지 불균형 상태가 나타나게 된다. 첫째, 약물을 복용했을 때 뇌의 시스템들 내에서는 특정 약물이 활성화한 수용체가 항상성을 유지하기 위해 둔감화된다. 둘째, 뇌의 시스템들 사이에서는 보상 관련 영역 간 연결성이 증가하는 반면, 전전두엽 같은 억제 관련 영역과 보상 관련 영역 간 연결성은 감소한다. 두 번째 단계인 금단 증상의 경우, 약물을 계속 섭취하면 항상성을 유지하기 위한 노력의 일환으로 관련 수용체(예: 코카인의 경우 도파민 수용체, 헤로인의 경우 오피오이드 수용체, 알코올의 경우 GABA 수용체)가 둔감화된다는 특징이 있다. 이 과정에서 나타나는 내성은 약물에 적응한 상태에서 흥분성 도파민 신호 전달이 전반적으로 감소함을 의미한다. 그러나 약물을 섭취하지 않은 경우에는 보상 회로가 "활성이 부족한" 상태가 되면서 부정적 정서, 신체적 불편함, 불쾌감 등의 증상을 겪게 된다. 이런 상태는 사용자로 하여금 부정적 감각을 완화하기 위해 물질을 다시 사용하도록 하며, 따라서 새로운 쾌감과 뒤따르는 불쾌감의 악순환이 반복된다. 세 번째 단계는 집착, 기대 또는 갈망으로 구성된다. 이 단계에서는 사용자가 (쾌감을 느끼기 위해서가 아니라) 금단 증상을 예방하고 "정상적으로 느끼기" 위해, 즉 불편감을 피하고자 하는 개인의 추동(趨動)으로 인해 약물을 재사용하는 경향이 나타난다. 이런 상태는 금단 기간 후에도 재발의 위험을 크게 높이는 신경 네트워크의 장기적 변화를 반영한다.

손상된 반응 억제 및 현저성 귀인 증후군 모델

2002년, 골드스타인과 볼카우는 기존 중독 모델들의 행동적·인지적·정서적 특징을 통합적으로 설명하는 최초의 모델을 제안했다(Goldstein & Volkow, 2002). 이들의 '손상된 반응 억제 및 현저성 귀인 증후군 모델'에서는 주로 코카인 사용자 집단의 신경 영상 연구 결과를 기반으로, 전전두엽 신경 회로가 약물 중독과 관련한 주요 행동(약물 중독 및 갈망, 강박적 약물 사용, 금단 증상)을 조절하는 데 핵심 역할을 한다고 설명한다(그림 3.2 참조). 전전두엽의 영역을 살펴보면 배측 전전두엽(배외측 전전두엽, 배측 전방 대상 피질, 하전두회)은 고차원적 통제 또는 "차가운" 과정과 연관한다. 반면 복측 전전두엽(내측 안와 전두 피질, 복내측 전전두엽, 문복측 전

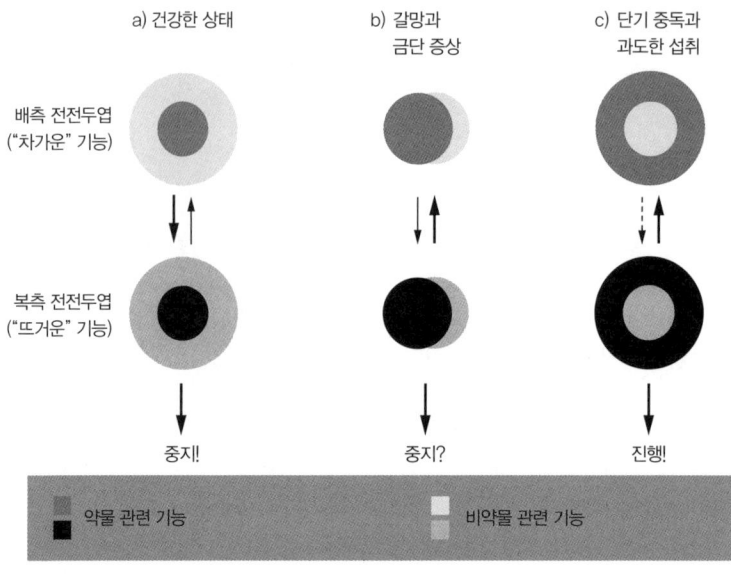

그림 3.2 약물 사용자와 비사용자의 전전두엽과 피질하 영역 간 상호 작용을 보여주는, iRISA 증후군 모델의 개념도. 그림에서 어두운색은 약물과 관련한 신경심리학적 기능(예: 유인 현저성, 약물에 대한 욕구, 주의 편향, 약물 탐색 행동)을, 밝은색은 비약물 관련 기능(예: 지속적 노력)을 나타낸다. 굵은 화살표는 입력의 증가를, 원의 크기는 약물 관련 기능과 비약물 관련 기능 간의 균형을 나타낸다. (출처: Goldstein & Volkow, 2011.)

방 대상 피질)은 더 감정적·자동적인, "뜨거운" 과정과 관련이 있다.

약물 중독은 피질하 영역의 신경 변화로 발생한다고 알려져 있지만, iRISA 증후군 모델에서는 이 과정이 전두엽 영역에서의 도파민 수치 증가, 전전두엽 및 전방 대상 피질의 활성화와도 연관된다고 설명한다. 또한 활성화의 패턴은 복용에 대한 주관적 지각, 약물이나 좋아진 기분의 강화 효과와 관련한다. 약물 갈망은 기억 과정과 관련한, 약물에 대한 조건화된 반응으로, 안와 전두 피질 및 전방 대상 피질의 활성화와 밀접한 관련이 있다. 이런 영역의 활성화 증가는 여러 약물을 남용하는 집단에서, 그리고 다양한 자극(예: 시각, 촉각, 미각)을 통해 유사하게 나타난다. 전전두엽 영역의 활성화는 단기 중독과 마찬가지로 갈망에 대한 자기 보고와도 상관있다. 약물 사용자는 쾌락의 상태에서 부정적 상태로 전환되는 동안 (앞에서 설명한 대립 과정과 비슷하게) 통제력을 잃고 약물을 계속 복용하게 되는데 이는 시상-안와 전두 회로(thalamo-orbitofrontal circuitry)와 전방 대상 피질을 포함한, 전두엽의 통제 영역이 관장하는 조절이 약화하기 때문이다. 마지막으로 금단 증상은 도파민, 세로토닌, 코르티코트로핀 방출 인자 등 신경 전달 물질의 분비를 조절하는 전전두엽 피질 회로의 기능 장애로 인해 발생하는 것으로 본다. 갈망은 전전두엽의 활성화와 관련이 있지만, 금단 증상은 반대로 전전두엽의 비활성화와 연관된다.

2011년 확장된 iRISA 증후군 모델(Goldstein & Volkow, 2011)에서는 중독과 관련한 행동을 할 때 전전두엽과 피질하 영역 간의 상호 작용을 자세히 설명했다. 건강하고 약물을 남용하지 않은 상태에 비해, 갈망과 금단 증상이 있는 상태에서는 전전두엽 피질의 연결성으로 인해 약물 관련 인지 기능·정서·행동과 약물과는 무관한 기능 사이에 갈등이 일어나게 된다. 이렇게 약물과 상관없는 기능(예: 주의)이 저하되면 자기 통제가 낮아지고, 쾌감을 상실하고, 스트레스 반응성과 불안이 나타난다. 하지만 약물을 사용 또는 남용하면 약물과 관련이 없는 상위의 인지 기능은 약물과 관련한 "뜨거운" 기능을 조절하는 영역에서 입력 신호가 증가하면서 억제된다. 다시 말해 인지적 통제를 담당하는 상위 영역에서 나오는 신호가 감소하고, "뜨거운" 영역이 상위의 인지적 신호를 지배하는 것이다. 그래서 사용자의 주의가 다른 모든 강화인보다 약물과 관련한 단서에 집중되고, 충동성이 증가하고, 두려움·분노·사랑 같은 기본적 감정을 통제하지 못한다. 이로 인해 강박적 약물 소비와 같은, 자동적이고 자극에 좌우되는 행동이 지배적으로 나타난다.

단서 유발 갈망 모델

칼리바스와 볼카우(Kalivas & Volkow, 2005)에 따르면, 갈망은 중독을 유지하는 데 핵심 역할을 한다. 이들은 연구를 통해 특정 물질과 관련한 단서가 해당 물질 자체와 같은 신경화학적·행동적 반응을 유발함을 알아냈다. 실증적 신경 영상 연구들은 물질에 대한 이런 갈망이 뇌의 보상 회로에서 발생함을 보여준다(Filbey & DeWitt, 2012; Filbey et al., 2009, 2012; Hommer, 1999; Volkow et al., 2002). 더 구체적으로 보면, 특정 단서 또는 조건화된 자극은 전방 대상 피질(동기)과 편도체(정서)에서 점차 중요한 의미를 갖게 된다. 이후 내적 감각(내수용 감각) 및 기억과 관련한 과정이 각각 뇌섬엽과 해마에서 활성화를 촉진한다. 이런 일련의 과정은 궁극적으로 복측 피개 영역에서 도파민의 방출을 유도하며, 이는 기저핵과 피질로 전달돼 특정 물질과 환경적 단서 간의 학습한 연합을 부호화한다(Filbey & DeWitt, 2012). 마지막으로 이런 단서를 유발하는 연결은 중뇌-피질-변연계 경로에서 확인할 수 있다(예: Filbey et al., 2008).

중독에 대한 뇌-행동 이론의 미래

모든 개념적 모델에서는 그 뒤에 있는 이론에 대한 검증이 중요하다. 따라서 현재 중독에 대한 과학적 연구는 이런 중요한 과학적 목표에 집중하고 있다. 이런 모델들의 주장에 도전하는 것은 중독의 기초 원리를 밝히는 새로운 과학적 발견을 위해서도 중요하다. 행동에 영향을 미치는 대부분의 장애와 마찬가지로 중독은 복잡하며, 뇌와 관련한 것 외에도 여러 요인으로 구성된다. 예를 들어 개인적 차이가 중독에 대한 취약성에 크게 영향을 미친다는 것은 잘 알려져 있다. 이는 약물이 뇌에 변화를 유도하더라도, 약물 사용자의 10퍼센트 미만이 중독으로 발전한다는 사실에서 분명히 드러난다. 중독에 빠진 사람들은 일반적으로 기분 장애 같은 공존 질환(co-occurring disorder)이 있는 경우가 많다. 한 연구에서는 이런 문제를 다루기 위해 지각한 스트레스, 기분(우울과 불안), 대마초 사용 문제 간의 관계를 조사했다(Ketcherside and Filbey, 2015). 그들은 우울과 불안 증상이 지각한 스트레스와 대마초 사용 문제 사이의 관계를 매개함을 발견했다. 즉 스트레스를 경험한 후에 대마초 사용 문제가 발생하는 메커니즘은 우울이나 불안 증상을 통해 작동한다는 것이다. 이런 발견은 대마초 사용 문제를 겪는 사람들에게 우울과 불안 증상에 중점을 둔 치료가 보다 효과적일 수 있음을 시사한다. 대마초 사용 문제가 바로 그 경로를 통해 발생하기 때문이다. 생물학적 또는 심리적 요인 외에 환경적 요인을 고려하는 것 역시 중요하다. 사회경제적 지위, 또래의 약물 사용 같은 환경적 요인이 약물 중독의 발달에 영향을 미치는 것으로 밝혀졌다(그림 3.3 참조). 결론적으로 신경생

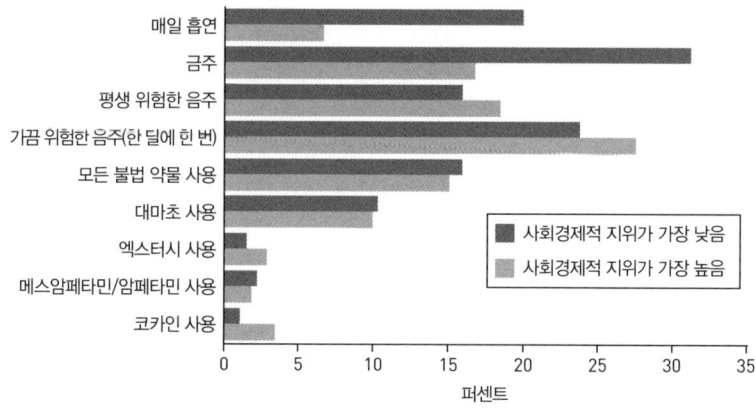

그림 3.3 2013년 14세 이상 오스트레일리아 인구 중 사회경제적 지위가 각각 최저와 최고인 사람들의 상습 흡연, 위험한 알코올 소비, 불법 약물 사용. (출처: Australian Institute of Health and Welfare, 2014.)

물학적 요인이 아닌, 기타 환경적 조건을 증거 기반 접근법으로 고려한다면 현재의 중독 모델을 보다 강화할 수 있을 것이다. 이를 통해 약물 관련 문제를 일으키는 결정 요인을 확인하고 궁극적으로는 해결할 수 있을 것으로 보인다.

3장 요약

- 신경생물학적 모델들은 약물 중독이 진행되면서 강박적으로 약물에 탐닉하는 과정까지 신경 적응을 설명할 수 있도록 발전해왔다.
- 유인 민감화 모델은 초기에 약물을 "좋아하는 것"에서 "원하는 것"으로 변화하는 행동을 설명한다.

- 생체 적응 모델은 중독의 긍정적 상태와 부정적 상태가 대립하는 과정을 고려한 이론적 틀을 제안한다.
- iRISA 증후군 모델은 전전두엽 피질의 고차원적 기능을 통합해, 중독의 복잡한 행동적·인지적·정서적 양상을 전전두엽 피질이 어떻게 조절하는지를 설명한다.
- 단서 유발 갈망 모델은 약물 탐색 행동을 지속시키는 인지적 과정의 이질성을 강조한다(즉 약물에 대한 외부 단서가 유발하는 갈망을 비중 있게 설명한다—옮긴이).

복습 문제

- 중독 현상의 다양한 모델은 서로 어떻게 다를까?
- 약물을 "원하는 것"과 "좋아하는 것"은 어떻게 다를까?
- 생체 적응 모델의 주요 초점은 무엇이며, 어떤 행동 이론에 기반하고 있을까?
- iRISA 증후군 모델의 프레임워크에서는 어떤 뇌 영역 및 관련한 과정들을 통합하는가?
- 단서 유발 갈망 모델은 어떤 인지적 과정들을 포함하는가?

더 읽을거리

Bickel, W. K., Mellis, A. M., Snider, S. E., et al. (2018). 21st century neurobehavioral theories of decision making in addiction: review and evaluation. *Pharmacol Biochem Behav*, 164, 4–21. doi:10.1016/j.pbb.2017.09.009.

Carey, R. J., Carrera, M. P. & Damianopoulos, E. N. (2014). A new proposal for drug conditioning with implications for drug addiction: the Pavlovian twostep from delay to trace conditioning. *Behav Brain Res*, 275, 150–156. doi:10.1016/j.bbr.2014.08.053.

Dayan, P. (2009). Dopamine, reinforcement learning, and addiction. *Pharmacopsychiatry*, 42, Suppl. 1, S56–S65. doi:10.1055/s-0028-1124107.

DeWitt, S. J., Ketcherside, A., McQueeny, T. M., Dunlop, J. P. & Filbey, F. M. (2015). The hyper-sentient addict: an exteroception model of addiction. *Am J Drug Alcohol Abuse*, 41(5), 374–381. doi:10.3109/00952990.2015.1049701.

Di Chiara, G., Bassareo, V., Fenu, S., et al. (2004). Dopamine and drug addiction: the nucleus accumbens shell connection. *Neuropharmacology*, 47, Suppl. 1, 227–241. doi:10.1016/j.neuropharm.2004.06.032.

Garcia Pardo, M. P., Roger Sanchez, C., de la Rubia Orti, J. E. & Aguilar Calpe, M. A. (2017). Animal models of drug addiction. *Adicciones*, 29(4), 278–292. doi:10.20882/adicciones.862.

Lewis, M. D. (2011). Dopamine and the neural "now": essay and review of addiction: a disorder of choice. *Perspect Psychol Sci*, 6(2), 150–155. doi:10.1177/1745691611400235.

O'Brien, C. P., Childress, A. R., McLellan, A. T. & Ehrman, R. (1992). A learning model of addiction. *Res Publ Assoc Res Nerv Ment Dis*, 70, 157–177.

Robinson, T. E. & Berridge, K. C. (1993). The neural basis of drug craving: an incentive-sensitization theory of addiction. *Brain Res Brain Res Rev*, 18(3), 247–291. doi:10.1016/0165-0173(93)90013-P.

Weiss, F. (2010). Advances in animal models of relapse for addiction research. In C. M. Kuhn & G. F. Koob, eds., *Advances in the Neuroscience of Addiction*, 2nd edn. Boca Raton, FL: CRC Press, pp. 1–26.

집중 조명

중독은 도덕적 실패인가

2016년 미국 질병통제예방센터(CDC)의 한 보고서에 따르면, 매일 91명의 미국인이 오피오이드 과용으로 사망한다. 이는 교통사고나 총기 살인으로 인한 사망자 수보다 높은 수치다. 현재 유행병 수준에 이른 오피오이드 중독(마약 과다 복용으로 인한 사망의 60퍼센트는 오피오이드가 원인이다)을 살펴보면, 이런 중독의 80퍼센트는 통증 치료를 위한 오피오이드 약물 처방에서부터 시작됐다(그림 S3.1 참조). 다시 말해 이 경우에 중독은 의료적 처방에서 비롯했다. 그래서 미국의 오피오이드 유행병은 많은 사회적 비난을 불러일으키고 있다. 제약 회사들은 중독의 위험이 높은 약물을 만들어 적극적으로 홍보한다는 점에서, 의사들은 (아마 중독의 높은 위험성을 제대로 알지 못한 채) 그런 약물을 과도하게 처방한다는 점에서 비판받는다.

그런데 오피오이드 유행병에 대한 공중 보건 차원의 대응은 과거 다른 마약류 유행병의 경우와는 다르다. 특히 오피오이드 중독자들에게는 형사 처벌이 아니라 치료라는 선택지가 제공되고 있다. 중독을 범죄보다 공중 보건의 문제로 보는, 이런 인도적 접근은 폴란드에서 채택한 "처벌보다 치료"의 원칙과 유사하다. 폴란드의 2011~2016년 국가 약물 중독 대응 프로그램(Poland's National Program for Counteracting Drug Addiction)은 약물 예방 프로그램의 질적 향상, 치료를 받는 사람들의 삶의 질 개선, 피해의 감소, 사회 재통합 조치에 더 중점을 뒀다.

오피오이드 유행병에 대한 미국의 대응이 중독 문제를 해결하는 새

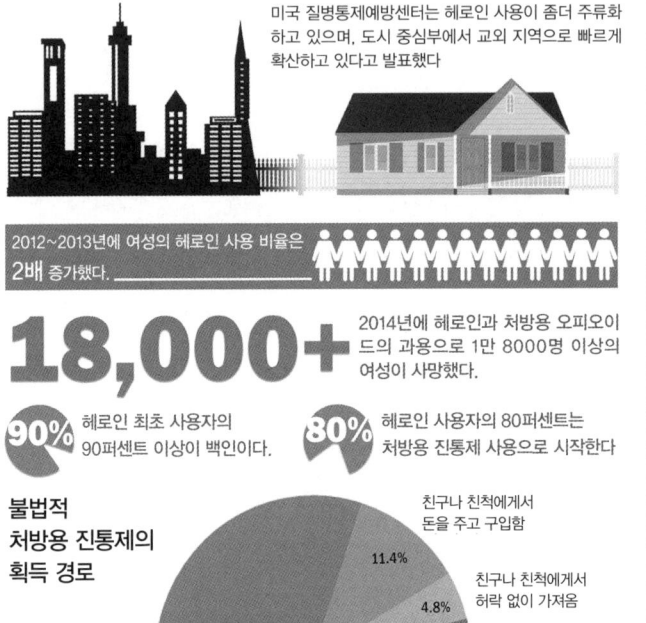

그림 S3.1 현대 미국의 오피오이드 유행병. (출처: NC Department of Health and Human Services, 2016.)

로운 방향, 즉 중독자들이 효과적 치료를 받을 수 있도록 접근성을 확보하는 방향으로 이어질 수도 있다. 동시에 중독에 대한 사회적 낙인을 제거하고, 중독은 누구에게나 일어날 수 있다는 사실을 받아들이는 것도 중요하다.

참고문헌

Australian Institute of Health and Welfare (2014). National Drug Strategy Household Survey detailed report: 2013. Drug statistics series no. 28. Canberra, Australia: Australian Institute of Health and Welfare.

Anagnostaras, S. G., Schallert, T. & Robinson, T. E. (2002). Memory processes governing amphetamine-induced psychomotor sensitization. *Neuropsychopharmacology,* 26(6), 703-715. doi:10.1016/S0893-133X(01)00402-X.

Boileau, I., Dagher, A., Leyton, M., et al. (2006). Modeling sensitization to stimulants in humans: an [11C]raclopride/positron emission tomography study in healthy men. *Arch Gen Psychiatry,* 63(12), 1386-1395. doi:10.1001/archpsyc.63.12.1386.

Filbey, F. M., Claus, E., Audette, A. R., et al. (2008). Exposure to the taste of alcohol elicits activation of the mesocorticolimbic neurocircuitry. *Neuropsychopharmacology,* 33(6), 1391-1401. doi:10.1038/sj.npp.1301513.

Filbey, F. M., Claus, E. D., Morgan, M., Forester, G. R. & Hutchison, K. (2012). Dopaminergic genes modulate response inhibition in alcohol abusing adults. *Addict Biol,* 17(6), 1046-1056. doi:10.1111/j.1369-1600.2011.00328.x.

Filbey, F. M. & DeWitt, S. J. (2012). Cannabis cue-elicited craving and the reward neurocircuitry. *Prog Neuropsychopharmacol Biol Psychiatry,* 38(1), 30-35. doi:10.1016/j.pnpbp.2011.11.001.

Filbey, F. M., Schacht, J. P., Myers, U. S., Chavez, R. S. & Hutchison, K. E. (2009). Marijuana craving in the brain. *Proc Natl Acad Sci U S A*, 106(31), 13016-13021. doi:10.1073/pnas.0903863106.

Goldstein, R. Z. & Volkow, N. D. (2002). Drug addiction and its underlying neurobiological basis: neuroimaging evidence for the involvement of the frontal cortex. *Am J Psychiatry*, 159(10), 1642-1652. doi:10.1176/appi.ajp.159.10.1642.

____ (2011). Dysfunction of the prefrontal cortex in addiction: neuroimaging findings and clinical implications. *Nat Rev Neurosci*, 12(11), 652-669. doi:10.1038/nrn3119.

Hommer, D. W. (1999). Functional imaging of craving. *Alcohol Res Health*, 23(3), 187-196.

Kalivas, P. W. & Volkow, N. D. (2005). The neural basis of addiction: a pathology of motivation and choice. *Am J Psychiatry*, 162(8), 1403-1413. doi:10.1176/appi.ajp.162.8.1403.

Ketcherside, A. & Filbey, F. M. (2015). Mediating processes between stress and problematic marijuana use. *Addict Behav*, 45, 113-118. doi:10.1016/j.addbeh.2015.01.015.

Koob, G. F. & Le Moal, M. (1997). Drug abuse: hedonic homeostatic dysregulation. *Science*, 278(5335), 52-58.

____ (2008). Neurobiological mechanisms for opponent motivational processes in addiction. *Philos Trans R Soc Lond B Biol Sci*, 363(1507), 3113-3123. doi:10.1098/rstb.2008.0094.

Robinson, T. E. & Berridge, K. C. (1993). The neural basis of drug craving: an incentive-sensitization theory of addiction. *Brain Res Brain Res Rev*, 18(3), 247-291.

NC Department of Health and Human Services (2016). Jan. 19 task force meeting documents. Available at: www.ncdhhs.gov/document/jan-19-task-force-meeting-documents (accessed August 1, 2017).

Solomon, R. L. & Corbit, J. D. (1974). An opponent-process theory of motivation. I. Temporal dynamics of affect. *Psychol Rev,* 81(2), 119-145. doi:10.1037/h0036128.

Volkow, N. D., Fowler, J. S., Wang, G. J. & Goldstein, R. Z. (2002). Role of dopamine, the frontal cortex and memory circuits in drug addiction: insight from imaging studies. *Neurobiol Learn Mem,* 78(3), 610-624. doi:10.1006/nlme.2002.4099.

첫 약물 사용의 동기부터 여가를 위한 사용까지
보상 및 동기 시스템

학습 목표

○ 중뇌-피질-변연계 경로에 속하는 주요 영역을 설명할 수 있다.

○ 도파민이 보상과 동기에 어떤 역할을 하는지 설명할 수 있다.

○ 최종 공통 경로(final common pathway)를 식별할 수 있다.

○ 보상 결핍 증후군(reward deficiency syndrome)의 개념을 이해한다.

○ 기억 시스템이 보상과 동기에 어떤 역할을 하는지 논의할 수 있다.

머리말

3장에서 설명한 바와 같이, 중독의 발달은 약물에 대한 **유인 현저성**(약물

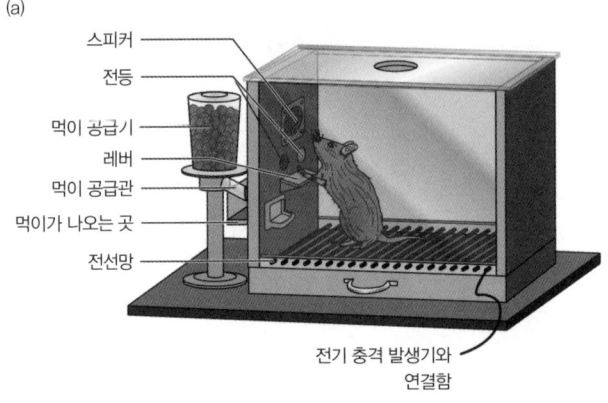

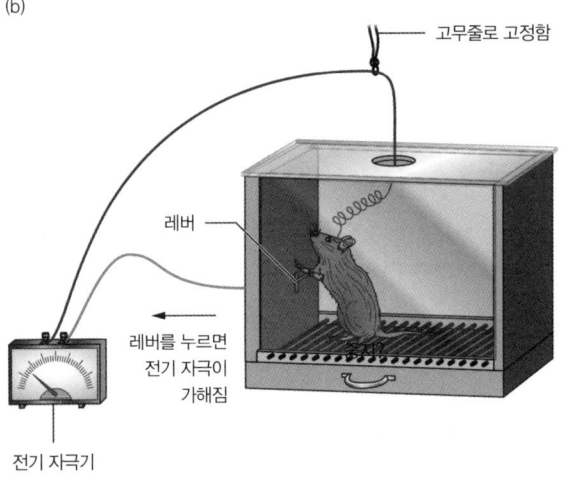

그림 4.1 (a) 레버 누르기와 (b) 두개 내 자기 자극은 실험동물의 보상과 동기를 연구하기 위한 실험 패러다임의 두 가지 예다. (a) 동물은 보상(예: 음식, 물, 성적 파트너, 약물)을 획득하기 위해 레버를 누르는 방법을 학습한다. (b) 특정한 유인의 영향 없이 동물이 스스로 뇌의 보상 영역에 전기 자극을 가할 수 있다. 이런 동물 실험 패러다임은 중뇌-변연계 도파민 시스템의 역할 및 동기 시스템과의 연결성을 시사한다.

을 "원하는 것")이 높아지는 데 기반한다. 다시 말해 강박적 약물 복용 행동은 여가 또는 직업 같은 다른 활동을 희생하면서 발생한다. 약물이

(보상이 되는 다른 자극보다) 유인 현저성이 더 높은 것은 뇌의 보상-동기 시스템이 변화했음을 시사한다.

1950년대에 두 명의 캐나다 생리학자가 쥐의 뇌 중 특정 영역에 전극을 이식하는 실험을 했다(Olds & Milner, 1954). 이들은 쥐들이 버튼을 누르면 나중에 "보상 중추(reward center)"라고 부르게 된 곳에 자극이 가해지도록 전선을 연결했다. 쥐들은 자극 버튼을 누르기 시작하면서부터 다른 행동을 멈췄고, 이런 모습은 강력한 행동 강화 메커니즘의 첫 단서가 됐다(그림 4.1; 그림 2.1도 참조). 이후 연구자들은 뇌의 보상 중추인 측좌핵이 약물 중독에도 관여한다는 사실을 밝혀냈다. 사람들에게 약물과 관련한 사진을 보여주는 것만으로도 약물에 대한 갈망과 관계있는 뇌 부위에서 강한 활성화가 일어났다(Filbey et al., 2011). 이 장에서는 중독 과정의 첫 번째 생태학적 단계인 초기 약물 사용의 동기를 설명하고자 한다. 또한 "약물이 뇌를 하이재킹한다(drug hijack the brain)"는 표현의 의미를 입증할 수 있는, 다양한 신경 영상 연구 결과를 논의할 것이다.

뇌의 보상 및 동기 시스템이 행동을 좌우한다

보상 및 동기 시스템은 목표 지향적 행동을 지원하며, 생물체가 특정한 환경적 사건의 상대적 가치를 부호화할 수 있도록 돕는다. 이런 가치는 선택의 근거를 제공하며, 생물체는 행동의 결과에 대한 사전 지식과 그 결과의 가치를 바탕으로 행동을 선택한다(이런 시스템을 검증해 중독의 위험

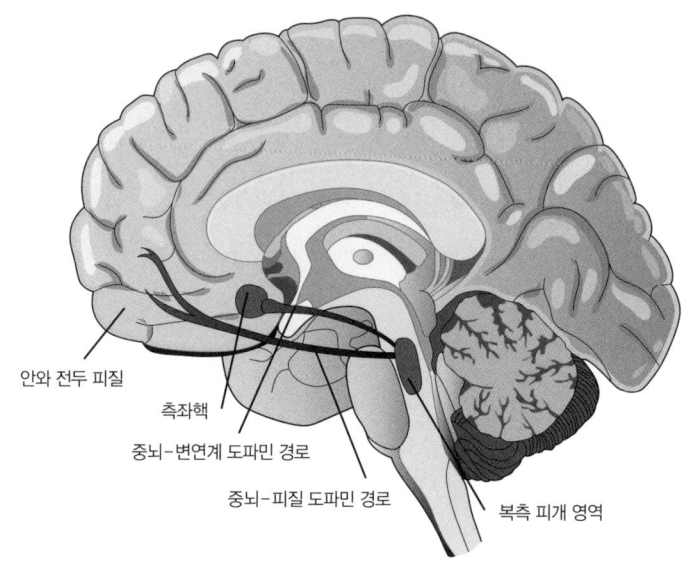

그림 4.2 뇌의 보상 시스템은 도파민이 조절하는 중뇌-피질-변연계 경로에 위치한다. 이 경로의 복측 피개 영역에는 도파민 세포체가 있으며 측좌핵과 전전두엽, 그리고 특히 안와 전두 피질로 투사된다.

성을 식별하고자 한 연구에 대해서는 4장 집중 조명 참조). 기대, 자극에 대한 평가, 보상에 관한 예측을 포함해 보상(쾌감) 및 동기 메커니즘이 행동으로 이끄는 것이다.

보상 및 동기 과정은 전전두엽과 선조체 영역을 포함하는 신경 회로 내에서 발생한다. 이 보상-동기 회로의 주요 구조는 전대상 피질, 안와 전전두 피질, 복측 선조체, 중뇌 도파민 뉴런이다(그림 4.2 참조). 이 영역들 사이의 연결은 목표 지향적 행동과 습관 형성을 이끄는 유인 기반 학습(incentive-based learning) 또는 강화 학습의 기초가 되는 복잡한 신경 네트워크를 형성한다.

측좌핵은 자극과 행동적 반응 간의 관계를 부호화한다. 이곳은 중요한 자극이 강화하는 효과를 발휘하는 핵심 영역이다. 연구에 따르면 음식을 먹거나, 술을 마시거나, 성행위를 하는 등 보상적 행동을 하는 동안 측좌핵 내 도파민 수치가 증가한다는 증거가 많다. 측좌핵은 껍질부(shell)와 핵심부(core)라는, 기능적으로 구별되는 두 하위 영역으로 이뤄진다. 껍질부는 시상하부 및 복측 피개 영역과 상호 연결되며, 전대상 피질과 안와 전두 피질로 이어지는 신경 분포가 있다. 동물 연구에서의 흥미로운 발견은 측좌핵 내 다양한 뉴런 집단이 물과 같은 "자연적" 보상과 코카인을 부호화할 때 다르게 반응한다는 것이다(Carelli et al., 2000). 그러나 이런 발견은 생체 내 반응을 시각화하는 현재 기술의 한계와 측좌핵의 작은 크기 때문에 아직 인간을 대상으로는 검증되지 못했다. 측좌핵에서 활성화가 반복된 후 수상 돌기의 변화가 나타난다는 연구 결과도 있다(그림 4.3 참조)(Robinson & Kolb, 1997). 따라서 중독에 따른 이런 형태학적 변화와, 보고된 다른 측좌핵의 세포 내 변화가 중독의 발달에 관여할 가능성이 크다.

측좌핵 껍질부와 복측 피개 영역 간의 상호 연결은 동기적 현저성(motivational salience)과 강화 학습을 조절하는 데 중요한 역할을 하는 것으로 보인다. 특히 중요한 사건이 발생하면, 복측 피개 영역에서의 투사가 도파민을 방출해 동기와 관련한 사건에 대한 행동적 반응을 유도한다. 이 과정은 세포 수준의 변화를 일으켜 매우 매력적인 자극에 대한 연합을 학습하게 된다. 시간이 지나면서 동일한 동기 관련 사건에 반복해 노출되면 해당 사건에 대한 도파민 방출 수준은 더 이상 동일하지 않다. 하지만 그 사건을 예측하는 조건화된 자극은 여전히 도파민

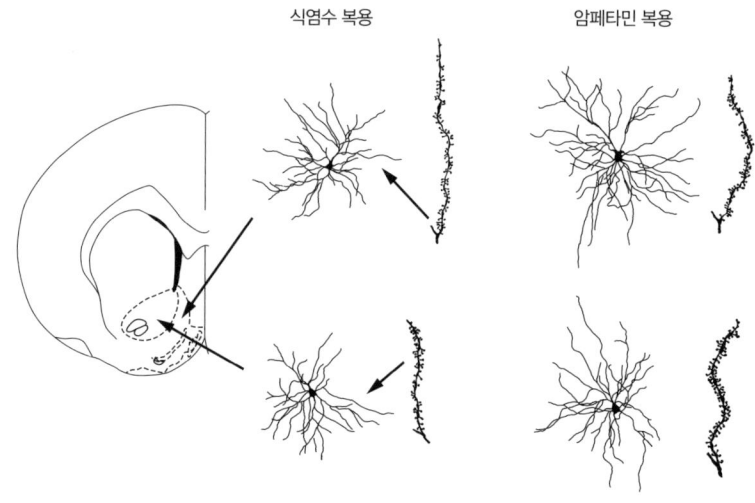

그림 4.3 식염수와 암페타민을 사전에 복용한 쥐의 측좌핵 껍질부(위)와 핵심부(아래)에서 중간 가시 뉴런(medium spiny neuron)을 관찰하고 카메라 루시다(camera lucida: 투명한 프리즘을 이용해 실제 풍경이나 사물을 종이에 겹쳐 보이도록 함으로써 쉽게 스케치할 수 있다—옮긴이) 기법으로 그린 그림. 이 세포들을 선택해 그린 이유는 연구된 세포들 중 집단의 평균에 가장 가까운 값을 가졌기 때문이다. 각 세포 오른쪽에 있는 그림은 가시 밀도를 계산하는 데 사용한 수상 돌기 일부를 나타낸다. (출처: Robinson & Kolb, 1997, Paxinos & Watson, 1997. © 1997 Society for Neuroscience, USA.)

방출을 유발한다(자세한 내용은 7장 참조).

측좌핵의 껍질부와 달리 핵심부는 전방 대상 피질과 안와 전두 피질을 포함한 전전두엽 피질 영역으로 투사된다. 이런 연결은 보상적 자극에 대한 동기를 뒷받침하며, 따라서 반응 선택과 적응적 학습에 기여한다. 연구에 따르면 안와 전두 피질과 전방 대상 피질의 대사 활동 변화는 스스로 보고한, 단서가 유도한 갈망(cue-induced craving)의 강도와 상관관계가 있다. 전전두엽 활동 증가에 대한 약물 사용의 특이성은 생물학적 보상(예: 성적인 것을 떠오르게 하는 단서)이 이뤄지거나, 일반적으로 전전두엽의 반응을 유도하는 의사 결정 과제를 하는 동안 전전두엽 활동이 감소하는 것을 보여준 연구들에서 확인할 수 있다(Garavan et al., 2000). 따라서 전방 대상 피질과 안와 전두 피질의 조절 장애는 단서가 유도한 동기뿐만 아니라 약물 탐색에 대한 의사 결정(즉 인지적 통제)에도 중요한 역할을 하는 것이다(8장 참조).

보상의 예측: 도파민의 중요한 역할에 대한 증거

위에서 설명한 신경 회로를 기반으로 도파민이 보상-동기 과정에서 핵심 역할을 한다는 추론이 가능하다. 그런 과정에 관여하는 뇌 영역을 고려할 때 도파민은 신경 회로에서 다음의 두 기능을 수행하는 것으로 보인다. 1) 생물체가 새롭고 중요한 자극에 주의를 기울이게 함으로써 신경 가소성, 즉 학습을 촉진한다. 2) 생물체가 사건을 예측하는 환경적 자극에 대해 학습한 연합을 기반으로, 동기와 관련한 익숙한 사건이 다가올 때 주목하게 만든다. 이런 이유로 도파민을 흔히 "쾌락 분자(pleasure molecule)"라고 부른다. 도파민의 역할에 대한 초기 증거는 동물을 대상으로 한 세포 기록 연구(cellular recording study)에서 얻었다. 이 연구들은 기대하지 않던 보상을 예상하면 도파민 뉴런이 활성화하지만, 보상이 실제 주어지는 동안에는 그렇지 않음을 보여줬다(그림 4.4 참조). 또한 도파민 뉴런은 예상된 보상이 주어질 때 억제됐다. 이런 연구를 통해 도파민 신호가 동기적 행동을 학습하는 데 도움을 준다는 가설이 제기됐다. 즉 도파민은 예상치 못한 긍정적 결과에 주의를 기울이게

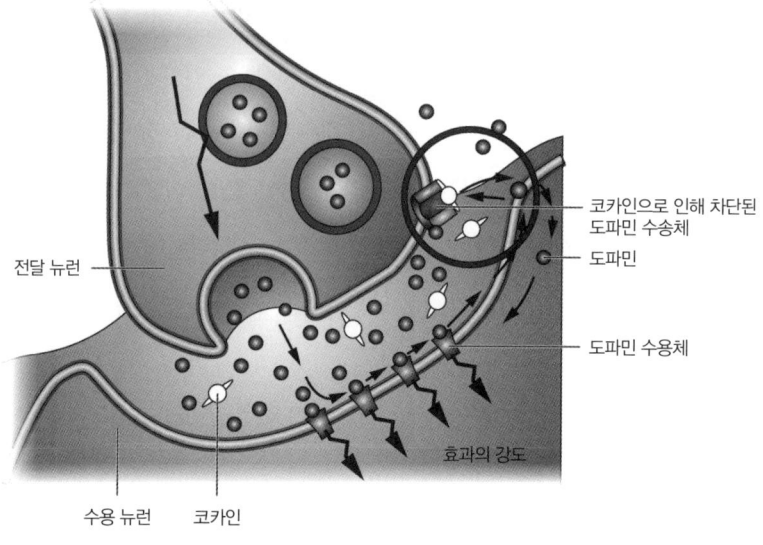

그림 4.4 도파민 방출은 보상의 신호다. 이 그림은 코카인에 노출된 후 도파민이 방출되는 메커니즘을 설명하고 있다. 코카인은 도파민 수송체를 차단한다. 따라서 도파민 재흡수가 억제돼 시냅스 틈에서 도파민 수치가 증가하게 된다.

해 보상받는 행동을 촉진한다는 것이다.

  인간 연구에서도 보상 및 동기의 과정에 중요한 도파민의 역할이 증명됐다. 이런 연구에 따르면 약물 중독의 발달은 다른 중요한 상황에서 일어나는 도파민 세포 발화보다 더 크고 빠르며, 더 길고 강도가 높은 도파민 수준 상승과 관련이 있다. 이런 도파민 방출의 증가와 지속은 동기적 사건이 도파민 뉴런을 활성화하는 데 필요한 역치를 높이며, 그런 수준의 도파민 신호를 유지하려면 더 강한 자극이 필요해진다. 또한 약물 사용 후에는 선조체에서 도파민 방출 및 도파민 D_2 수용체의 감소가 관찰됐다. 예를 들어 $D_{2/3}$ 도파민 수용체 리간드 길항제인 [^{11}C] 라클로프라이드를 사용한 PET 연구에서 메틸페니데이트(코카인과 유사한 도파민 재흡수 억제제)를 함께 사용했을 때, 메스암페타민 남용자의 선조체 도파민 수송체 수준이 약물을 사용한 적 없는 사람들보다 24퍼센트 낮았다(Volkow et al., 2001). 이런 선조체에서의 세포 외 도파민 수치 감소는 안와 전두 피질 및 대상회의 활동 감소와도 관련이 있었다. 흥미롭게도 이렇게 비활성화된 전전두엽 영역이 약물 관련 자극(약물 단서)에 반응하면 주관적 욕구나 갈망 수준에 비례해 과활성화된다는 것이 PET를 이용한 [^{11}C]라클로프라이드 연구에서 드러났다. 이는 "약물이 뇌를 하이재킹하는" 현상을 설명할 수 있는 메커니즘인지도 모른다(자세한 논의는 7장 참조). 특히 도파민 방출은 보상이 없는 상황에서 동기를 증가시키는 현상과도 연관이 있었다(Volkow et al., 2001).

지금까지 도파민이 중독으로 이어질 수 있는 즉각적 보상과 강화 학습에 중요하다는 점을 논의했다. 일반적으로 도파민 회로의 기능 장애는 중독을 발달 및 유지하는 신경 기질로 간주된다. 그러나 중요한 점은 중독의 말기 단계는 전전두 피질에서 측좌핵으로 이어지는 글루탐산 투사의 신경 적응에 주로 기인한다는 것이다. 이런 흥분성 입력의 변화는 전전두 피질이 자연적 보상에 반응해 행동을 시작하는 능력과, 약물 탐색에 대한 집행 통제(executive control) 능력을 약화시킨다(통제력 부족 또는 충동성에 대해서는 8장 참조). 보상을 제공하는 자극에 대한 전전두 피질의 과활성화는 측좌핵에서 글루탐산 입력을 증가시켜, 흥분성 시냅스가 신경 전달을 조절하는 능력을 떨어트린다.

최종 공통 경로: 모든 약물은 하나로 귀결한다

위에서 논의한 바와 같이 도파민은 약물 및 알코올 중독의 시작과 발달에 중요한 역할을 한다. 하지만 각기 다른 약물들과 알코올이 뇌에 미치는 신경약리학적 효과가 다른데 어떻게 그런 결과가 나타나는 것일까? 코카인과 메스암페타민은 도파민 수용체에 직접 작용하는 반면 다른 물질들은 보상-동기 회로의 다른 부분을 방해한다. 예를 들어 니코틴은 콜린성 시스템(cholinergic system)에, 대마초는 내인성 카나비노이드 시스템(endocannabinoid system)에, 오피오이드는 오피오이드성 시스템(opioid system)에 간섭한다(특정 약물이 어디에 작용하는지에 대한 목록은 5장 참조). 이처럼 서로 다른 신경 시스템의 적응이 중독에서 도파민 신호 전달을 어떻게 방해할까? 칼리바스와 볼카우(Kalivas & Volkow, 2005)는 이 질문에 답하기 위해 "최종 공통 경로"라는 개념을 제안했다(그림 4.5 참조).

칼리바스와 볼카우(Kalivas & Volkow, 2005)는 전전두엽 피질에서 측좌핵 핵심부와 복측 담창구로 이어지는 글루탐산 투사가 약물 탐색 행동의 시작을 초래하는 최종 공통 경로라고 제안했다(그림 4.5의 상단 경로 참조). 이 개념은 약물에 대한 단서, 약물 자체, 스트레스로 인한 약물 탐색 행동 재발의 신경 회로가 서로 겹치면서도 구별된다는 실험 결과에 기반한다. 여기서 재발이란 전에 약물로 강화된 행동이 소거된 후에도 서로 다른 약물 단서(단서 유도 재발), 약물 자체(약물 유도 재발), 스트레스 요인(스트레스 유도 재발)에 의해 약물 탐색 행동이 다시 나타나는 것이다. 약물 유도 재발은 측좌핵 핵심부로 이어지는 전전두엽(즉 배내측)의 글루탐산 투사와, 배내측 전전두엽 피질에서 측좌핵 껍질부로 연결되는 도

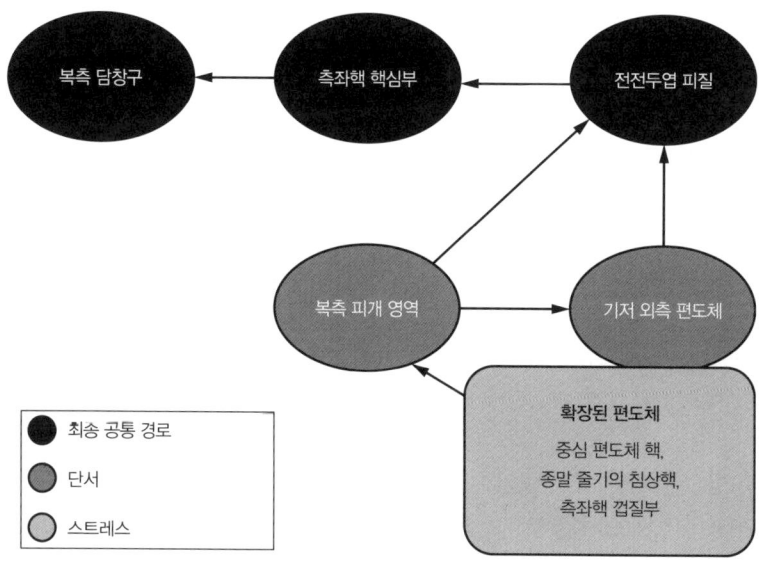

그림 4.5 칼리바스와 볼카우(Kalivas & Volkow, 2005)에 따르면, 전전두엽 피질에서 측좌핵 핵심부를 거쳐 복측 담창구로 이어지는 경로가 약물 탐색 행동의 최종 공통 경로로 작용한다. 이는 전전두엽에서 (스트레스, 약물과 연관된 단서, 약물 자체로 인한) 도파민 분비의 증가를 통해 이뤄진다.

파민 투사와 관련이 있다. 단서 유도 재발은 주로 복측 피개 영역, 기저 외측 편도체, 배내측 전전두엽, 측좌핵 핵심부로부터의 도파민 및 글루탐산 투사를 통해 발생한다. 스트레스 유도 재발은 중심 편도체(central amygdala), 종말 줄기의 침상핵, 측좌핵 껍질부로의 노르에피네프린 및 코르티코트로핀 방출 인자 입력 신호와 관계있다. 이런 신호는 배내측 전전두엽 피질과 복측 피개 영역으로 이어서 투사된다. 결론적으로 복측 피개 영역에서 시작하는 투사(모든 형태의 재발과 관련됨), 기저 외측 편도체에서 시작하는 투사(단서 유도 재발), 확장된 편도체에서 시작하는 투사(스트레스 유도 재발)는 배내측 전전두엽 및 측좌핵 핵심부와 관련한 운동 신경 경로, 즉 "최종 공통 경로"로 수렴한다.

중독은 보상 결핍 증후군인가

앞서 논의했듯 중독에 대한 연구는 도파민 시스템의 기능 장애가 도파민 수치 감소로 이어진다는 개념을 일반적으로 지지한다. 이런 도파민 수치의 감소는 약물과 같은 더 강력한 자극을 찾으려는 강박적 행동의 근본 원인으로 작용한다. 여기서 흥미로운 질문은 왜 약물을 소비하는 사람들 중 일부(10퍼센트 이내)만이 중독에 빠지는가 하는 것이다. 만약 약물과 알코올 같은 강력한 물질이 모두 동일한 생물학적 반응을 유발한다면, 어째서 어떤 사람들은 그런 약물에 더 민감하게 반응할까? 이들을 타인들보다 더 취약하게 만드는 위험 요인이 존재할 가능성이 있다. 가장 많이 연구된 위험 요인 중 하나는 유전적 메커니즘, 특히 도파민 관련 유전자다. 도파민 유전자 중에서 도파민 D_2 수용체 유전자(dopamine D_2 receptor gene, *DRD2* gene)의 A1 대립 유전자는 D_2 수용체의 기능을 저하시키고, 다양한 중독적·충동적·강박적 행동을 하는 경향과 관련이 있는 것으로 보인다. 이런 행동에는 알코올·코카인·헤로인·대마초·니코틴 남용, 당(糖) 폭식, 병적 도박, 섹스 중독, ADHD, 투렛 증후군(Tourette's syndrome), 자폐증, 만성 폭력, PTSD, 분열성/회피성 성격 장애(schizoid/avoidant cluster), 품행 장애, 반사회적 행동 등이 포함된다(Blum et al., 2000). 블룸은 이렇게 다양한 임상적 증상을 관통하는 도파민 수준 감소의 효과를 보상 결핍 증후군으로 설명했다. 보상 결핍 증후군은 유전적 요인과 환경적 요인 모두로 인해 보상 전달 경로가 손상되는 과정을 설명하는 틀이다(Blum et al., 2012). 보상 결핍 증후군 가설은 도파민 수치를 증가시키는 치료법, 예를 들어 도파민 D_2 작용제인 브로모크립틴(bromocriptine)이나 D_2 수용체를 유도하는 mRNA로 약물 사용과 관련한 증상(예: 갈망, 자가 투여)을 크게 감소시킬 수 있다는 발견에서 비롯했다. 즉 D_2 수용체 자극이 도파민 결핍의 영향을 해소하는 데 중요한 역할을 한다는 것이다. 블럼과 동료들은 D_2 수용체 자극이 중뇌-변연계 시스템 내에서 음의 피드백 메커니즘을 유발해 mRNA 발현을 증가시키고, 결과적으로 D_2 수용체의 수를 늘린다고 제안했다(Blum et al., 2012). *DRD2* 및 도파민 운반체(DAT) 대립 유전자의 도파민 관련 다형성(多形性)이 도파민 결핍과 관련한 행동(중독적·강박적·충동적 경향)과 연관이 있다는 유전학적 연구 결과와 함께, 보상 결핍 증후군은 중독의 중요한 표현형으로 간주된다.

피질-선조체 회로와 노력-보상의 불균형

도파민 전달이 유발하는 보상 효과가 크게 주목받았지만, 도파민 신호에는 보상 과정과 전혀 관련이 없는 측면도 있다. 예를 들어 한 연구에서는 도파민이 노력(예: 레버 누르기)하는 동안 어떤 역할을 하지만 보상의 양과는 무관하다는 증거를 발견했다. 따라서 행동의 활성화와 노력에서 도파민의 역할을 고려하는 것도 중요하다. 살라몬과 동료들(Salamone et al., 2007)은 도파민의 역할이 일과 관련된 반응에 따르는 에너지 소비를 극복하는 것이라고 주장했다. 이 개념은 동물 연구에서 착안한 것으로, 측좌핵에서의 도파민 감소가 먹이를 구하는 행동에 미치는 영향은 과제를 완수하는 데 필요한 노력의 정도와 관련한다는 점이 시작이었다. 특히 쥐를 대상으로 한 연구에서, 최소의 노력이 필요한 때에는 먹이라는 보상을 얻으려고 레버를 누르는 행동이 측좌핵의 도파민 감소에 거의 영향을 받지 않았다. 반면 상당한 노력이 필요할 때는 먹이를 얻기 위한 레버 누르기 행동이 측좌핵의 도파민 감소로 인해 크게 줄어들었다. 흥미롭게도 도파민 전달이 조절됐을 때, 측좌핵에서 도파민이 감소한 쥐들은 많은 노력을 요구하는, 먹이로 강화받은 과제에서 벗어나 노력을 덜 요구하는 먹이 탐색 행동을 선택함으로써 도구적 행동의 재배열을 나타냈다(그림 4.6 참조). 이와 비슷하게 도파민 방출을 차단해 선조체의 활성화를 막는 도파민 길항제는 피로를 유발하고 동기를 감소시키는 것으로 밝혀졌다. 선조체의 반응을 차단하면 지각한 노력과 보상 간의 균형, 즉 노력-보상 계산이 깨진다(Dobryakova et al., 2013).

기억 시스템의 역할

보상과 동기, 그리고 이런 과정이 중독과 어떤 관련이 있는지에 대한 연구는 유인 현저성 부호화 모델을 넘어 내적·외적으로 추동되는 주의 집중, 보상에 대한 기대, 예측의 오류를 포함하는 더 복잡한 기능적 모델로 발전하고 있다. 더 복잡해진 이 네트워크는 기억 시스템이 핵

그림 4.6 뇌에서의 도파민 감소가 노력에 미치는 영향에 대한 실험. 이 연구에서는 실험동물이 레버를 누르면 (정해진 비율로) 맛있는 고급 먹이를 얻을 수 있는 고노력 조건과, 선호도가 낮은 실험실용 사료를 항상 제공하는 저노력 조건 중에서 선택했다(a, b). 처치를 하지 않은 쥐들은 더 맛있는 먹이를 선호해 레버를 눌렀고, 노력 없이도 제공받는 사료는 거의 먹지 않았다(c). 이는 도파민 수준이 정상일 때 쥐들이 고노력/고보상을 선호함을 보여준다. 반면 (도파민 길항제를 사용해) 도파민을 감소시킨 쥐는 고노력 조건(레버 누르기) 대신 저노력 조건(자유롭게 먹을 수 있는 사료)을 선택했다(d). 이는 도파민이 노력에 미치는 영향이 중요하다는 점을 보여준다. (출처: Salamone et al., 2007. © 2007 Springer-Verlag, USA에서 발췌.)

심 역할을 한다는 점을 시사하며, 이 기억 시스템을 통해 현저한 자극이 강화 학습의 기초가 되는 학습과 기억의 신경 메커니즘에 어떻게 작용하는지 밝히고자 한다. 강화로 작용하는 자극에 대해 지정된 정보(기억)는 중독 행동을 어떻게 추동할까? 동물 실험에 따르면 이런 정보는 여러 독립적 학습 및 기억 시스템에서 처리된다. 보상 자극은 이런 시스템과 세 가지 방식으로 상호 작용한다. 1) 관찰할 수 있는 접근 또는 도피 반응의 신경 기질을 활성화한다. 2) 관찰할 수 없지만 보상적 또는 혐오적으로 지각할 수 있는 내적 상태를 조성한다. 3) 각 기억 시스템에 저장된 정보를 조절하거나 부각한다(White, 1996). 이런 작용 중 일부를 각 중독성 약물이 모방함으로써 자가 투여를 유지하는 것으로 보인다. 강화의 여러 신경 기질에 대한 중독성 약물의 작용을 보여주는 증거는, 일반적 중독 행동이나 자가 투여를 단일 요인만으로 설명할 수 없음을 시사한다. 따라서 보상과 동기의 기본 메커니즘은 학습과 기억을 지탱하는 메커니즘과 유사하다. 도파민 및 글루탐산 신경 전달 시스템은 동기·학습·기억에서 통합적 역할을 하며, 이런 식으로 적응적 행동을 조절한다(Kelley, 2004a, 2004b).

4장 요약

- 중뇌-피질-변연계 경로는 보상과 동기 과정의 기반이다.
- 도파민은 보상 신호 전달 경로에서 주요한 신경 전달 물질이며, 행동을 정적 강화하는 과정의 기초다.
- 최종 공통 경로는 전전두엽 피질에서 선조체 영역으로 이어지는 글루탐산 투사를 포함한다.
- *DRD2* 유전자의 변형은 중독과 같은 보상 결핍 증후군을 초래한다.
- 도파민 감소는 지각한 보상에 필요한, 지각한 노력에도 변화를 유발한다.

◦ 보상 및 동기 시스템은 학습과 기억의 근본 메커니즘을 공유한다.

복습 문제

◦ 중뇌-피질-변연계 경로에 들어가는 뇌 영역은 어디이며, 이들이 관여하는 과정은 무엇일까?

◦ 뇌의 주요 보상 중추는 어디일까?

◦ 도파민이 보상과 동기를 위한 주요 신경 전달 물질임을 시사하는 증거는 무엇일까?

◦ 최종 공통 경로에 대해 설명해보자.

◦ 동물 실험 연구에서 약물 탐색 행동 재발을 유도하는 세 가지 방식은 무엇일까?

◦ 보상 결핍 증후군 이론의 전제는 무엇일까?

◦ 보상 및 동기에서 기억 시스템의 역할은 무엇일까?

더 읽을거리

Ekhtiari, H., Nasseri, P., Yavari, F., Mokri, A. & Monterosso, J. (2016). Neuroscience of drug craving for addiction medicine: from circuits to therapies. *Prog Brain Res*, 223, 115-141. doi:10.1016/bs.pbr.2015.10.002.

Filbey, F. M. & DeWitt, S. J. (2012). Cannabis cue-elicited craving and the reward neurocircuitry. *Prog Neuropsychopharmacol Biol Psychiatry*, 38(1), 30-35. doi:10.1016/j.pnpbp.2011.11.001.

Filbey, F. M. & Dunlop, J. (2014). Differential reward network functional connectivity in cannabis dependent and non-dependent users. *Drug Alcohol Depend*, 140, 101-111. doi:10.1016/j.drugalcdep.2014.04.002.

Filbey, F. M., Schacht, J. P., Myers, U. S., Chavez, R. S. & Hutchison, K. E.

(2009). Marijuana craving in the brain. *Proc Natl Acad Sci U S A*, 106(31), 13016-13021. doi:10.1073/pnas.0903863106

Filbey, F. M., Dunlop, J., Ketcherside, A., et al. (2016). fMRI study of neural sensitization to hedonic stimuli in long-term, daily cannabis users. *Hum Brain Mapp*, 37(10), 3431-3443. doi:10.1002/hbm.23250.

Franken, I. H. (2003). Drug craving and addiction: integrating psychological and neuropsychopharmacological approaches. *Prog Neuropsychopharmacol Biol Psychiatry*, 27(4), 563-579. doi:10.1016/S0278-5846(03)00081-2.

Gu, X. & Filbey, F. (2017). A Bayesian observer model of drug craving. *JAMA Psychiatry*, 74(4), 419-420. doi:10.1001/jamapsychiatry.2016.3823.

Heinz, A., Beck, A., Mir, J., et al. (2010). Alcohol craving and relapse prediction: imaging studies. In C. M. Kuhn & G. F. Koob, eds., Advances in the Neuroscience of Addiction, 2nd edn. Boca Raton, FL: CRC Press, pp. 137-162.

Robinson, T. E. & Berridge, K. C. (1993). The neural basis of drug craving: an incentive-sensitization theory of addiction. *Brain Res Brain Res Rev*, 18(3), 247-291. doi:10.1016/0165-0173(93)90013-P

Sinha, R. (2009). Modeling stress and drug craving in the laboratory: implications for addiction treatment development. *Addict Biol*, 14(1), 84-98. doi:10.1111/j.1369-1600.2008.00134.x.

Wise, R. A. (1988). The neurobiology of craving: implications for the understanding and treatment of addiction. *J Abnorm Psychol*, 97(2), 118-132. doi:10.1037/0021-843X.97.2.118.

집중 조명

미래의 약물 남용을 예측하려는 동기

물질 사용 장애에 대한 초기 개입은 치료가 성공하는 데 핵심이며, 이런 이유로 많은 연구가 중독의 위험을 예측하는 데 집중된다. 만약 중독에 대한 개인의 취약성을 미리 안다면 효과적 예방 전략을 적용할 수 있을 것이다. 중독의 위험성에 대한 정보는 맞춤형 치료를 설계하는 데에도 도움이 될 수 있다. 예를 들어 장애를 유발한 메커니즘을 이해하면 적시에 효과적으로 개입하기가 한결 쉬워질 것이다.

스탠퍼드 대학교의 연구진은 새로움을 추구하는 경향이 높은 14세 청소년들의 뇌 반응 패턴을 활용해 약물 중독의 위험성을 예측할 수 있는지를 확인하고자 했다. 새로움을 추구하는 경향은 독립성을 키우기 때문에 청소년기에 도움이 되는 긍정적 속성이다. 그래서 새로움을 추구하는 경향이 이후의 약물 중독과 관련함에도 불구하고 새로움을 추구하는 모든 청소년이 다 약물에 중독되지 않는 것이다. 그렇다면 이런 경향이 청소년기에 약물 중독의 위험 요인이 되는 이유는 무엇일까? 이 질문에 답하기 위해 연구진은 144명의 14세 청소년을 대상으로 fMRI(2장 참조)를 촬영하고, 동기에 관여하는 뇌 영역의 반응이 16세 때 약물 남용 가능성을 예측할 수 있는지 검증했다(Büchel et al., 2017). 연구진은 금전적 보상 지연 과제(그림 S4.1 참조)를 통해 현금 보상에 대한 청소년들의 반응을 측정했다. 그 결과 14세에 금전적 보상에 대한 동기적 활동이 낮던 청소년은 16세가 됐을 때 약물 남용 가능성이 더 높은 것으로 나타났다. 이는 새로움을 추구하는 경향이 있는 청소년들의

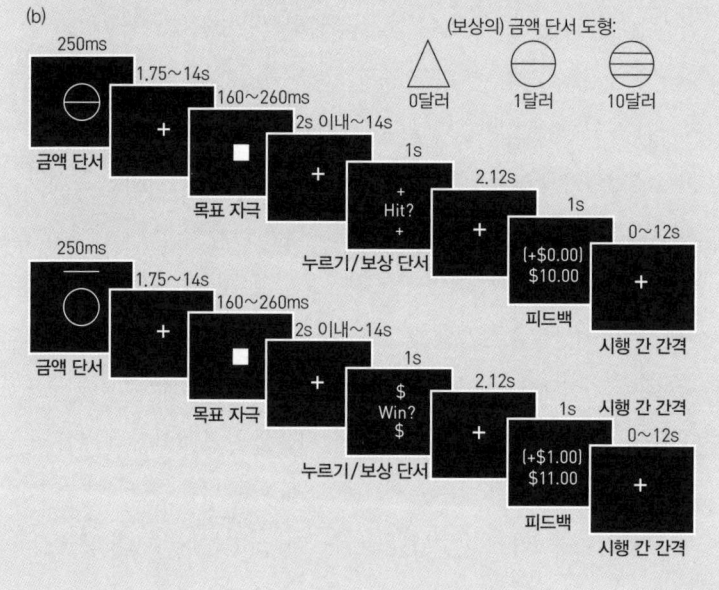

그림 S4.1 (a) 감각 및 새로움을 추구하는 경향은 청소년기의 특징이다. (b) 금전적 보상 지연 과제의 예시. 이 과제는 동기화된 행동을 하는 동안 뇌 반응을 측정하는 데 널리 사용된다. 참가자는 목표 자극(이 그림에서는 흰색 정사각형)이 화면에 보이는 동안 버튼을 누르는 데 성공하면 금전적 보상을 받거나 손실을 피할 수 있다. 연구자는 이 과제를 통해 금전적 보상 및 손실에 대한 반응을 측정할 수 있을 뿐만 아니라, 보상의 금액(예: 0달러, 1달러, 10달러)이 반응에 미치는 영향을 분석할 수도 있다. 시행 간 간격(intertrial interval, ITI)은 개별 실험 사이의 휴지 기간을 의미한다. ms: 밀리초, s: 초.

뇌에서 동기 관련 영역이 효과적으로 활성화하지 못하는 경우 약물 남용의 예측 요인이 될 수 있음을 시사한다.

참고문헌

Blum, K., Braverman, E. R., Holder, J. M., et al. (2000). Reward deficiency syndrome: a biogenetic model for the diagnosis and treatment of impulsive, addictive, and compulsive behaviors. *J Psychoactive Drugs,* 32, Suppl. 1, p. i-iv, 1-112112.

Blum, K., Gardner, E., Oscar-Berman, M. & Gold, M. et al. (2012). "Liking" and "wanting" linked to Reward Deficiency Syndrome (RDS): hypothesizing differential responsivity in brain reward circuitry. *Curr Pharm Des,* 18(1), 113-118. doi:10.2174/138161212798919110.

Büchel, C., Peters, J., Banaschewski, T., et al. (2017). Blunted ventral striatal responses to anticipated rewards foreshadow problematic drug use in novelty-seeking adolescents. *Nat Commun,* 8, 14140. doi:10.1038/ncomms14140.

Carelli, R. M., Ijames, S. G. & Crumling, A. J. (2000). Evidence that separate neural circuits in the nucleus accumbens encode cocaine versus "natural" (water and food) reward. *J Neurosci,* 20(11), 4255-4266. doi:10.1523/JNEUROSCI.20-11-04255.2000.

Dobryakova, E., DeLuca, J., Genova, H. M. & Wylie, G. R. (2013). Neural correlates of cognitive fatigue: cortico-striatal circuitry and effort-reward imbalance. *J Int Neuropsychol Soc,* 19(8), p. 849-853. doi:10.1017/S1355617713000684.

Filbey, F. M., Claus, E. D. & Hutchison, K. E. (2011). A neuroimaging approach to the study of craving. In: Adinoff, A. & Stein, E., eds. *Neuroimaging in Addiction.* London: Wiley-Blackwell, pp. 133-156.

Garavan, H., Pankiewicz, J., Bloom, A., et al. (2000). Cue-induced cocaine craving: neuroanatomical specificity for drug users and drug stimuli. *Am J Psychiatry,* 157(11), 1789-1798. doi:10.1176/appi.ajp.157.11.1789.

Kalivas, P. W. & Volkow, N. D. (2005). The neural basis of addiction: a pathology of motivation and choice. *Am J Psychiatry,* 162(8), 1403-1413. doi:10.1176/appi.ajp.162.8.1403.

Kelley, A. E. (2004a). Memory and addiction: shared neural circuitry and molecular mechanisms. *Neuron,* 44(1), 161-179. doi:10.1016/j.neuron.2004.09.016.

____ (2004b). Ventral striatal control of appetitive motivation: role in ingestive behavior and reward-related learning. *Neurosci Biobehav Rev,* 27(8), 765-776. doi:10.1016/j.neubiorev.2003.11.015.

Olds, J. & Milner, P. (1954). Positive reinforcement produced by electrical stimulation of septal area and other regions of rat brain. *J Comp Physiol Psychol,* 47(6), 419-427. doi:10.1037/h0058775.

Paxinos, G. & Watson, C. (1997). *The Rat Brain in Stereotaxic Coordinates,* 3rd edn. New York, NY: Academic Press.

Robinson, T. E. & Kolb, B. (1997). Persistent structural modifications in nucleus accumbens and prefrontal cortex neurons produced by previous experience with amphetamine. *J Neurosci,* 17(21), 8491-8497. doi:10.1523/JNEUROSCI.17-21-08491.1997.

Salamone, J. D., Correa, M., Farrar, A. & Mingote, S. M. (2007). Effort-related functions of nucleus accumbens dopamine and associated forebrain circuits. *Psychopharmacology (Berl)*, 191(3), 461-482. doi:10.1007/s00213-006-0668-9.

Volkow, N. D., Chang, L., Wang, G. J. et al. (2001). Loss of dopamine transporters in methamphetamine abusers recovers with protracted abstinence. *J Neurosci*, 21(23), 9414-9418. doi:10.1523/JNEUROSCI.21-23-09414.2001.

White, N. M. (1996). Addictive drugs as reinforcers: multiple partial actions on memory systems. *Addiction*, 91(7), 921-949; discussion 951-65. doi:10.1046/j.1360-0443.1996.9179212.x.

단기 중독

학습 목표

◦ 단기 중독의 개념을 설명할 수 있다.

◦ 약역학(藥力學)의 원리를 이해한다.

◦ 각 약물이 분류별로 뇌에서 작용하는 방식에 대해 논의할 수 있다.

◦ 단기 중독이 뇌의 포도당 대사, 혈류, 기능 및 전기생리학에 미치는 영향을 요약할 수 있다.

◦ 단기 중독의 효과를 조절하는 요인을 설명할 수 있다.

머리말

약물 단기 중독은 약물의 즉각적 영향을 의미하며, 상당한 행동적·생리적·인지적 손상을 초래할 만큼 다량의 약물을 섭취했을 때 발생한다. 이런 중독 효과가 초기 약물 사용을 유도하는 주요인이다. 약물이나 알코올을 섭취하면 단기적·장기적 영향을 일으키는 일련의 과정이 시작된다. 중독의 효과 중 일부는 유쾌하고 약물 사용자가 원하는 것이지만, 다른 효과는 혐오적일 수 있다(그림 5.1 참조)(이 장에서 설명하는 intoxication은 이 책의 주제어인 addiction과 학문적으로 구분된다. 이 두 단어를 우리말로는 모두 중독으로 표현할 수밖에 없기에 이 책에서는 부득이 intoxication은 단기 중독으로, addiction은 중독으로 번역했다 — 옮긴이).

예를 들어 알코올 단기 중독 또는 "술 취한" 상태는 얼굴이 붉어지고, 발음이 불명료하고, 걸음걸이가 흐트러지고, 행복감에 젖고, 활동이 증가하고, 수다스러워지고, 두서없이 행동하고, 반응이 느려지고, 판단력이 손상되고, 운동 조정 능력이 저하하고, 무감각해지고, 멍해지는 것 같은 증상을 동반한다. 단기 중독이 뇌에 미치는 영향을 이해하는 것은 이런 과정이 약물 중독에 어떻게 영향을 주는지를 파악하는 데 도움이 된다. 이 장에서는 알코올, 니코틴, 대마초, 코카인처럼 가장 많이 남용되는 약물이 강렬한 쾌감을 일으키는 메커니즘을 설명할 것이다.

《국제질병분류》 제10판에 따르면 "단기 중독은 정신 활성 물질을 섭취한 후 의식 수준, 인지, 지각, 판단, 정서, 행동, 기타 심리생리학적 기능 및 반응에 있어 이상이 생기는 상태"를 의미한다(World Health Organization, 2004). 이런 이상은 약물의 직접적인 약리학적 효과뿐만 아

그림 5.1 알코올 단기 중독은 감각 운동 능력에 영향을 미칠 수 있다.

니라 학습의 경험을 통해서도 발생한다. 급성 단기 중독은 일시적이고 복용량에 비례해 강도가 높아진다. 단기 중독의 강도는 시간이 지나면서 낮아져 추가적 약물 사용이 없는 경우 결국 사라진다. 단기 중독 증상이 해당 약물의 주요 작용을 항상 반영하는 것은 아니다. 예를 들어 억제제가 불안이나 과잉 행동을 유발할 수도 있고, 흥분제가 사회성을 위축시키거나 내향적 행동을 일으킬 수도 있다. 대마조나 환각제 같은 일부 약물은 예측할 수 없는 결과를 초래할 가능성이 있으며, 많은 정신 활성제는 단기 중독의 정도에 따라 다양한 유형의 효과를 나타낼 수 있다. 후자의 명확한 예가 알코올 단기 중독이다. 알코올은 낮은 용량을 섭취할 경우 활력을 주는 효과를 나타내고, 중간 정도의 용량을 섭취할 경우 불안을 유발하며, 높은 용량을 섭취할 경우 진정 효과를 보인다.

약물의 약역학

중독성 약물이 뇌와 행동에 미치는 영향을 이해하기 위해서는 먼저 약역학의 기본 원리를 아는 것이 중요하다. 약역학이란 약물이 기관 및 세포 수준에서 작용하는 메커니즘을 뜻한다. 또한 약물의 섭취 용량과 효과 사이의 관계 및 여러 약물이 상호 작용해 나타나는 효과에 대한 연구를 의미하기도 한다. 대부분의 약물은 수용체 결합을 통해 몸 안의 특정한 생체 분자, 예를 들어 효소·이온 통로·수송체와 상호 작용한다. 수용체는 세포 표면에 위치한 거대 분자(macromolecule)로, 약물 신호를 인지하고 반응을 유도하는 기능(신호 전달)을 한다. 약물은 수용체의 반응에 따라 분류할 수 있다(그림 5.2 참조). 작용제는 수용체를 활성화한다. 길항제는 작용제가 수용체를 활성화하는 것을 차단한다. 역작용제는 수용체를 활성화하지만 작용제와 반대되는 효과를 유도한다. 부분 작용제도 수용체를 활성화하지만 최대 효과보다 낮은 수준에서 작용하며, 동시에 완전 작용제의 효과를 차단한다. 리간드는 특정한 수용체나 부위에 선택적으로 결합하는 물질이다. 신호를 반응으로 변환할

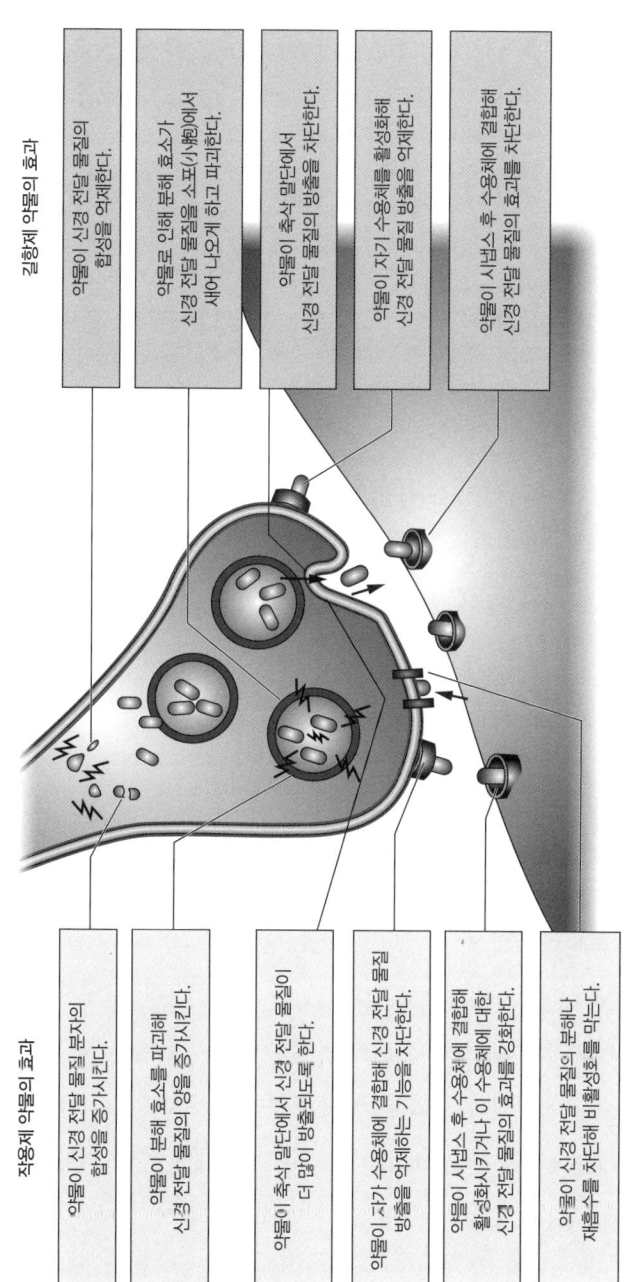

그림 5.2 약물 작용의 메커니즘.

수 있는 수용체는 네 가지, 즉 G 단백질 결합 수용체, 이온 통로 수용체, 효소 연결 수용체, 유전자 표현 수용체(receptors of gene expression)로 분류된다.

중독성 약물의 작용

약물을 복용한 직후 "기분이 고조되거나(high)" "흥분감을 느끼는(rush)" 것은 세포 외 도파민이 선조체, 특히 측좌핵에서 증가하기 때문이지만(4장 참조), 다양한 중독성 물질이 작용하는 메커니즘은 각각 다르다. 흥분제는 서로 다른 표적 분자를 통해 작용한다. 예를 들어 암페타민, 코카인, LSD, MDMA 등은 도파민 방출을 촉진하거나 도파민 운반체를 차단해 도파민 수치를 증가시킨다. 도파민 운반체는 신경 말단으로 도파민을 재흡수하는 주요 메커니즘이다. 도파민 수치가 높아지면 각성, 행복감, 공복감의 감소를 유도한다(도파민 수송체에 대한 코카인의 작용 메커니즘은 4장 참조). 또한 암페타민, 코카인, LSD는 세로토닌 수치도 증가시킨다. 세로토닌 수준이 높아지면 행복감과 포만감이 느껴지고 통증 완화 효과도 있다. 마지막으로 암페타민과 코카인은 노르에피네프린 수용체에 대한 작용제 역할도 해서 심박수 증가, 각성, 행복감, 혈류 및 통증 감소를 촉발한다. 니코틴 역시 흥분제로 니코틴성 아세틸콜린 수용체(nAChR)에 대한 작용제다. 니코틴이 수용체에 대한 길항제로 작용하는 $\alpha_4\beta_9$이나 $\alpha_4\beta_{10}$이 아닌 $\alpha_4\beta_2$ 수용체에서 특히 그렇다. $\alpha_4\beta_2$ 수용체는 도파민 뉴런에 있으며, 니코틴이 강화 효과를 나타내는 메커니즘으로 보인다. 니코틴성 아세틸콜린 수용체가 활성화하면 아세틸콜린이 증가해 다른 신경 전달 물질의 기능도 증진시키며 기억력 향상, 근육의 수축, 땀, 침 분비 증가, 심박수 감소로 이어진다. 알코올, 바르비투르산염, 벤조디아제핀 등의 진정제 또는 억제제는 GABA 수용체에 영향을 미쳐 뉴런의 흥분성을 감소시키는 방식으로, 도파민 수치를 간접적으로 높인다. 이런 효과가 뇌 기능을 저하시키고, 졸음을 유도하고, 불안감·각성·기억력을 감소시키고, 근육의 긴장을 완화한다. 펜시클리딘(PCP)과 케타민 등은 진정 마취제(sedative-anesthetics drug)로서 NMDA 수용체(글루탐산 수용체의 일종)에 대한 길항제로 작용한다. 이런 약물의 일차적 효과는 흥분성 신경 전달의 증가로, 이렇게 되면 시각과 청각의 왜곡(환각), 고용량을 복용하는 경우 지각의 변화(해리 또는 현실과의 분리감)로 이어진다. 모르핀, 헤로인, 하이드로코돈 같은 아편류 약물은 도파민 및 GABA 뉴런에 있는 뮤오피오이드(μ-opioid) 수용체에 결합하고, 그러므로 도파민 기능을 조절한다. 이로 인해 진정 효과, 졸음, 불안 및 통증의 감소가 나타난다. 대마초의 테트라하이드로카나비놀(tetrahydrocannabinol, THC) 성분은 카나비노이드 1형(CB1) 수용체에 대한 부분 작용제로서 도파민 세포와 시냅스 후 도파민 신호를 조절한다. CB1 수용체에 THC가 작용하면 공복감·행복감·평온함이 나타나지만, 비정상적 사고와 느낌을 유발할 수도 있다. 더욱이 CB1 수용체가 도파민의 기능을 조절하기 때문에 THC가 알코올, 니코틴, 코카인, 오피오이드 같은 중독성 물질의 강화 효과를 증폭시킬 우려도 있다.

단기 중독 상태에서 뇌의 메커니즘:
신경 영상을 활용한 약리학 연구에서 나온 증거

신경 영상 기법(2장 참조)은 인간에 대한 약물의 단기 중독 효과가 뇌에서 어떻게 작용하는지를 이해하는 데 중요한 역할을 했다. 이런 연구는 일반적으로 약물을 한 번 투여한 후 기능적 신경 영상 촬영과 자기 보고(설문 조사 또는 임상 면담)를 실시해 급성 단기 중독과 관련한 뇌 기능과 주관적 경험을 함께 추적한다. 따라서 실험동물 연구를 통해 단기 약물 중독이 도파민 수준을 교란한다는 강력한 증거를 확보했어도, 그런 증거는 인간을 대상으로 한 신경 영상 연구를 통해서만 단기 약물 중독의 행동적 증상(예: 쾌감, 갈망)과 통합할 수 있다. 인간 대상 신경 영상 연구의 가장 큰 도전 과제는 급성 약리학적 효과를 둘러싼 시간적 문제다. 그래서 그동안 니코틴과 알코올처럼 뇌에 빠르게 침투하고 다른 것에 비해 효과의 지속 시간이 짧은 물질에 대한 연구가 많았다.

초기에 시도된 생체 대상 연구는 뇌전도 검사, 즉 EEG를 이용해 약물이 인간의 뇌에 미치는 급성 효과를 관찰하는 것이었다. 이런 연구에서 약물을 남용할 때 뇌가 변화하는 다양한 메커니즘에 대한 증거를 제시했다. 대마초, 알코올, 코카인을 급성으로 투여한 후 EEG 기록에서 다양한 사건 관련 전위(ERP)의 변화가 관찰됐다(Porjesz & Begleiter, 1981; Roth et al., 1977). 니코틴을 사용하는 동안 흡연자들의 EEG 기록은 저주파에서 고주파로 변화했다. 특히 한 연구(Domino, 2003)에서는 밤새 담배를 피우지 못한 흡연자에게 담배 한 개비 정도의 니코틴을 제공했더니 알파$_1$파, 델타파, 세타파(저주파―옮긴이) 발생이 감소하고 알파$_2$파,

베타파(고주파-옮긴이)의 진폭은 증가했다고 보고했으며 이런 EEG상의 변화는 니코틴에 노출된 뒤 각성 및 주의력이 증가함을 시사한다. 그런데 알코올에 대한 EEG 연구에서는 반대되는 효과가 나타났다. 즉 이 연구에서는 니코틴의 사례와 반대로 저주파수대의 변화가 우선적으로 나타났다. 예를 들어 젊은 성인 남성들에게 저용량(0.75mg/kg)의 에탄올(알코올의 일종-옮긴이)을 투여하고 90분이 지나자 세타파(4~7헤르츠)와 알파파(7.5~9헤르츠) 주파수대에서 높은 활동성이 나타났다(Ehlers et al., 1989). 한 가지 흥미로운 점은, 에탄올을 투여하기 전에 빠른 알파파(9~12헤르츠) 활동이 많던 사람들이 더 적은 사람들보다 에탄올을 투여했을 때 단기 중독의 느낌이 덜했다. 요약하면 급성 단기 중독 시 느끼는 쾌감은 알파파의 주파수 증가와 관련된 것으로 보인다(Lukas et al., 1995).

EEG뿐만 아니라 PET 및 SPECT 기법으로도 뉴런 수용체 수준에서 약물의 급성 효과를 시각화할 수 있다. 이런 연구들은 특정한 수용체에 결합하는 리간드의 변위를 측정함으로써, 중독에 영향을 받은 신경 회로에서의 수용체 조절을 시각적으로 관찰할 수 있는 정보를 제공했다. 여러 연구에서 알코올이 도파민 수준에 미치는 급성 효과를 보고했다. 흡연자의 경우 PET 연구를 통해 니코틴성 아세틸콜린 수용체 결합에 대한 용량 의존적 효과가 밝혀졌다. 예를 들어 한 연구(Brody et al., 2006)에서는 2-[^{18}F]fluoro-3-(2(s)-azetidinylmethoxy) 피리딘을 니코틴성 아세틸콜린 수용체의 리간드로 사용하고 PET를 실시했는데, 이는 β_2* 니코틴성 아세틸콜린 수용체(β_2* 하위 단위를 포함하는 니코틴성 아세틸콜린 수용체. 여기서 *는 수용체의 일부일 수도 있는 다른 하위 단위를 의미한다)의 점유율을 다양한 용량의 니코틴에 노출되는 조건(무흡연, 한 모금 흡연, 세 모금 흡연,

담배 한 개비 흡연, 만족할 때까지 두 개비 반에서 세 개비 흡연 등)에서 측정하기 위한 것이었다. 연구 결과 담배 연기에 대한 노출량과 $β_2^*$ 니코틴성 아세틸콜린 수용체의 점유율 사이의 선형 관계가 나타났다(그림 5.3 참조). 이런 $β_2^*$ 니코틴성 아세틸콜린 수용체 결합 효과는 연구진에 따르면 흡연 후 최대 3.1시간 동안 지속됐고, 이는 $β_2^*$ 니코틴성 아세틸콜린 수용체가 포화 상태를 장기간 유지할 수 있음을 시사한다. 화학 약품인 5-[^{123}I]iodo-85380을 이용해 니코틴성 아세틸콜린 수용체를 측정하고 단일 광자 방출 컴퓨터 단층 촬영을 실시한 연구에서도, $β_2^*$ 니코틴성 아세틸콜린 수용체의 점유율이 장시간 지속되는 효과를 확인했다(Esterlis et al., 2010). 연구자들은 참여자가 만족할 만큼 흡연(약 2.4개비의 담배)한 후 평균 67±9퍼센트(범위: 55~80퍼센트)의 $β_2^*$ 니코틴성 아세틸콜린 수용체 점유율을 관찰했다. 참고할 점은 이런 연구들이 오랜 흡연자를 대상으로 했기 때문에, 니코틴을 얼마 사용하지 않은 사람의 경우 결과가 다를 수 있다는 것이다. 그러나 간접흡연 연구에서도 흡연자와 비흡연자의 $β_2^*$ 니코틴성 아세틸콜린 수용체 점유율이 유사한 것으로 나타났다(그림 5.3c 참조)(이는 간접흡연도 신경의 수용체 수준에서 실질적 영향을 미칠 수 있음을 시사한다—옮긴이).

또한 PET를 활용하면 물질이 뇌의 에너지 이용이나 (뇌의 주요 에너지원인) 포도당 대사에 어떻게 영향을 미치는지에 대한 정보를 얻을 수 있다. 코카인을 남용하는 사람이 코카인을 급성으로 투여하거나, 술을 많이 마시는 사람이 알코올을 급하게 섭취하면 뇌의 포도당 대사가 감소한다(대조군도 마찬가지였다)(Volkow et al., 1990). 많은 연구에 따르면 적은 용량에서 중간 용량에 이르는 알코올(0.25~0.75g/kg)을 섭취하면 뇌의 포

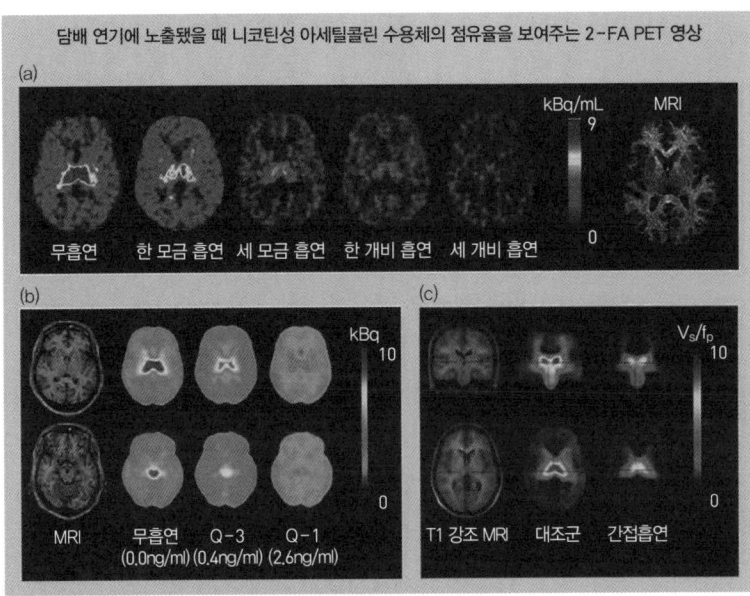

그림 5.3 니코틴 투여의 효과를 규명하기 위한 PET 연구. (a) 니코틴 섭취는 α4β2* 니코틴성 아세틸콜린 수용체의 용량 의존적 점유율 증가를 유도한다(니코틴 투여량이 증가함에 따라 니코틴성 아세틸콜린 수용체의 결합이 점진적으로 감소하는 것이 PET 영상에서 파란색으로 나타난다). (b) 니코틴 함량이 적은 담배를 피운 경우, α4β2* 니코틴성 아세틸콜린 수용체의 점유율은 각각 26퍼센트와 79퍼센트로 나타났다. (c) 중간 수준의 간접흡연에 노출된 경우, α4β2* 니코틴성 아세틸콜린 수용체의 점유율은 흡연자(그림에 표시됨)와 비흡연자(그림에 표시되지 않음)에서 모두 19퍼센트였다. 그림에서 2-FA는 2-[^{18}F]fluoro-3-(2(S)-azetidinylmethoxy 피리딘을, MRI는 자기 공명 영상을 의미한다. (출처: Jasinska et al., 2014.)

*이 그림의 흑백 버전은 일부 형태를 표시한다. 컬러 버전은 간지의 별도 사진 참조.

도당 대사가 10퍼센트에서 30퍼센트까지 감소하는데, 특히 (시각적 처리를 담당하는) 후두엽 피질과 (움직임과 균형을 담당하는) 소뇌에서 그 영향이 두드러진다(Volkow et al., 2006; Wang et al., 2000). 흥미롭게도 이런 포도당 대사 변화는 뇌의 네트워크에 따라 다르게 나타난다. 예를 들어 중간 용량 정도의 알코올(0.75g/kg)을 흡수하면 전체 뇌의 포도당 대사가 감소하지만, 보상-동기와 관련한 뇌 영역인 선조체(측좌핵 포함)와 편도체에서는 대사가 증가한다. 이렇게 급성 알코올 섭취에 따른 포도당 대사 감소(저혈당 상태)가 나타나는 동안 우리의 뇌는 에너지원으로 무엇을 사용할까? 한 연구에 따르면 급성 단기 알코올 중독일 때 아세트산염이 포도당을 대체하는 에너지원으로 작용할 수 있다(Volkow et al., 2013). 이는 알코올 도전 실험(alcohol challenge study: 연구 및 임상에서 알코올 섭취가 뇌를 포함한 신체에 미치는 영향을 평가하기 위해 사용하는 실험 방법. 참가자들에게 일정량의 알코올을 제공한 후 신체적·심리적·행동적·신경생리학적 반응을 측정하는 방식이다—옮긴이)에서 밝혀진 사실로, 포도당([18F]fluorodeoxyglucose) 대사가 가장 많이 감소한 뇌 영역에서 아세트산염($[1-^{11}C]$acetate)의 뇌 흡수가 가장 크게 증가한 것으로 나타났다.

PET는 포도당 대사의 변화 외에도 중독성 약물이 뇌의 혈류에 미치는 영향에 대해 정보를 제공했다. 이런 영향은 PET 연구에 따르면 뇌 전체가 아니라 특정한 영역에 국한됐다. 알코올과 관련한 연구에 따르면 다양한 용량의 알코올을 섭취한 후 전전두엽 및 측두엽 영역에서 뇌 혈류가 증가하는 것으로 보인다(Sano et al., 1993; Tolentino et al., 2011). 반면 소뇌에서는 뇌 혈류가 감소하는 것으로 나타났다(Ingvar et al., 1998). 뇌 혈류의 변화 외에 뇌 활동을 측정하는 또 다른 방법은 fMRI를 이용해 기능적 연결성의 변화를 살피는 것이다. 특히 fMRI를 사용할 때 휴지기 상태 기능적 연결성(rsFC)은 (특정 과제를 수행하지 않는) 활성화된 뇌 영역 간의 일시적 상관관계를 통해 안정적 상태에서의 기능적 연결성 또는 내재적 연결성(intrinsic connectivity)을 추정하는 기술이다. rsFC 연구에서는 정맥 주사로 알코올을 급성 투여한 후 청각 네트워크(측두엽 및 전방 대상 피질)와 시각 피질 네트워크에서 내재적 연결성이 증가한 것이 확인됐다(Esposito et al., 2010). 이런 연구들에서는 뇌 혈류를 교란시킬 수 있는, 약물의 혈관 효과(vascular effects)를 고려했다. 예를 들어 코카인은 혈관을 수축시키는 특성으로 인해 뇌 혈류를 감소시킬 가능성이 있다.

또한 fMRI 연구를 통해 앞서 언급한 휴지기 상태와는 반대로 특정한 과제를 수행하는 동안, 급성 단기 중독이 뇌 기능에 어떤 영향을 미치는지 평가할 수 있었다. 초기 연구에서는 알코올을 섭취한 후 단순한 시각 및 청각 자극에 대한 뇌의 반응을 조사했으며(Levin et al., 1998; Seifritz et al., 2000), 시각 피질과 청각 피질 각각에서 뇌 활성화가 감소하는 현상을 보고했다(BOLD 신호 반응을 통해; 2장 참조). 이후의 연구에서도 알코올을 소비한 뒤 인지적 또는 정서적 과제를 수행할 때 유사한 신경 반응의 감소가 나타났다. 예를 들어 알코올 섭취로 주의 과제에 반응하는 시간이 증가하고, 과잉 반응하거나 응답을 누락하는 실수가 늘어났다(Anderson et al., 2011). 그리고 뇌섬엽, 외측 전전두엽 피질, 두정엽 등 다양한 뇌 영역에서 뇌의 반응이 알코올 용량에 따라 감소했다. 운전 수행과 상관이 있는 뇌 영역에서도 투여하는 약물 용량에 따라 신경 활성화가 감소하는 현상이 유사하게 나타났다(Meda et al., 2009). 그림 5.4는 가상 현실 운전 시뮬레이터를 사용하는 예를 보여준다. fMRI를 사용한 연구(Meda et al., 2009)에서는 이런 장비를 활용해 다양한 혈중 알코올 농도에 따른 운전 수행을 검사했다. 그 결과 운전할 때 (상측 뇌회, 중간 뇌회, 안와 전두회, 전방 대상, 일차 및 보조 운동 영역, 기저핵, 소뇌에서의) 시공간적 신경 반응은 섭취한 알코올의 용량에 따라 방해를 받았으며, 특히

그림 5.4 가상 현실 운전 시뮬레이터의 예. (출처: Fan et al., 2018.)

용량이 높을 경우(혈중 알코올 농도가 0.10퍼센트일 때) 더 그랬다. 운전 수행의 측면에서는 알코올 용량에 따라 차선 변경 횟수와 평균 속도가 유의미하게 달라졌다. 종합하면 과제를 활성화하는 fMRI 연구는 알코올이 주의력, 지각, 운동 계획 및 통제와 관련한 뇌 영역에 상당한 기능적 변화를 유발함으로써 뇌 활동을 감소시킴을 시사한다.

알코올 단기 중독 상태에서의 정서 처리에 대한 fMRI 연구에 따르면, 알코올은 정서적 자극에 대한 뇌의 반응을 둔화시킨다. 예를 들어 한 연구(Gilman et al., 2008)에서는 (에탄올 투여 후) 혈중 알코올 농도가 0.08퍼센트에 이르면 공포스러운 얼굴을 볼 때와 중립적인 얼굴을 볼 때 정서적 처리에 중요한 뇌 영역(편도체, 뇌섬엽, 해마방회)의 반응에 거의 차이가 없다고 보고했다(그림 5.5 참조). 또한 위협적인 얼굴(예: 분노, 공포)을 볼 때 편도체(정서 인식에 필수적인 영역)의 반응이 부족하다는 증거도 발견됐다(Sripada et al., 2011).

중독의 조절 요인: 인간 대상 연구에 따르는 도전

약물과 알코올이 유발하는 단기 중독의 효과는 개인마다 매우 다르게 나타난다는 점을 명심해야 한다. 이런 특징은 단기 중독에 작용하는 메커니즘과 상호 작용하는 여러 요인에서 비롯한다. 여기에는 다음과 같은 요인이 해당할 수 있다. 1) 상황적 요인, 예를 들어 섭취의 비율, 약물의 농도나 강도 등. 2) 개인적 요인, 예를 들어 성별, 나이, 유전학적 요인 등. 3) 상태적 요인, 예를 들어 기대감, 내성과 같은 약물 사용에

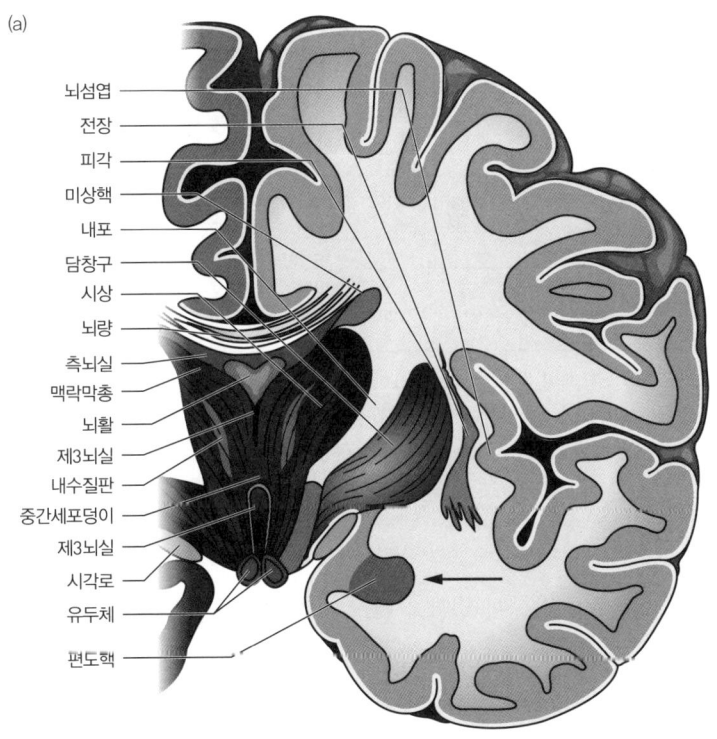

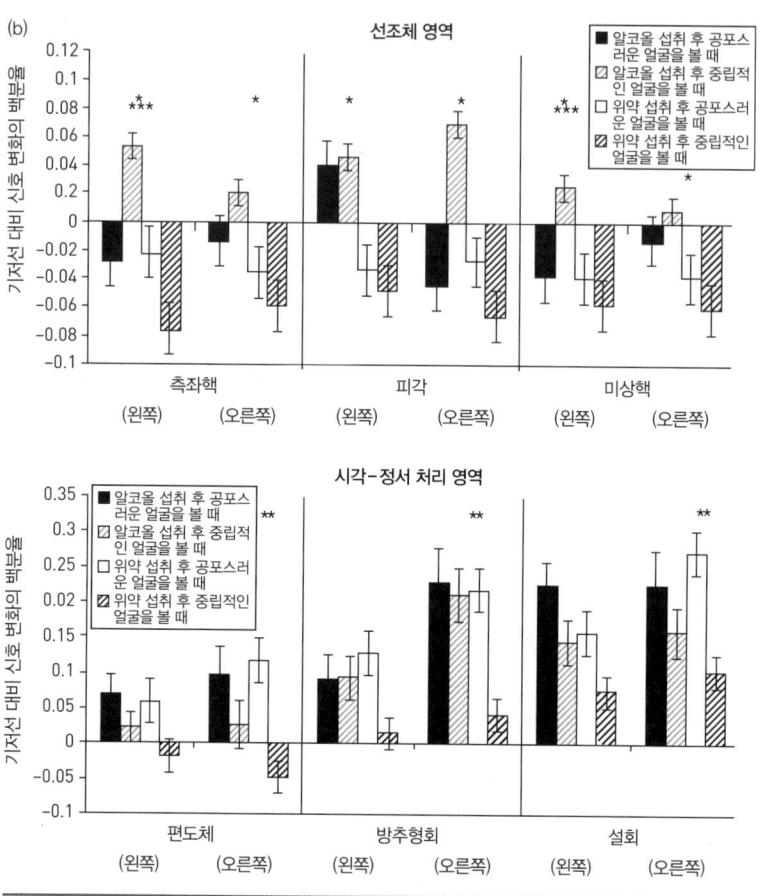

그림 5.5 (a) 편도체의 위치(화살표로 표시됨). (b) 단기 알코올 중독 상태에서 정서가 나타난 얼굴에 대한 뇌 영역의 반응. 별표는 활성화 수준에서 통계적으로 유의미한 차이를 나타낸다. [(b)는 Gilman et al., 2008에서 발췌. © 2008 Society for Neuroscience, USA.]

대한 적응(이런 요인이 약물 관련 정책에 어떤 도전 과제를 주는지에 대해서는 이 장의 집중 조명 참조). 약물이 얼마나 빠르게 작용하는지는 투여 용량 및 방식, 뇌에서 약물이 얼마나 빨리 배출되는지의 비율에 따라 결정된다. 예를 들어 정맥 주사는 약물이 뇌에 보다 빨리 도달하기 때문에 효과가 가장 빠르게 나타난다. 약물에 대한 반응은 이전의 약물 사용 경험과도 밀접한 관련이 있다. 예를 들어 약물을 많이 사용할수록 단기 중독의 정도(즉 도파민의 증가)는 줄어든다. 연구에 따르면 D_2 수용체 가용성(可用性)이 낮은 코카인 중독자에게 메틸페니데이트를 급성으로 투여하면 전전두엽 및 선조체 영역에서 포도당 대사가 증가했지만(Volkow et al., 1999), 비중독자에게서는 오히려 감소하는 현상이 나타났다(Volkow et al., 2005). 또한 사람마다 다른 성격적 특질이나 약물에 대한 기대(약물을 사용하며 기대하는 효과)도 단기 중독 상태에서의 행동에 영향을 미칠 수 있고, 약물의 약역학적 효과에 간섭할 수도 있다. 일반적으로 여성이 약물의 단기 중독 효과에 더 민감한데 이는 체중, 체지방 비율, 신장에서 잔여 약물이 배출되는 속도의 차이 때문일 수 있다(여성은 사구체 여과율, 즉 신장에서 체액을 여과하는 속도가 남성보다 낮으므로 약물이 천천히 배출된다). 연령으로 인해 발생하는 약물 반응의 차이도 나이가 들면서 신장과 간의 약물 대사 기능이 감소하는 것과 관련한다. 마지막으로 유전적 요인에 기초하는, 도파민에 대한 민감성이 약물의 단기 중독 효과에 대한 반응에 영향을 줄 수 있다. 예를 들어 도파민 D_2 수용체 유전자의 유전적 변이는 도파민 분비에서 과민 반응을 유발할 수 있으며, 이로 인해 재발의 위험이 높아질 수 있다(Blum et al., 2009). 다시 말해 *DRD2* A1 대립 유전자가 있는 사람의 경우 D_2 수용체의 밀도가 낮기 때문에 A2 대립 유전자가 있는 사람보다 도파민 작용제가 뇌의 보상 회로를 더 강하게 자극할 수 있다(보상 결핍 증후군에 대한 자세한 내용은 4장 참조).

5장 요약

- 약물마다 영향을 미치는 뇌의 표적이 다르므로 단기 중독의 효과도 다양하게 나타난다.
- 단기 중독이 발생하면 뇌의 혈류는 영역에 따라 달라진다.
- 단기 중독 발생 시 뇌의 포도당 대사가 감소하며, 이는 같은 영역에서의 아세트산염 증가와 상관관계가 있다.
- 단기 중독의 강도는 다양한 1) 상황적, 2) 개인적, 3) 상태적 요인에 따라 정해진다.
- 단기 중독 상태에서의 특징적 운전은 그 수행과 상관관계에 있는 신경 활성화가 복용량에 따라 감소하기 때문에 나타나며, 특히 고용량을 섭취할 경우 그렇다.

복습 문제

- 단기 중독의 다양한 증상을 유발하는 메커니즘을 약물의 유형별로 설명해보자.
- 단기 중독의 증상에서 나타나는 차이에 영향을 미치는 요인은 어떻게 분류할 수 있을까?
- 뇌전도 검사 연구는 단기 중독 상태에서 뇌의 전기생리학적 변화와 관련해 무엇을 보여줬을까?
- 단기 중독 상태에서 뇌 혈류는 어떤 영향을 받을까?
- 단기 중독 상태에서 포도당과 아세트산염은 어떻게 변화할까?
- 단기 중독 상태에서 운전하는 경우의 신경학적 기초를 설명해보자.
- 단기 중독 상태에서 나타나는 정서적 증상의 메커니즘은 무엇일까?

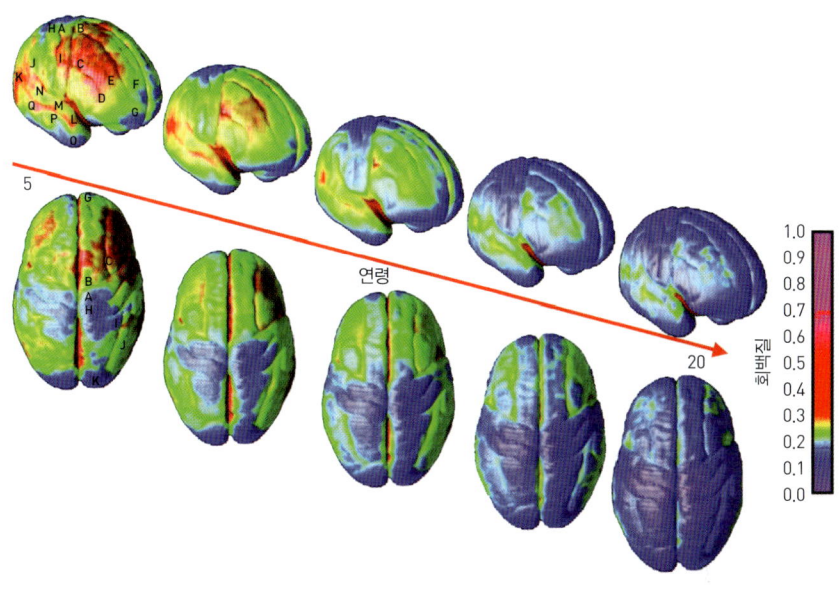

화보 1.1 5세부터 20세까지 두뇌의 성숙 과정을 보여주는 종단 연구.

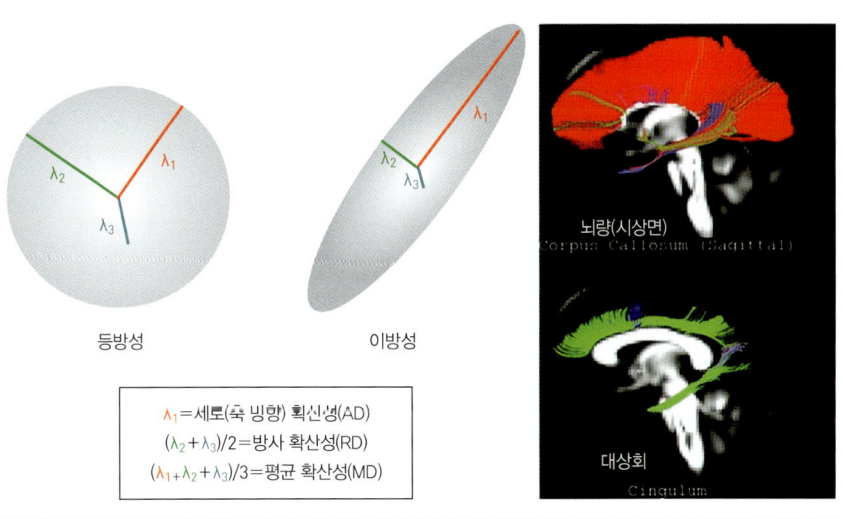

화보 2.4 회백질에서는 물 분자가 주로 등방성(축구공 모양)으로 확산하는 반면, 치밀한 백질 섬유 다발에서는 물 분자가 강한 이방성(럭비공 모양)으로 섬유 다발의 방향을 따라 확산한다.

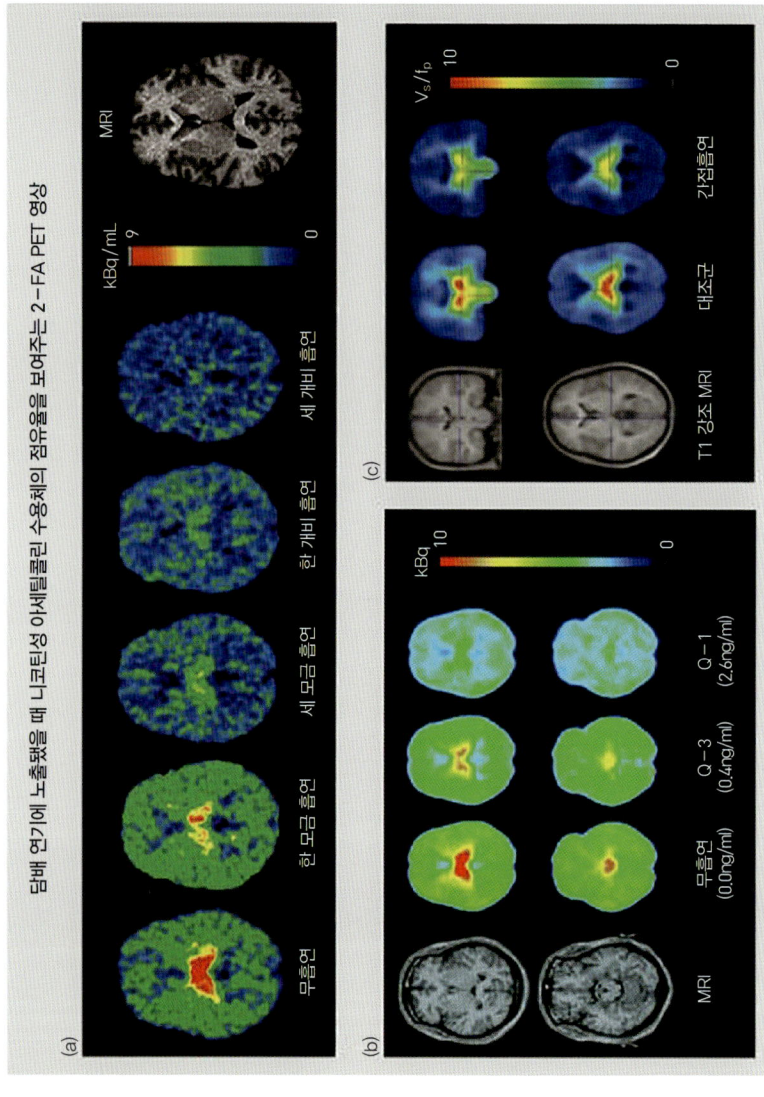

화보 5.3 니코틴 투여의 효과를 규명하기 위한 PET 연구.

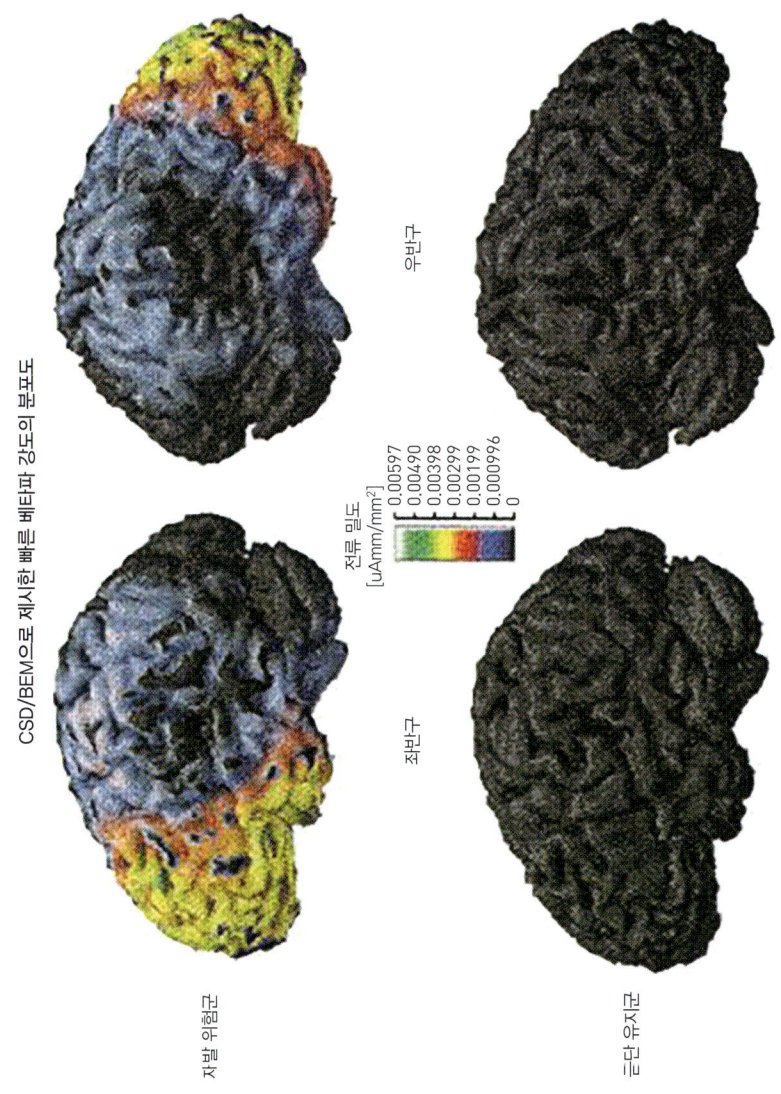

훈·보 6.3 빼롯 베타파의 강도는 다중 약물 중독자의 금단 기간 3개월 동안 재발을 예측할 수 있는 지표가 된다.

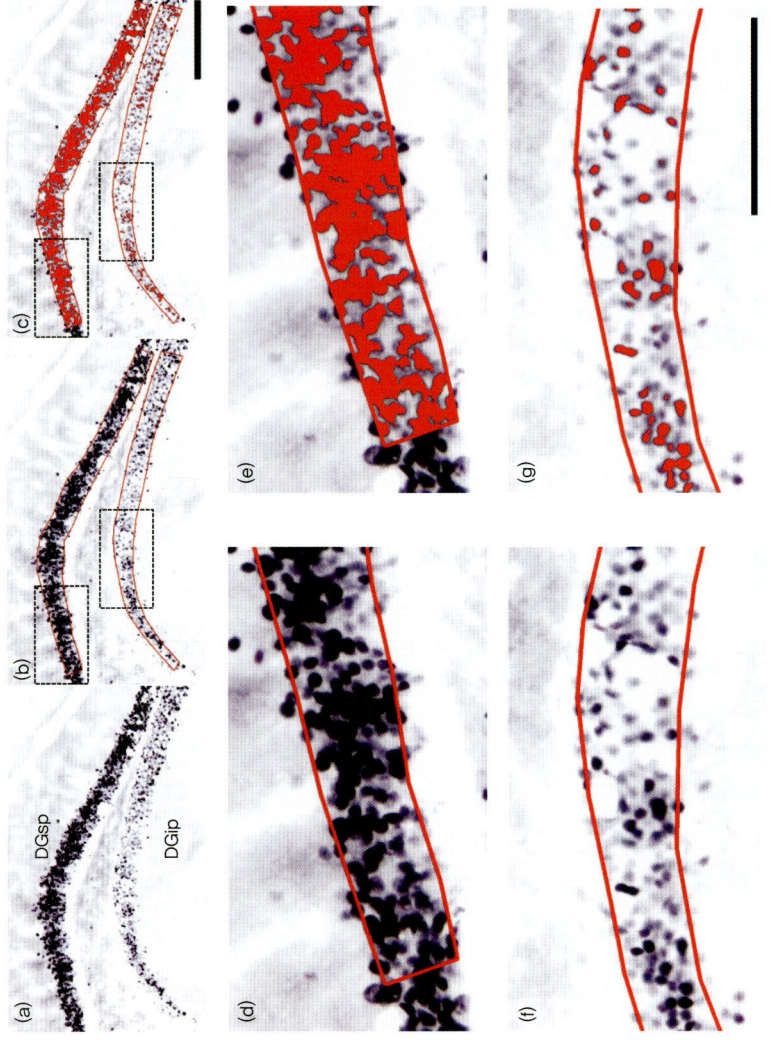

화보 S7.1 멜타포스미 단백질의 측정.

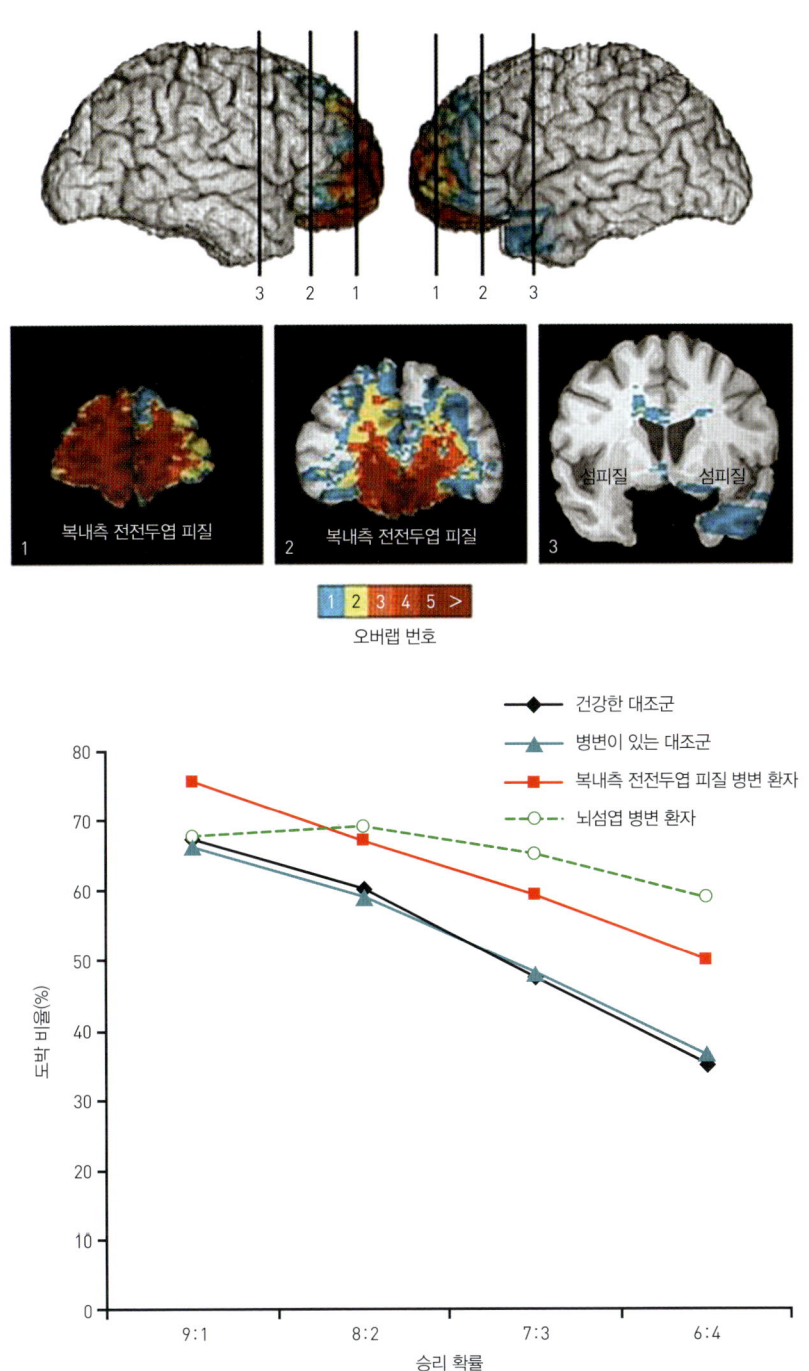

화보 8.5 복내측 전전두엽 피질 손상은 위험한 의사 결정을 유발한다.

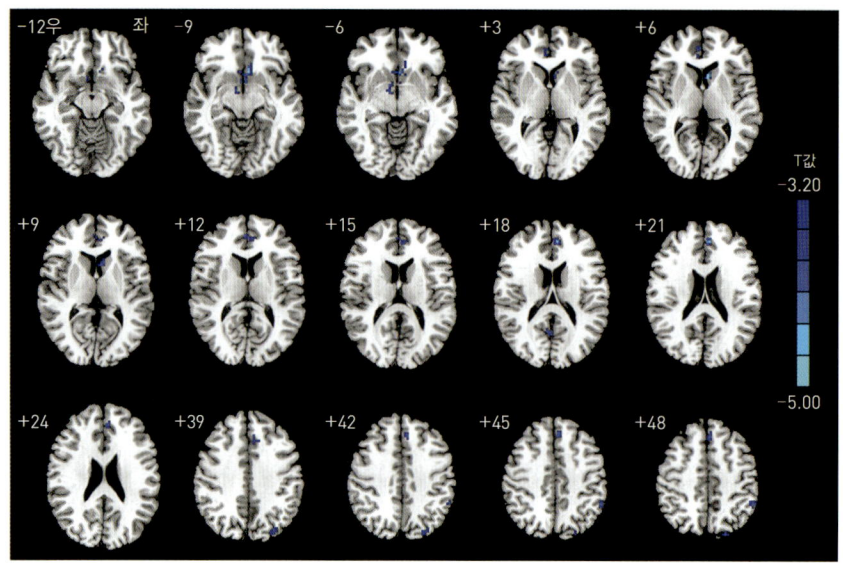

화보 9.3 메타돈 보조 치료(methadone-assisted therapy, MAT)를 받은 후 갈망을 유도하는 과제에서 헤로인 사용을 장기간 끊은 사람들(평균 금단 기간: 193일)은 헤로인 사용을 단기간 끊은 사람들(평균 금단 기간: 23일)보다 뇌의 선조체에서 반응이 더 크게 감소했다.

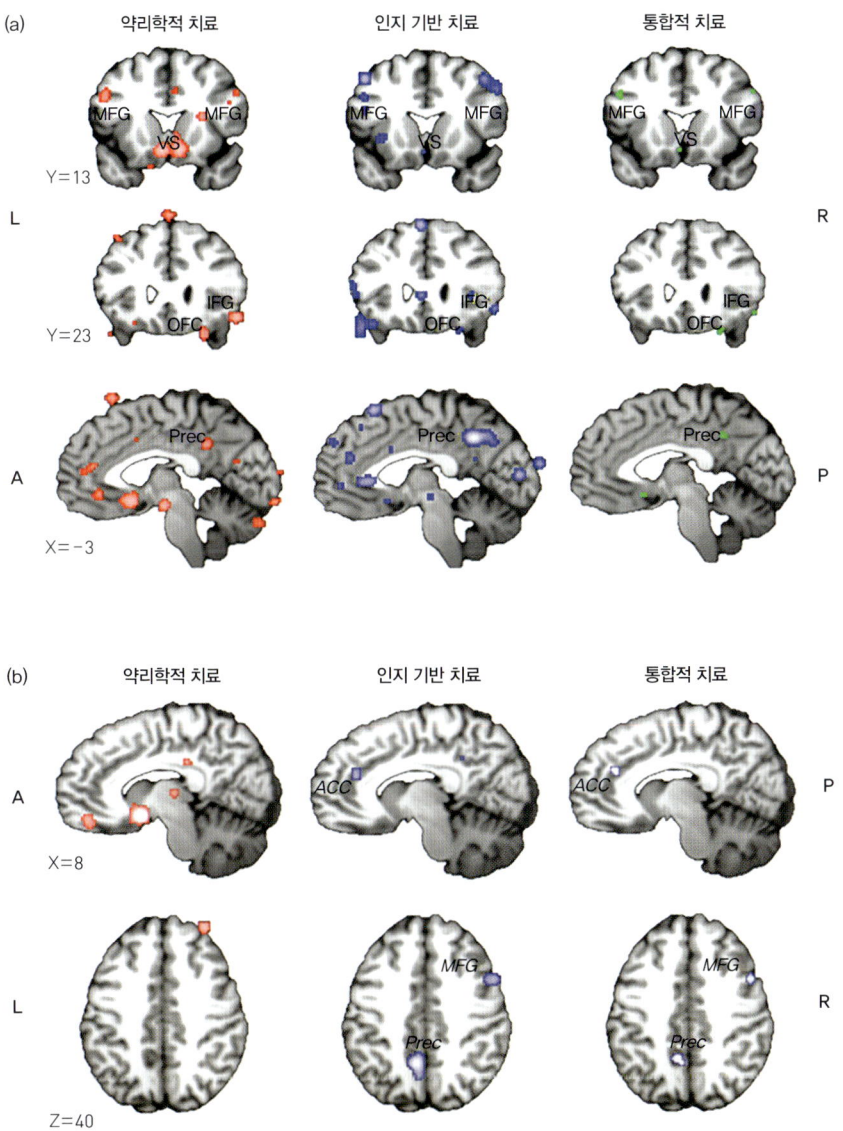

화보 9.5 약물 및 인지 기반 치료의 (a) 공통적 신경 표적과 (b) 개별적 신경 표적.

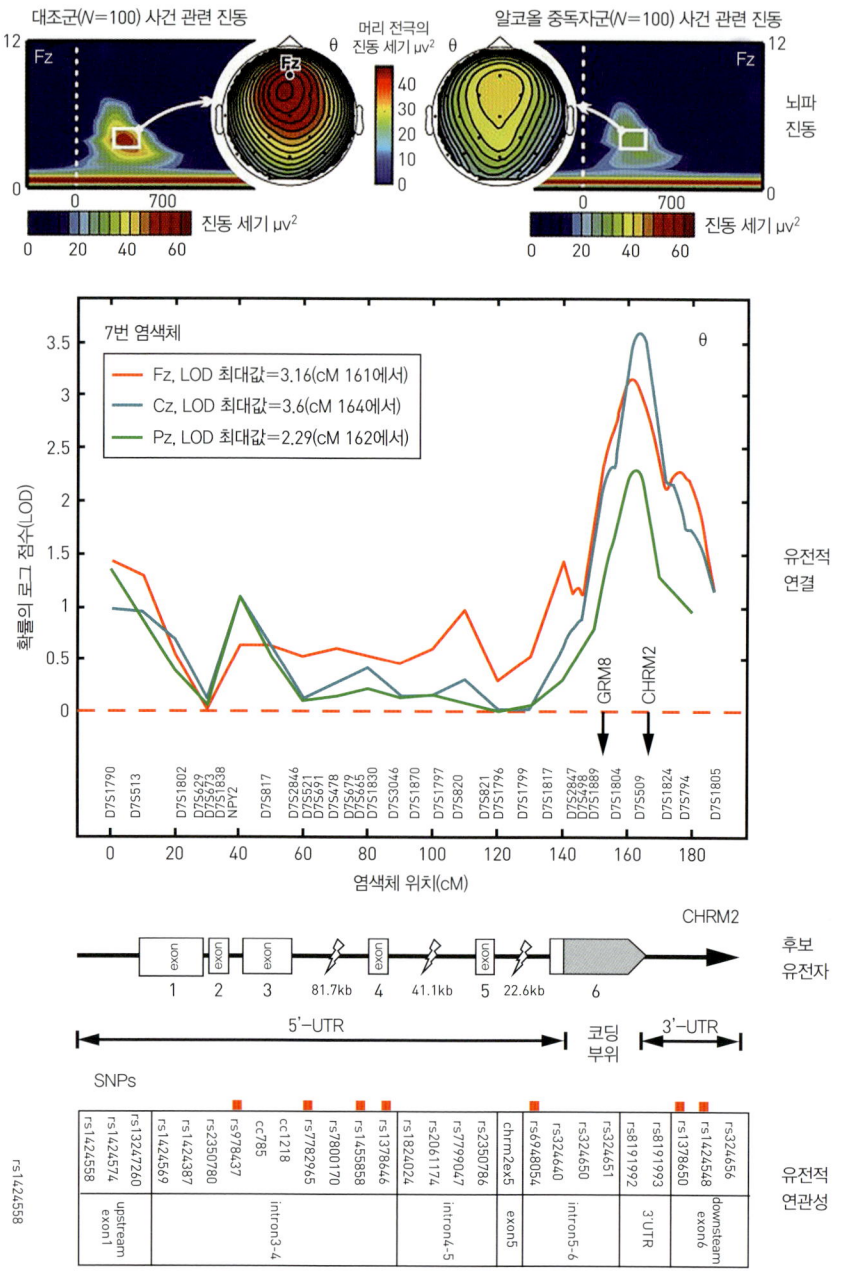

화보 10.4 EEG의 진동은 알코올 사용 장애의 유용한 엔도페노타입이 될 수 있다.

더 읽을거리

Calhoun, V. D., Pekar, J. J. & Pearlson, G. D. (2004). Alcohol intoxication effects on simulated driving: exploring alcohol-dose effects on brain activation using functional MRI. *Neuropsychopharmacology*, 29(11), 2097-2017. doi:10.1038/sj.npp.1300543.

Hsieh, Y. J., Wu, L. C., Ke, C. C., et al. (2018). Effects of the acute and chronic ethanol intoxication on acetate metabolism and kinetics in the rat brain. *Alcohol Clin Exp Res*, 42(2), 329-337. doi:10.1111/acer.13573.

Mathew, R. J., Wilson, W. H., Coleman, R. E., Turkington, T. G. & DeGrado, T. R. (1997). Marijuana intoxication and brain activation in marijuana smokers. *Life Sci*, 60(23), 2075-2089. doi:10.1016/S0024-3205(97)00195-1.

Volkow, N. D., Kim, S. W., Wang, G. J., et al. (2013). Acute alcohol intoxication decreases glucose metabolism but increases acetate uptake in the human brain. *Neuroimage*, 64, 277-283. doi:10.1016/j.neuroimage.2012.08.057.

Volkow, N. D., Wang, G. J., Fowler, J. S., et al. (2000). Cocaine abusers show a blunted response to alcohol intoxication in limbic brain regions. *Life Sci*, 66(12), PL161-167. doi:10.1016/S0024-3205(00)00421-5.

집중 조명

대마초의 취기 깨우기

기호품으로서 대마초 이용을 합법화한 캘리포니아주는 세계 최대의 대마초 시장이 됐다. 그래서 법률을 집행함으로써 대마초에 단기 중독된 운전자들로부터 캘리포니아주 도로의 안전을 보호해야 한다는 과제가 생겼다(그림 S5.1 참조). 캘리포니아주 경찰은 객관적 측정 수단의 도움 없이도 대마초에 취한 운전자를 식별하는 방법을 훈련받았다. 대마초 중독과 관련해서는 혈중 알코올 농도(캘리포니아주에서는 0.08퍼센트) 같이 법적 한도를 정량화할 수 있는 지표나 관련 기준이 없기 때문이다. 단기 중독과 인지 및 운동 장애가 개인에 따라 매우 다양하게 나타나

그림 S5.1 대마초가 합법화되면서 법률을 집행하는 데 어려움이 발생했다. (출처: https://www.pexels.com/photo/auto-automobile-blur-buildings-532001/.)

는 것도 이런 훈련을 실시하는 이유다. 캘리포니아주의 일부 경찰서에서는 타액 검사를 실시하고 있지만, 몸속의 THC를 정량화할 수 있는 유일한 방법은 혈액 샘플뿐이다. 현재 캘리포니아주에서는 운전자가 혈액 검사를 거부할 수 있다. 측정 가능한 수준에 영향을 미칠 수 있는 요인의 수를 고려하면 결과적으로 이런 검사의 의미는 사라질 것이고, 모든 노력은 무용해질 것이다. 그런 요인에는 대마초가 어떻게 소비 및 대사되는지도 포함된다. 결국 현재로서는 법을 집행하는 공무원들이 대마초로 인한 이상 징후를 식별하도록 훈련하는 것이 최선의 방법이다. 약물을 복용한 것으로 보이는 운전자에 대해서는 각각 다른 12단계를 거쳐 인지적 변화를 확인한다. 예를 들어 용의자는 고개를 뒤로 젖히고 30초 동안 기다리라는 지시를 받는다. 어떤 약물은 시간이 느리게 가는 것처럼 느껴지게 하고, 어떤 약물은 시간이 빨리 가는 듯한 느낌을 주기 때문에 사용자의 지각에 영향을 미친다. 캘리포니아주 고속도로 순찰대를 비롯한 여러 기관이 캘리포니아 대학교 샌디에이고 캠퍼스 산하의 의료용 대마초 연구 센터(Center for Medicinal Cannabis Research)와 협력한다. 이 센터는 2년 동안 180만 달러를 투입하는 연구의 일환으로, 인간을 대상으로 한 약물 인식 전문가 및 타액 검사를 분석하고 개선하기 위해 노력하고 있다. 연구원들은 180명의 지원자에게 강도가 다양한 대마초를 제공한 다음 운전 시뮬레이터에서의 수행 능력과 여기서 나타나는 이상을 식별하는 방법을 측정한다. 또한 운전 능력을 손상시키는 대마초 단기 중독의 수준을 규정할 수 있는지를 알아내는 데에도 노력을 기울이고 있다.

참고문헌

Anderson, B. M., Stevens, M. C., Meda, S. A., et al. (2011). Functional imaging of cognitive control during acute alcohol intoxication. *Alcohol Clin Exp Res,* 35(1), 156-165. doi:10.1111/j.1530-0277.2010.01332.x.

Blum, K., Chen, T. J., Downs, B. W., et al. (2009). Neurogenetics of dopaminergic receptor supersensitivity in activation of brain reward circuitry and relapse: proposing "deprivation-amplification relapse therapy" (DART). *Postgrad Med,* 121(6), 176-196. doi:10.3810/pgm.2009.11.2087.

Brody, A. L., Mandelkern, M. A., London, E. D., et al. (2006). Cigarette smoking saturates brain $\alpha_4\beta_2$ nicotinic acetylcholine receptors. *Arch Gen Psychiatry,* 63(8), 907-915. doi:10.1001/archpsyc.63.8.907.

Domino, E. F. (2003). Effects of tobacco smoking on electroencephalographic, auditory evoked and event related potentials. *Brain Cogn,* 53(1), 66-74. doi:10.1016/S0278-2626(03)00204-5.

Ehlers, C. L., Wall, T. L. & Schuckit, M. A. (1989). EEG spectral characteristics following ethanol administration in young men. *Electroencephalogr Clin Neurophysiol,* 73(3), 179-187. doi:10.1016/0013-4694(89)90118-1.

Esposito, F., Pignataro, G., Di Renzo, G., et al. (2010). Alcohol increases spontaneous BOLD signal fluctuations in the visual network. *Neuroimage,* 53(2), 534-543. doi:10.1016/j.neuroimage.2010.06.061.

Esterlis, I., Cosgrove, K. P., Batis, J. C., et al. (2010). Quantification of smoking-induced occupancy of β2-nicotinic acetylcholine receptors: estimation of nondisplaceable binding. *J Nucl Med,* 51(8), 1226-1233. doi:10.2967/jnumed.109.072447.

Fan, J., Chen, S., Liang, M. & Wang, F. (2018). Research on visual physiological characteristics via virtual driving platform. *Adv Mech Eng,* 10(1), 1687814017717664. doi:10.1177/1687814017717664.

Gilman, J. M., Ramchandani, V. A., Davis, M. B., Bjork, J. M. & Hommer, D. W. (2008). Why we like to drink: a functional magnetic resonance imaging study of the rewarding and anxiolytic effects of alcohol. *J Neurosci,* 28(18), 4583-4591. doi:10.1523/JNEUROSCI.0086-08.2008.

Ingvar, M., Ghatan, P. H., Wirsén-Meurling, A., et al. (1998). Alcohol activates the cerebral reward system in man. J Stud Alcohol, 59(3), 258-269. doi:10.15288/jsa.1998.59.258.

Jasinska, A. J., Zorick, T., Brody, A. L. & Stein, E. A. (2014). Dual role of nicotine in addiction and cognition: a review of neuroimaging studies in humans. *Neuropharmacology,* 84, 111-122. doi:10.1016/j.neuropharm.2013.02.015.

Levin, J. M., Ross, M. H., Mendelson, J. H., et al. (1998). Reduction in BOLD fMRI response to primary visual stimulation following alcohol ingestion. *Psychiatry Res,* 82(3), 135-146. doi:10.1016/S0925-4927(98)00022-5.

Lukas, S. E., Mendelson, J. H. & Benedikt, R. (1995). Electroencephalographic correlates of marihuana-induced euphoria. *Drug Alcohol Depend,* 37(2), 131-140. doi:10.1016/0376-8716(94)01067-U.

Meda, S. A., Calhoun, V. D., Astur, R. S., et al. (2009) Alcohol dose effects on brain circuits during simulated driving: an fMRI study. *Hum Brain Mapp,* 30(4), 1257-1270. doi:10.1002/hbm.20591.

Porjesz, B. & Begleiter, H. (1981). Human evoked brain potentials and alcohol. *Alcohol Clin Exp Res,* 5(2), 304-317. doi:10.1111/j.1530-0277.1981.tb04904.x.

Roth, W. T., Tinklenberg, J. R. & Kopell, B. S. (1977). Ethanol and marihuana effects on event-related potentials in a memory retrieval paradigm. *Electroencephalogr Clin Neurophysiol,* 42(3), 381-388. doi:10.1016/0013-4694(77)90174-2.

Sano, M., Wendt, P. E., Wirsén, A., et al. (1993). Acute effects of alcohol on regional cerebral blood flow in man. *J Stud Alcohol,* 54(3), 369-376. doi:10.15288/jsa.1993.54.369.

Seifritz, E., Bilecen, D., Hänggi, D., et al. (2000). Effect of ethanol on BOLD response to acoustic stimulation: implications for neuropharmacological fMRI. *Psychiatry Res,* 99(1), 1-13. doi:10.1016/S0925-4927(00)00054-8.

Sripada, C. S., Angstadt, M., McNamara, P., King, A. C. & Phan, K. L. (2011). Effects of alcohol on brain responses to social signals of threat in humans. *Neuroimage,* 55(1), 371-380. doi:10.1016/j.neuroimage.2010.11.062.

Tolentino, N. J., Wierenga, C. E., Hall, S., et al. (2011). Alcohol effects on cerebral blood flow in subjects with low and high responses to alcohol. *Alcohol Clin Exp Res,* 35(6), 1034-1040. doi:10.1111/j.1530-0277.2011.01435.x.

Volkow, N. D., Hitzemann, R., Wolf, A. P., et al. (1990). Acute effects of ethanol on regional brain glucose metabolism and transport. *Psychiatry Res,* 35(1), 39-48. doi:10.1016/0925-4927(90)90007-S.

Volkow, N. D., Wang, G. J., Fowler, J. S., et al. (1999). Blockade of striatal dopamine transporters by intravenous methylphenidate is not sufficient to induce self-reports of "high". *J Pharmacol Exp Ther,* 288(1), 14-20.

Volkow, N. D., Wang, G. J., Ma, Y., et al. (2005). Activation of orbital and medial prefrontal cortex by methylphenidate in cocaine-addicted subjects but not in controls: relevance to addiction. *J Neurosci,* 25(15), 3932-3939. doi:10.1523/JNEUROSCI.0433-05.2005.

Volkow, N. D., Wang, G. J., Franceschi, D., et al. (2006). Low doses of alcohol substantially decrease glucose metabolism in the human brain. *Neuroimage,* 29(1), 295-301. doi:10.1016/j.neuroimage.2005.07.004.

Volkow, N. D., Kim, S. W., Wang, G. J., et al. (2013). Acute alcohol intoxication decreases glucose metabolism but increases acetate uptake in the human brain. *Neuroimage,* 64, 277-283. doi:10.1016/j.neuroimage.2012.08.057.

Wang, G. J., Volkow, N. D., Franceschi, D., et al. (2000). Regional brain metabolism during alcohol intoxication. *Alcohol Clin Exp Res,* 24(6), 822-829.

World Health Organization (2004). *ICD-10,* 2nd edn. Geneva: World Health Organization.

금단 증상

학습 목표

○ 금단 증상의 개념을 설명할 수 있다.

○ 다양한 금단 증상을 일으키는 여러 요인을 설명할 수 있다.

○ 금단 증상을 유발하는 메커니즘을 이해한다.

○ 급성 금단 증상과 만성 금단 증상의 신경생물학적 메커니즘에서 나타나는 차이를 해석할 수 있다.

○ 금단 증상을 완화할 수 있는 분자 수준의 표적을 요약할 수 있다.

머리말

금단 증상이란 신체적 의존성을 유발한 약물의 사용을 중단한 이후에 나타나는 부정적 상태를 의미한다. 다시 말해 금단 증상은 약물을 가끔이 아니라 정기적으로 사용하는 사람들에게 주로 발생한다. 금단 증상에는 과민함, 불면증, 식욕의 변화, 초조함, 두통, 메스꺼움, 신경과민 등이 있다. 약물의 다른 효과(즉 단기 중독)와 마찬가지로 금단 증상은 약물의 종류에 따라 다르며 다양한 개인적 요인, 예를 들어 약물 사용의 빈도 및 양에도 영향을 받는다. 특히 아편류, 알코올, 진정제 등 특정한 약물을 만성적으로 사용한 사람들에게 나타나는 금단 증상은 심각하거나 치명적일 수 있다. 금단 증상은 금욕 기간(abstinence, 약물 사용을 중지하는 기간)의 경과에 따라 다르게 나타나는데, 이는 급성 금단 증상과 만성 금단 증상의 신경생물학적 메커니즘이 서로 다름을 시사한다. 하지만 이 두 메커니즘 모두가 재발의 위험에 영향을 미친다.

뇌는 왜 약물이 체내에서 사라졌을 때 그렇게 강렬한 증상을 나타내는 것일까? 금단 상태에 대한 연구는 장기적 금욕을 촉진하는 데 어떤 교훈을 제공할 수 있을까? 이제까지의 증거에 따르면 금단 증상은 강력한 약물이 유입될 때 뇌가 적응하려는 시도다. 신경 적응에는 수용체의 감소 조절(downregulation)이 포함된다(예: 코카인의 경우 도파민, 헤로인의 경우 오피오이드 수용체, 알코올의 경우 GABA 수용체). 이런 적응은 모두 약물이 유입됐을 때 균형 또는 항상성을 유지하려는 노력의 일환이다.

이 장에서는 금단 증후군의 신경생물학적 기초에 대한 연구 결과를 논의할 것이다. 다양한 금단 증상의 기저에 있는 뇌의 여러 메커니즘과 금단 증상에 영향을 미치는 요인에 대해서도 설명한다.

금단 증상은 어떻게 나타나는가

단기 중독 증상(5장 참조)에서 살펴본 것처럼, 금단 증상 역시 약물의 약리학적 메커니즘에 따라 다양하게 나타날 수 있다(표 6.1 참조). 그러나 일반적으로 금단 증상은 약물의 단기 중독 효과와 반대되는 방식으로 나타난다. 예를 들어 오피오이드 단기 중독이 일어나면 동공이 축소되지만, 금단 증상이 나타나면 동공이 확장된다. 그 밖의 신체적 증상으로는 수면 장애, 땀, 떨림, 근육통, 발작 등이 있다. 일반적으로 모든 약물의 금단 증상은 기분 장애를 유발하는데, 그 심각성은 약물의 종류에 따라 다르다(신생아 금단 증후군에 대한 설명은 집중 조명 1 참조). 부정적 감정 상태(예: 불쾌감)는 일반적인 비약물 보상(예: 음식, 인간관계)에서 즐거움을 얻지 못하는 것이 특징이다(인터넷 사용 중단 후 발생할 수 있는 부정적 감정 상태에 대해서는 집중 조명 2 참조). 표 6.1에 제시한 바와 같이 금단 증상은 약물별로 각기 다르다. 예를 들어 정신 자극제에 대한 금단 현상이 나타날 때는 피로감, 기분 저하, 정신 운동 지연이 나타날 수 있다. 한편 암페타민에 대한 금단 현상은 동기의 저하와 연관되는데, 이는 달콤한 용액에 대한 점진적 비율 강화 계획(progressive ratio schedule)에서 반응이 감소하는 것으로 확인할 수 있다(Orsini et al., 2001)(중독 연구에서 점진적 비율 강화 계획은 실험 참여자가 보상을 받기 위해 감수하는 노력의 정도를 측정하는 방법으로, 약물의 강화 효과를 정량적으로 평가하는 중요한 도구다. 쥐가 레버를 누르면 코카

표 6.1 약물 특이성과 급성 금단 증상이 발생하는 시기.

약물	증상의 발현 시점	지속 기간	특징	신체적·정신적 문제
코카인	복용 방법에 따라 다름―마지막 사용 후 몇 시간 내에 시작될 수도 있음	3~4일	불면증 또는 과도한 초조함, 식욕의 증가, 우울증, 편집증, 에너지의 감소	뇌졸중, 심혈관계 기능 부전(허탈), 심근 및 장기 경색증, 폭력, 심한 우울증, 자살
알코올	혈중 알코올 농도가 감소한 지 24~48시간 후	5~7일	혈압·심박수 증가, 체온 상승, 메스꺼움, 구토 및 설사, 발작, 섬망, 사망	거의 모든 기관계에 영향을 미침: 심근증, 간 질환, 식도 및 직장 정맥류, 코르사코프 증후군*, 태아 알코올 증후군
헤로인	마지막 사용 후 24시간 이내	4~7일	메스꺼움, 구토, 설사, 소름이 돋음, 콧물, 눈물, 하품	탈수, 신생아 금단 증후군
대마초	3~5일	최대 28일	과민함, 식욕 및 수면 장애, 메스꺼움, 집중력 저하, 안진증(눈떨림), 설사	
니코틴	1~2일	1~10주	과민함, 불안감, 우울증, 집중력 저하, 식욕의 증가	불면증, 변비, 현기증, 메스꺼움, 목 아픔, 떨림, 심박수 증가

*비타민 B1(티아민) 결핍으로 인해 발생하는 기억력 장애. 만성 알코올 중독과 관련이 깊다―옮긴이.

인을 투여하는 실험을 한다고 가정해보자. 처음에는 1회 누르면 코카인을 투여하지만 조건이 점점 어려워져 순서대로 2회, 4회, 8회 눌러야 원하는 약물을 얻게 되는 경우, 쥐가 더 이상 레버를 누르지 않는 시점이 이 약물의 중단점이 된다. 이렇게 측정된 중단점은 약물의 중독성과 강화 효과를 평가하는 지표로 사용한다―옮긴이). 금단 증상은 금욕 기간의 길이에 따라 다르게 나타나며, 단기(급성) 금단 증상과 장기(만성) 금단 증상으로 구분할 수 있다. 급성 금단 증상은 약물을 마지막으로 사용한 지 몇 시간에서 며칠 이내에 시작되는 반면, 만성 금단 증상은 약물 중단에 대한 초기 반응을 넘어 몇 달, 때론 몇 년간 지속할 수도 있다.

금단 증상의 발생 시기는 주로 각 약물의 반감기에 따라 정해진다. 반감기란 약물의 혈장 농도나 체내 총량이 50퍼센트 감소하는 데 걸리는 시간을 의미하는 약동학적 매개 변수다. 다시 말해 반감기가 한 번 지나면 체내 약물 농도는 복용량의 절반으로 감소한다. 예를 들어 연구에 따르면 대마초의 반감기는 매우 다양하지만 그림 6.1에 나타난 것처럼 일반적으로 3~4일이다. 반면 다른 약물들은 대마초와 달리 반감기가 짧아, 사용을 중단한 후 금단 증상이 더 빨리 나타난다. 예를 들어 헤로인은 반감기가 12시간, 아편류 약물과 알코올은 8시간, 벤조디아제핀은 24시간이다. 그러나 앞서 언급한 것처럼 개인이 경험하는 금단 증상의 강도와 지속 기간은 약물 사용 기간, 빈도, 사용량, 물질대사, 성별, 연령, 체중, 섭취 방법(예: 입으로 흡입, 주사, 경구 복용, 코로 흡입), 의료

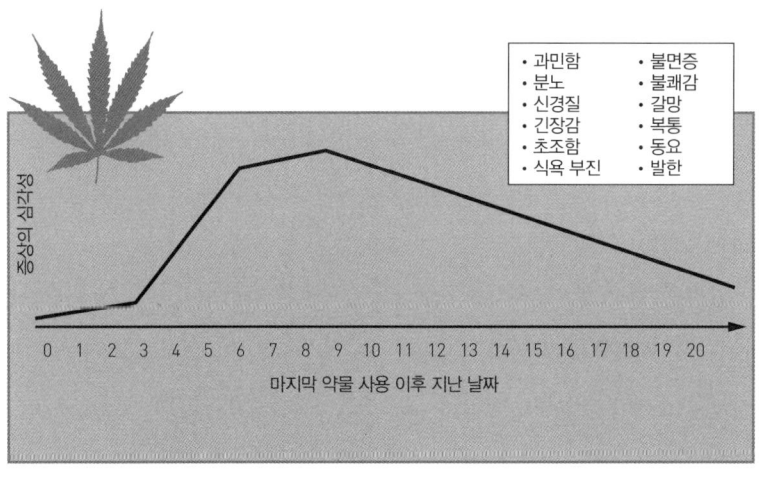

그림 6.1 시간의 경과에 따른 대마초 금단 증상의 심각성.

적 요인, 정신 건강 관련 요인, 유전적 소인, 다른 물질 사용 여부 등에 따라 달라진다. 예를 들어 연구에 따르면 알코올이 도파민 분비에 미치는 영향은 남성에게 여성보다 더 크며, 이는 알코올 사용 장애를 겪는 남성의 비율(전체 인구의 약 10퍼센트)이 여성(3~5퍼센트)보다 높은 이유일 수 있다(National Institute on Alcohol Abuse and Alcoholism, 2006).

급성 금단 증상 및 관련 신경 메커니즘

미국중독의학회(American Society of Addiction Medicine, ASAM)는 급성 금단 증상을 "정신 활성제의 갑작스러운 투여 중단 또는 투여량 감소 이후에 나타나는, 예측 가능한 일련의 징후 및 증상"으로 정의한다. 이런 급성 증상은 약물 사용 중단 시 각 약물의 분자적 메커니즘에 따른 적응적 변화가 보상되지 못하면서, 관련한 신경 변화가 나타나기 때문으로 보인다. 예를 들어 코카인을 비롯한 자극제 사용 시 나타나는 신경 적응에는 도파민 수송체의 발현 증가가 포함되며, 이는 시냅스 후 도파민 수용체의 수를 감소시켜 시냅스 전 도파민의 고갈을 초래한다(Dackis & Gold, 1985). 약물 사용 중단에 뒤따르는 이런 도파민 고갈 상태는 금단 증상과 관련한 불편함을 낳으며, 이는 도파민 수준을 회복하기 위한 약물 탐색 행동으로 이어진다. 실험 연구에서 코카인, 모르핀, 암페타민, 알코올 등에 대한 금단 증상을 겪고 있는 사람들의 측좌핵(도파민 보상 시스템의 중요한 부위; 4장 참조)에서 도파민 수치가 감소한 것을 확인했다. 또한 코카인(Volkow et al., 1993), 알코올(Volkow et al., 1996), 메스암페타민

(Volkow et al., 2001), 니코틴(Fehr et al., 2008) 만성 사용자들의 금단 기간에 선조체에서 도파민 D_2 수용체 결합이 감소했다. 이런 도파민 관련 적응은 도파민 보상 시스템 내의 영역, 특히 전전두엽 피질 영역(안와 전두 피질, 배외측 전전두엽 피질, 전방 대상 피질)의 기능 이상을 초래할 수 있다. 전전두엽 피질의 기능 이상은 주요 우울 장애와 유사한 증상을 유발하기도 한다. 실제로 우울증 환자 연구에서도 전전두엽 피질 기능의 저하가 나타났다. 전전두엽 기능 이상은 정서 조절 장애를 유발하며, 이는 억제성 통제 및 스트레스 대처와 밀접하게 관련돼 있으므로 재발 위험을 높이는 강력한 요인이다(개관은 Sinha & Li, 2007 참조).

이런 도파민 고갈 가설(dopamine-depletion hypothesis) 외에도 다른 신경 전달 물질 시스템의 결핍이 금단 증상이 나타날 때의 항상성 과정에 관여한다. 도파민 고갈 가설과 관련해 도파민 신호는 GABA 경로를 통해 전달되기 때문에, 만성 코카인 사용자들은 금단 초기의 며칠 동안 로라제팜과 같은 GABA 활성화 약물의 효과(예: 졸음)에 민감해지는 것으로 나타났다. 이는 코카인을 장기간 사용하면서 GABA의 감소 조절이 발생한 결과일 수 있다(Volkow et al., 1998). 다른 연구에서는 코카인 금단 시 도파민과 GABA 외에도 뮤오피오이드 수용체 결합이 감소했다(Zubieta et al., 1996).

뇌 기능의 측면에서 보면 약물 금단 증상은 신경 반응성과 관련이 있다. 예를 들어 볼카우 등의 연구(Volkow et al., 1991)에서는 (PET를 사용한 결과) 금단 후 일주일 내에 코카인 사용자의 뇌 전체 대사율과 기저핵 및 안와 전누 피질 같은 특정 부위의 대사율이 비사용자보다 높게 나타났다고 보고했다. 따라서 도파민 고갈을 도파민성 보상 경로 내 영역의

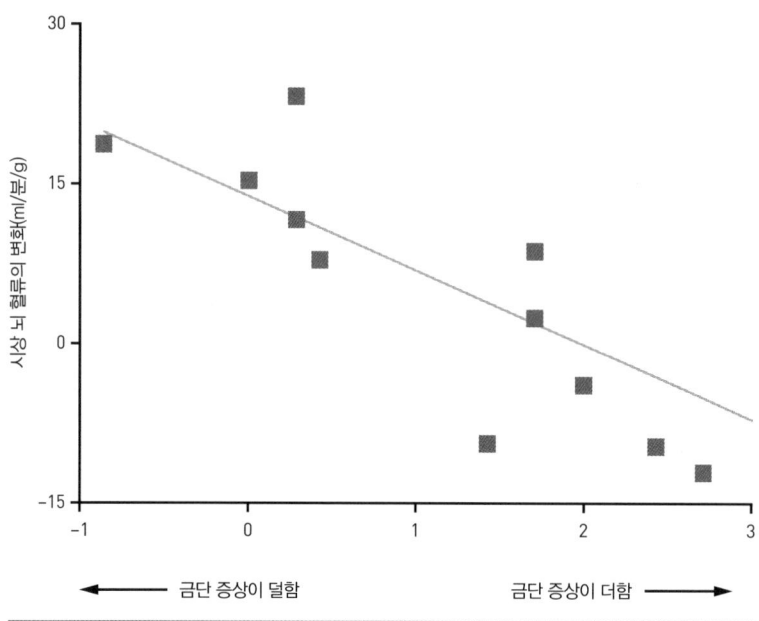

그림 6.2 시상에서 관찰한 기저선에서 하룻밤 금연 후까지 뇌 혈류 변화와, 기저선에서 금단 증상이 나타난 때까지 미네소타 금단 증상 점수로 평가한 주관적 니코틴 금단 증상의 변화. (출처: Tanabe et al., 2008. © 2007 Springer Nature, USA.)

대사 증가와 관련지을 수 있다. 코카인 사용자들의 금단 초기(중단한 뒤 열흘)에 전전두엽 피질의 뇌 혈류가 건강한 대조군에 비해 감소하는 현상도 관찰됐다(Volkow et al., 1988). 연구진은 이런 뇌 혈류 감소가 코카인의 교감 신경 작용에 만성적으로 노출된 뇌혈관에서 일어나는 경련 및 수축의 결과일 수 있다고 제안했다. 니코틴 사용자에 대한 연구에서는 밤새 사용을 중단한 전후에 뇌 혈류 변화는 나타나지 않았으나, 주관적 금단 증상이 시상 내의 뇌 혈류량과 반비례하는 것으로 나타났다(Tanabe et al., 2008). 그림 6.2에서 볼 수 있듯 하룻밤 사용 중단 이후 금단 증상이 심할수록 시상의 뇌 혈류 감소가 적었다. 경미한 니코틴 금단 증상을 보이는 사람들이 금단 증상이 심하지만 빠르게 사라지는 사람들보다 재발 가능성이 높았던 점을 감안하면, 이 연구(Tanabe et al., 2008)에서 나타난 뇌 혈류의 더 큰 변화가 니코틴 중독 재발의 메커니즘일 수 있다. 또한 알코올 금단 증상은 선조체-시상-안와 전두 피질 회로에서 포도당 대사 감소와 관련이 있는 것으로 나타났다(Volkow et al., 1996).

만성 금단 증상 및 관련 신경 메커니즘

만성 금단 증상은 급성 금단 증상의 기간을 넘어 지속되며 보다 광범위한 영향을 미친다. 만성 금단 증상은 장기적 금단 증상 또는 급성 금단 증상 후 증후군(post-acute withdrawal syndrome)이라고도 하지만 미국심리학회에서는 이를 공식적으로 인정한 적이 없다. 현재로서는 만성 금단 증상의 메커니즘에 대한 연구가 급성 금단 증상에 비해 상대적으로 부족하다. 만성 금단 증상은 알코올 섭취 중단의 경우에 대해 가장 많이 연구됐다.

쾌락 상실은 쾌락을 경험하는 능력이 감소하는 상태로, 장기 금욕 중에 나타나는 대표적 금단 증상이다. 이는 알코올과 오피오이드를 비롯한 약물에 대한 금단 증상이 나타날 때 관찰됐다. 마르티노티와 동료들은 알코올을 끊은 지 최장 1년이 지난 사람들에게도 쾌락 상실이 나타나므로 만성 금단 증상이 알코올 사용자들에게 중요한 문제임을 지적

했다(Martinotti et al., 2008). 다른 장기 금단 증상으로는 불안, 수면 장애, 단기 기억 손상, 피로, 실행 기능(의사 결정, 억제성 통제 등) 저하, 갈망 등이 있다. 이런 증상은 광범위하게 나타나며 불안, 적대감, 과민함, 우울, 기분 변화, 불면증 등도 포함한다. 알코올 사용 중단 후 이런 증상이 2년 이상 이어질 수 있다는 보고도 있다.

급성 금단 증상의 경우와 유사하게, 만성 금단 증상에 관한 신경 영상 연구에서도 D_2 수용체 발현 및 도파민 분비의 감소 같은 도파민 경로의 기능 저하와 상관관계가 나타났다. 이런 도파민 활동의 저하는 만성 금단 증상이 나타나는 동안 쾌락 상실과 무동기 상태의 원인일 수 있다. 이 도파민 활동 저하는 보상이 있는 상태에서 알코올의 신체적 급성 금단 증상이 사라진 후에도 이어진다.

만성 금단 증상이 나타나는 동안 배외측 전전두엽, 대상회, 안와 전두 피질 같은 전전두엽 피질 영역의 기능 역시 감소한다. 이런 영역은 억제성 통제에서 중요한 역할을 한다. 흥미롭게도 앞서 살펴본 연구(Volkow et al., 1991)에서 코카인 사용 중단 후 일주일 이내의 중독자가 보고한 높은 뇌 대사 활동 수준이 중단 후 2~4주가 지난 중독자들에게서는 나타나지 않았다. 이는 금단 증상과 관련한 대사 활동이 시간에 따라 감소함을 시사한다.

금단 증상의 전기생리학적 메커니즘

전기생리학 연구는 EEG 주파수 대역의 측정과 사건 관련 전위 분석을 통해 대뇌 피질의 민감도 감소를 정량화함으로써 약물의 금단 증상 및 관련 행동에 대한 우리의 이해를 발전시켰다. 코카인 금단 증상으로 저주파수대(델타파와 세타파)의 뇌파가 감소했는데 이는 중독자의 졸음과 상관관계가 있었다(Roemer et al., 1995). 반면 고주파수 대역(알파파와 베타파)의 증가는 각성 상태에 중요한 역할을 한다(King et al., 2000). 헤로인 금단 증상의 초기에 있는 개인들에게서도 알파파 주파수의 증가가 나타났으나 이는 시간이 지나며 감소했다(Shufman et al., 1996). 코카인 금단 증상에서 관찰한 패턴과는 달리, 니코틴 금단 증상에서는 세타파 주파수가 증가하고 알파파와 베타파 같은 고주파수 대역은 감소했다(Domino, 2003). 알파파 주파수 감소는 느린 반응 시간(Surwillo, 1963), 낮은 각성 수준 및 주의력 감소(Knott & Venables, 1977)와 연관이 있었다. 이런 알파파 활동의 결핍은 약물 사용 중단 시간이 길어지면서 회복되는 것으로 보이므로 급성 금단 증상의 영향을 측정하는 지표가 될 수 있다(Gritz et al., 1975). 약물 사용 중단 시에 나타나는 변화를 사건 관련 전위 측정을 통해 살펴보면 알코올 사용 장애가 있는 사람들의 경우 N200 및 P300의 잠복기가 연장되고, N100 및 P300의 진폭이 감소했다(Porjesz et al., 1987). 특히 P300의 진폭 감소는 코카인 금단 증상(Gooding et al., 2008), 헤로인 금단 증상(Papageorgiou et al., 2004), 니코틴 금단 증상(Littel & Franken, 2007)에서도 일관적으로 나타났다.

　이런 전기생리학적 지표는 재발을 예측하는 데 활용할 수 있으므로 중독 치료의 개발에 중요한 역할을 할 수 있다. 예를 들어 알파파 및 베타파 활동에 기반한 분류법을 통해 알코올 사용 중단 이후 중독이 재발한 사용자와 금욕을 유지한 사용자를 83~85퍼센트의 정확도로 구

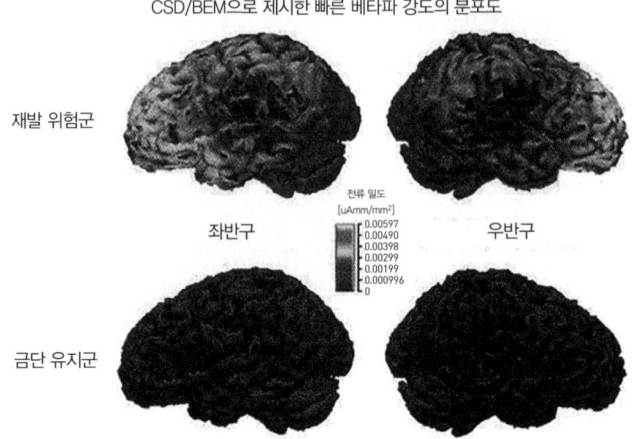

그림 6.3 빠른 베타파의 강도는 다중 약물 중독자의 금단 기간 3개월 동안 재발을 예측할 수 있는 지표가 된다. BEM은 경계 요소법(boundary element method)을, CSD는 전류원 밀도(current source density)를 의미한다(전자는 전기적 신호의 발생 위치를 추정하는 데 사용하는 수학적 모델링 기법이고, 후자는 특정 뇌 부위에서 발생하는 전류 밀도를 측정하는 방법을 뜻한다—옮긴이). (출처: Bauer, 2001. © 2001 Springer Nature, USA.)
*이 그림의 흑백 버전은 일부 형태를 표시한다. 컬러 버전은 간지의 별도 사진 참조.

분할 수 있었다(Winterer et al., 1998). 바우어의 대규모 예측 연구(Bauer, 2001)에서는 다중 약물 중독 환자가 금욕한 3개월 동안 EEG 전력 스펙트럼 밀도(EEG power spectral density)를 분석한 결과, 고주파(19.5~39.8헤르츠)인 베타파 활동의 증가가 금욕을 유지한 환자와 나중에 재발한 환자를 구별할 수 있는 지표임을 발견했다(그림 6.3 참조). 높은 베타파 활동은 과각성을 반영하며 높은 불안과도 관련이 있다. 또한 출처 국소화 밀도 분석(source localization density analysis: 뇌의 전기적 신호에 대한 기록 (EEG 또는 MEG)을 바탕으로 발생 위치를 추정하는 기술—옮긴이) 결과, 빠른 베타파 활동이 정서 조절에 중요한 역할을 하는 안와 전두 피질을 비롯한 전두엽의 깊은 앞쪽 부위에서 나타났다. 사건 관련 전위 연구에서도 N200의 잠복기를 통해 알코올 사용을 중단한 사람들을 재발한 사람들과 구분했으며, 전반적 예측율은 71퍼센트였다(Glenn et al., 1993). 코카인 중독자의 경우 P300의 진폭이 재발 예측에 유용한 지표로 밝혀졌다(Bauer, 1997).

대립 메커니즘 모델: 약물에 대한 시스템 간 반응

3장에서 대립 과정을 기반으로 하는 생체 적응 모델에 대해 설명했다. 이 모델에 따르면 약물 사용의 초기에는 쾌락적 감정(예: 행복감, 불안의 해소)이 나타나지만, 이후 대립 과정으로 불안·우울·불쾌감 같은 부정적 정서의 경험이 뒤따른다. 대립 과정 이론에 따르면 금단 증상은 약물의 즉각적인 정적 강화 작용에 반대되는 기제로 나타난다. 이런 시스템 간 신경 적응(between-system neuroadaptation, 그림 6.4 참조)은 스트레스가 뇌의 스트레스 및 혐오 시스템을 조절함으로써 약물이 존재하는 상황에서도 정상 기능을 유지하고자 하는 메커니즘이다. 특히 금단 상태에서는 시상하부-뇌하수체-부신 축(스트레스 조절 시스템)과 뇌의 스트레스 및 혐오 시스템이 함께 활성화한다. 이 축은 세 가지 주요한 구조, 즉 시상하부의 실방핵, 뇌하수체 전엽, 부신으로 이뤄진다. 이런 시스템이 상호 작용한 결과로 급성 금단 상태에서 코르티코트로핀, 코르티코스테론, 편도체의 코르티코트로핀 방출 인자 수치가 증가한다(Koob & Le Moal, 2008). 이 이론에 따르면 뇌의 스트레스 시스템은 항상성의 변

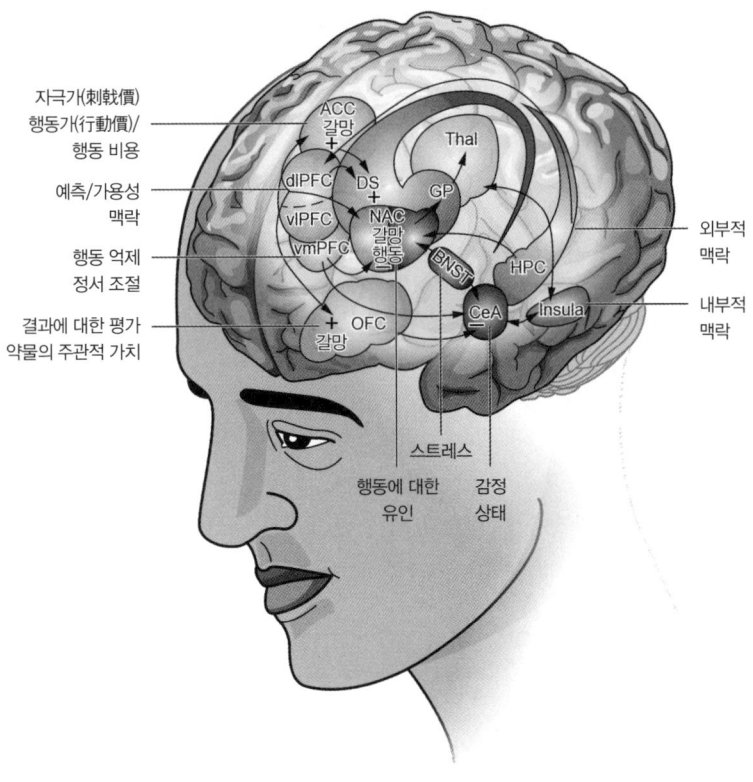

그림 6.4 금단 증상이 나타나는 동안 보상 시스템과 스트레스 시스템 간의 신경 적응. ACC: 전방 대상 피질(anterior cingulate cortex), BNST: 종말 줄기의 침상핵(bed nucleus of the stria terminalis), CeA: 편도체의 중심핵(central nucleus of the amygdala), DS: 배측 선조체(dorsal striatum), dlPFC: 배외측 전전두엽 피질(dorsolateral prefrontal cortex), GP: 담창구(globus pallidus), HPC: 해마(hippocampus), Insula: 뇌섬엽, NAC: 측좌핵(nucleus accumbens), OFC: 안와 전두 피질(orbitofrontal cortex), Thal: 시상(thalamus), vlPFC: 복외측 전전두엽 피질(ventrolateral prefrontal cortex), vmPFC: 복내측 전전두엽 피질(ventromedial prefrontal cortex). (출처: George & Koob, 2013에서 수정함.)

화에 빠르게 반응하지만, 이런 보상적 과정에 쉽게 익숙해지거나 중단하지 못하는 특징이 있다(Koob & Le Moal, 2008). 이런 반응이 장기화되면서 중독의 금단 과정에서 나타나는 병리적·부정적 정서 상태를 유발할 수 있으며(Koob & Le Moal, 2001), 이는 중독의 "어두운 면"으로 불린다.

이 가설을 뒷받침하는 연구 결과에 따르면 코르티코트로핀 방출 인자의 길항제를 뇌실 내 또는 전신에 투여할 경우, 코카인·니코틴·알코올의 금단 과정에서 나타나는 불안 유발 반응이 역전되는 효과가 있었다(George et al., 2007; Koob & Le Moal, 2008). 결론적으로 약물 금단 기간에 나타나는 부정적 정서는 중뇌-변연계 도파민 시스템에서의 도파민 활성화 감소로 나타나는 시스템 간 변화, 스트레스 및 불안과 관련한 여러 신경 전달 물질 시스템 간 연결의 활성화 증가와 관련이 있다. 약물 금단의 동기적 효과 중 정서 조절 장애와 관계있는 다른 신경 전달 물질 시스템에는 노르에피네프린, P물질(substance P), 바소프레신, 신경 펩타이드 Y, 내인성 카나비노이드, 노시셉틴 등이 포함된다(Koob & Le Moal, 2008).

6장 요약

- 급성 금단 증상은 약물 사용 중단 후 몇 시간 또는 며칠 내에 시작되며, 만성 금단 증상은 몇 달, 때로는 몇 년 동안 지속될 수 있다.
- 모든 주요 약물 남용에 대한 급성 금단 증상이 나타나면 측좌핵의 도파민 활성 감소가 발생한다.
- 수용제의 감소는 금단 증상에 영향을 주는 신경 적응에 포함된다.

복습 문제

- 금단 증상이 다양하게 나타나도록 하는 개인적 요인에는 무엇이 있을까?
- 약물의 금단 증상에서 시간에 따른 변화를 결정하는 주요인은 무엇일까?
- 도파민 고갈은 어떻게 금단 증상을 유발할까?
- 시스템 간 변화는 금단 증상에 어떻게 영향을 미칠까?

더 읽을거리

De Biasi, M. & Dani, J. A. (2011). Reward, addiction, withdrawal to nicotine. *Annu Rev Neurosci*, 34, 105-130. doi:10.1146/annurev-neuro-061010-113734.

Filbey, F. M., Dunlop, J. & Myers, U. S. (2013). Neural effects of positive and negative incentives during marijuana withdrawal. *PLoS One*, 8(5), e61470. doi:10.1371/journal.pone.0061470.

George, O., Koob, G. F. & Vendruscolo, L. F. (2014). Negative reinforcement via motivational withdrawal is the driving force behind the transition to addiction. *Psychopharmacology (Berl)*, 231(19), 3911-3917. doi:10.1007/s00213-014-3623-1.

Myers, K. M. & Carlezon, W. A., Jr. (2010). Extinction of drug- and withdrawal-paired cues in animal models: relevance to the treatment of addiction. *Neurosci Biobehav Rev*, 35(2), 285-302. doi:10.1016/j.neubiorev.2010.01.011.

Negus, S. S. & Banks, M. L. (2018). Modulation of drug choice by extended drug access and withdrawal in rhesus monkeys: implications for negative reinforcement as a driver of addiction and target for medications development. *Pharmacol Biochem Behav*, 164, 32-39. doi:10.1016/j.pbb.2017.04.006.

Piper, M. E. (2015). Withdrawal: expanding a key addiction construct. *Nicotine Tob Res*, 17(12), 1405–1415. doi:10.1093/ntr/ntv048.

집중 조명 1

출생부터 시작되는 금단 증상

미국에서의 아편류 마약 유행은 이를 사용하는 임산부뿐만 아니라 태아에게도 심각한 영향을 미치고 있다. 아편 중독은 종종 통증의 완화를 위해 처방된 진통제 사용에서 시작되는데, 통증 문제가 해결되지 않으면 헤로인 중독으로 이어질 우려가 있다. 헤로인은 처방받는 아편제제보다 저렴하고 효과의 지속 시간이 길기 때문에 만성 통증을 겪는 사람들, 특히 임산부에게는 매력적인 대안이다. 그러나 헤로인에서 벗어나기는 대단히 어렵다. 임산부의 경우 금단 증상이 임신에 위험을 초래할 수도 있다. 한편 (메타돈이나 부프레노르핀 같은) 보조 치료제를 처방받는 임산부들은 사회적 낙인에 시달린다.

여성들이 아편 중독에 빠지는 원인은 다양하지만 마약에 노출된 태아에게 미치는 영향은 비슷하다. 이런 아기들은 대부분 조산으로 태어나며 금단 증상, 즉 신생아 금단 증후군을 겪는다. 신생아 금단 증후군이 있는 아기들의 금단 증상은 성인이 경험하는 것과 비슷하다. 여기에는 과도한 울음, 구토, 설사, 근육 경련, 발작이 포함된다(그림 S6.1 참조).

다행히 이런 문제에 대한 인식이 사회에 확산하면서 임산부를 지원

그림 S6.1 아편 유사제를 사용하는 어머니에게서 태어난 아기들은 아편류에 대한 금단 증상에 시달린다. (출처: https://pixabay.com/en/baby-crying-cry-crying-baby-cute-2387661/.)

하는 다양한 프로그램이 개발되고 있다. 이런 프로그램은 여성들이 약물 치료를 안전하게 관리할 수 있도록 돕는 임상의들을 배치하고, 가정에서의 육아와 교육을 지원한다. 이런 프로그램에는 신생아 집중 치료실에 입원하는 기간이 단축되는 효과도 있다. 예를 들어 텍사스주에서는 신생아 금단 증후군이 있는 영아들의 입원 기간이 평균 33퍼센트 감소했다(Cleveland et al., 2015).

집중 조명 2

인터넷 분리 불안

대다수의 사람들이 전자 기기와 적지 않은 시간을 보내게 되면서 연구자들은 이런 기기 및 앱 사용에 중독성이 있을 것인지를 질문하기 시작했다(그림 S6.2 참조). 리드와 동료들의 연구(Reed et al., 2017)에서는 인터넷 사용을 중단했을 때 나타나는 행동적 증상을 조사했고, 약물 중독에서 나타나는 금단 증상과 유사점을 발견했다. 연구진에 따르면 인터넷 사용 시간이 긴 사람들은 인터넷 사용을 중단했을 때 심박수 증가와 혈압 상승을 경험했다. 이 연구는 18~33세의 성인 144명을 대상으로 진행됐다. 연구자들은 이런 생리적 변화가 불안과 호르몬 불균형

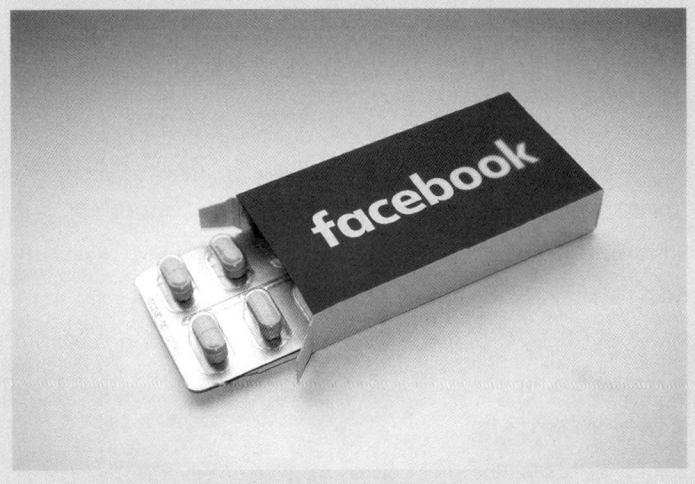

그림 S6.2 페이스북에 중독될 수 있을까? (출처: https://pixabay.com/en/facebook-social-media-addiction-2387089/.)

을 초래할 수 있다고 경고한다. 전자 기기의 과용이 공중 보건과 사회에 미칠 장기적 영향은 시간이 더 지나야 알 수 있겠지만, 이미 여러 정부 기관에서 대책을 마련해야 한다는 압력을 느끼고 있다. 예를 들어 에티오피아 정부는 국가시험을 준비하는 학생들을 지원하기 위해 전국의 인터넷 접속을 차단한 적이 있다. 여기에는 시험 문제가 온라인에 유출되는 것을 방지하기 위한 목적도 있었다고 한다.

참고문헌

Bauer, L. O. (1997). Frontal P300 decrements, childhood conduct disorder, family history, and the prediction of relapse among abstinent cocaine abusers. *Drug Alcohol Depend,* 44(1), 1-10. doi:10.1016/S0376-8716(96)01311-7.

_____ (2001). Predicting relapse to alcohol and drug abuse via quantitative electroencephalography. *Neuropsychopharmacology,* 25(3), 332-340. doi:10.1016/S0893-133X(01)00236-6.

Cleveland, L., Paradise, K., Borsuk, C., Coutois, B. & Ramirez, L. (2015). *The Mommies Toolkit: Improving Outcomes for Families Impacted by Neonatal Abstinence Syndrome.* Austin, TX: Texas Department of State Health Services. Available at: www.dshs.texas.gov/sa/NAS/Mommies_Toolkit.pdf.

Dackis, C. A. & Gold, M. S. (1985). New concepts in cocaine addiction: the dopamine depletion hypothesis. *Neurosci Biobehav Rev,* 9(3), 469-477. doi:10.1016/0149-7634(85)90022-3.

Domino, E. F. (2003). Effects of tobacco smoking on electroencephalographic, auditory evoked and event related potentials. *Brain Cogn,* 53(1), 66-74. doi:10.1016/S0278-2626(03)00204-5.

Fehr, C., Yakushev, I., Hohmann, N., et al. (2008). Association of low striatal dopamine D_2 receptor availability with nicotine dependence similar to that seen with other drugs of abuse. *Am J Psychiatry,* 165(4), 507-514. doi:10.1176/appi.ajp.2007.07020352.

George, O. & Koob, G. F. (2013). Control of craving by the prefrontal cortex. *Proc Natl Acad Sci U S A,* 110(11), 4165-4166. doi:10.1073/pnas.1301245110.

George, O., Ghozland, S., Azar, M. R., et al. (2007). CRF-CRF1 system activation mediates withdrawal-induced increases in nicotine self-administration in nicotine-dependent rats. *Proc Natl Acad Sci U S A,* 104(43), 17198-17203. doi:10.1073/pnas.0707585104.

Glenn, S. W., Sinha, R. & Parsons, O. A. (1993). Electrophysiological indices predict resumption of drinking in sober alcoholics. *Alcohol,* 10(2), 89-95. doi:10.1016/0741-8329(93)90086-4.

Gooding, D. C., Burroughs, S. & Boutros, N. N. (2008). Attentional deficits in cocaine-dependent patients: converging behavioral and electrophysiological evidence. *Psychiatry Res,* 160(2), 145-154. doi:10.1016/j.psychres.2007.11.019.

Gritz, E. R., Shiffman, S. M., Jarvik, M. E., et al. (1975). Physiological and psychological effects of methadone in man. *Arch Gen Psychiatry,* 32(2), 237-242. doi:10.1001/archpsyc.1975.01760200101010.

King, D. E., Herning, R. I., Gorelick, D. A. & Cadet, J. L. (2000). Gender differences in the EEG of abstinent cocaine abusers. *Neuropsychobiology,* 42(2), 93-98. doi:10.1159/000026678.

Knott, V. J. & Venables, P. H. (1977). EEG alpha correlates of non-smokers, smokers, smoking, and smoking deprivation. *Psychophysiology,* 14(2), 150-156. doi:10.1111/j.1469-8986.1977.tb03367.x.

Koob, G. F. & Le Moal, M. (2001). Drug addiction, dysregulation of reward, and allostasis. *Neuropsychopharmacology,* 24(2), 97-129. doi:10.1016/S0893-133X(00)00195-0.

____ (2008). Neurobiological mechanisms for opponent motivational processes in addiction. *Philos Trans R Soc Lond B Biol Sci*, 363(1507), 3113-3123. doi:10.

1098/rstb.2008.0094.

Littel, M. & Franken, I. H. (2007). The effects of prolonged abstinence on the processing of smoking cues: an ERP study among smokers, ex-smokers and never-smokers. *J Psychopharmacol,* 21(8), 873-882. doi:10.1177/02698811070 78494.

Martinotti, G., Nicola, M. D., Reina, D., et al. (2008). Alcohol protracted withdrawal syndrome: the role of anhedonia. *Subst Use Misuse,* 43(3-4), 271-284. doi:10.1080/10826080701202429.

National Institute on Alcohol Abuse and Alcoholism (2006). *Alcohol Use and Alcohol Use Disorders in the United States: Main Findings From the 2001-2002 National Epidemiologic Survey on Alcohol and Related Conditions (NESARC).* Bethesda, MD: National Institute on Alcohol Abuse and Alcoholism, National Institutes of Health.

Orsini, C., Koob, G. F. & Pulvirenti, L. (2001). Dopamine partial agonist reverses amphetamine withdrawal in rats. *Neuropsychopharmacology,* 25(5), 789-792. doi:10.1016/S0893-133X(01)00270-6.

Papageorgiou, C. C., Liappas, I. A., Ventouras, E. M., et al. (2004). Longterm abstinence syndrome in heroin addicts: indices of P300 alterations associated with a short memory task. *Prog Neuropsychopharmacol Biol Psychiatry,* 28(7), 1109-1115. doi:10.1016/j.pnpbp.2004.05.049.

Porjesz, B., Begleiter, H., Bihari, B. & Kissin, B. (1987). Event-related brain potentials to high incentive stimuli in abstinent alcoholics. *Alcohol,* 4(4), 283-287. doi:10.1016/0741-8329(87)90024-3.

Reed, P., Romano, M., Re, F., et al. (2017). Differential physiological changes following internet exposure in higher and lower problematic internet users. *PLoS One,* 12(5), e0178480. doi:10.1371/journal.pone.0178480.

Roemer, R. A., Cornwell, A., Dewart, D., Jackson, P. & Ercegovac, D. V. (1995). Quantitative electroencephalographic analyses in cocaine-preferring polysubstance abusers during abstinence. *Psychiatry Res,* 58(3), 247-257. doi:10.

1016/0165-1781(95)02474-B.

Shufman, E., Perl, E., Cohen, M., et al. (1996). Electro-encephalography spectral analysis of heroin addicts compared with abstainers and normal controls. *Isr J Psychiatry Relat Sci,* 33(3), 196-206.

Sinha, R. & Li, C. S. (2007). Imaging stress- and cue-induced drug and alcohol craving: association with relapse and clinical implications. *Drug Alcohol Rev,* 26(1), 25-31. doi:10.1080/09595230601036960.

Surwillo, W. W. (1963). The relation of simple response time to brain-wave frequency and the effects of age. *Electroencephalogr Clin Neurophysiol,* 15, 105-114. doi:10.1016/0013-4694(63)90043-9.

Tanabe, J., Crowley, T., Hutchison, K., et al. (2008). Ventral striatal blood flow is altered by acute nicotine but not withdrawal from nicotine. *Neuropsychopharmacology,* 33(3), 627-633. doi:10.1038/sj.npp.1301428.

Volkow, N. D., Mullani, N., Gould, K. L., Adler, S. & Krajewski, K. (1988). Cerebral blood flow in chronic cocaine users: a study with positron emission tomography. *Br J Psychiatry,* 152(5), 641-648. doi:10.1192/bjp.152.5.641.

Volkow, N. D., Fowler, J. S., Wolf, A. P., et al. (1991). Changes in brain glucose metabolism in cocaine dependence and withdrawal. *Am J Psychiatry,* 148(5), 621-626. doi:10.1176/ajp.148.5.621.

Volkow, N. D., Fowler, J. S., Wang, G. J., et al. (1993). Decreased dopamine D_2 receptor availability is associated with reduced frontal metabolism in cocaine abusers. *Synapse,* 14(2), 169-177. doi:10.1002/syn.890140210.

Volkow, N. D., Wang, G. J., Fowler, J. S., et al. (1996). Decreases in dopamine receptors but not in dopamine transporters in alcoholics. *Alcohol Clin Exp Res,* 20(9), 1594-1598. doi:10.1111/j.1530-0277.1996.tb05936.x.

_____ et al. (1998). Enhanced sensitivity to benzodiazepines in active cocaine-abusing subjects: a PET study. *Am J Psychiatry,* 155(2), 200-206. doi:10.1176/ajp.155.2.200.

Volkow, N. D., Chang, L., Wang, G. J., et al. (2001). Low level of brain dopamine

D_2 receptors in methamphetamine abusers: association with metabolism in the orbitofrontal cortex. *Am J Psychiatry,* 158(12), 2015-2021. doi:10.1176/appi.ajp.158.12.2015.

Winterer, G., Kloppel, B., Heinz, A., et al. (1998). Quantitative EEG (QEEG) predicts relapse in patients with chronic alcoholism and points to a frontally pronounced cerebral disturbance. *Psychiatry Res,* 78(1-2), 101-113. doi:10.1016/S0165-1781(97)00148-0.

Zubieta, J. K., Gorelick, D. A., Stauffer, R., et al. (1996). Increased mu opioid receptor binding detected by PET in cocaine-dependent men is associated with cocaine craving. *Nat Med,* 2(11), 1225-1229. doi:10.1007/s00213-008-1225-5.

갈망

학습 목표

○ 갈망을 개념화할 때 따르는 문제를 이해한다.

○ 단서가 유발하는 갈망을 어떻게 신경 영상 기법으로 연구하는지 설명할 수 있다.

○ 약물이 뇌를 "하이재킹한다"는 말의 의미를 설명할 수 있다.

○ 갈망과 주의(注意)가 어떻게 다른 과정인지를 보여주는 연구들에 대해 논의할 수 있다.

○ 갈망에서 델타포스비(ΔFosB)가 하는 역할을 요약할 수 있다.

머리말

갈망은 주로 알코올이나 약물을 사용하고자 하는 강력한 주관적 욕구로 정의된다. 갈망의 개념화 및 측정 방법에 대해서는 역사적으로 논쟁이 많았다(개관은 Tiffany & Conklin, 2000; Tiffany et al., 2000 참조). 갈망은 신체적 반응이나 심리적 경험을 기준으로 측정할 수 있고, 따라서 주관적·행동적·생리적 반응을 포함하는 다차원적 개념으로 간주한다.

1980년대부터 시작된 여러 연구에서 단서 반응 접근법(cue-reactivity approach)을 통해 갈망 연구를 발전시켰다. 단서 반응 접근법이란 개인이 약물과 관련된 단서(예: 약물 사용에 필요한 도구를 보는 것, 알코올 냄새를 맡는 것)에 노출될 때 갈망의 수준을 자기 보고를 통해 측정하는 방법이다. 단서에 대한 반응의 맥락에서 갈망을 측정하는 이런 방법은 파블로프식 조건 형성과 같은 학습 이론에 기반한다. 또한 단서 반응 연구는 갈망 측정의 신뢰도와 타당도를 높이기 위해 실험의 통제에 중점을 뒀다(Drummond, 2000; Niaura et al., 1988). 하지만 갈망의 개념은 본질적으로 주관적인 성격 때문에 비판을 받아왔는데, 주관적 측정으로는 미래의 약물 사용 행동을 정확히 예측할 수 없기 때문이다(Tiffany et al., 2000). 그리고 실험실 환경에서는 생태학적 타당도를 확보하지 못하므로 그 정확성·신뢰성·타당성이 의심스럽다는 문제가 제기되기도 했다. 갈망에 대한 전통적 접근법, 즉 동물 모델을 인간을 대상으로 한 연구로 전환하는 데에도 어려움이 있었다. 예를 들어 동물의 주관적 갈망은 명확히 파악하기가 쉽지 않다. 따라서 동물 연구 모델을 인간에게 직접 적용해 갈망의 다차원적 개념을 이해하기는 불가능할 것으로 보인다.

4장에서 논의한 바와 같이, 동물 연구에서는 약물 사용에 대한 동기가 뇌의 중뇌-피질-변연계 경로에서의 약물 작용과 관련한 것으로 나타났다. 이 경로는 남용의 대상인 알코올이나 기타 약물에 유인 현저성을 부여하는 것으로 추정되는 신경 기질이다(Berridge & Robinson, 1998; Robinson & Berridge, 1993; Wise, 1988). 최근에는 과학자들이 인간의 갈망과 관련된 신경생물학을 연구하기 위해 신경 영상 기법을 사용하기 시작했다. 보다 객관적인 신경 영상 기법은 주관적 응답에 따르는 증명의 부담을 덜어줌으로써 행동 연구에서 그동안 문제가 되던 정확성 및 타당도 확인의 어려움을 상당히 해소할 수 있었다. 또한 신경생물학적 문제에 초점을 맞춤으로써 동물 모델과 인간 모델 사이의 일관성을 증대시켰다.

이 장에서는 여러 약물에 대해 단서가 유발한 갈망이 존재함을 보여주는, 다양한 방법을 다룬다. 이를 통해 갈망이 《정신질환의 진단 및 통계 편람》 제5판에 물질 사용 장애의 주요 증상으로 추가됐다.

단서 유발 갈망 패러다임과 관련 신경 메커니즘

단서 유발 갈망 패러다임(cue-elicited craving paradigm)은 중독자에게 약물과 관련한 단서를 보여주고 이때 나타나는 갈망의 정도를 주관적 보고로 측정하는 조사 방식이다. 이런 실험에서는 시각, 후각, 청각, 촉각 등 다양한 감각 자극을 단서로 활용한다. 초기 연구에서는 알코올 사용자에게 에탄올 냄새를 맡게 한 뒤 유발되는 감정을 주관적으로 표현하도록 했다(Schneider et al., 2001). fMRI를 활용한 연구 결과에 따르면 에탄올 냄새를 맡는 동안 소뇌와 편도체에서 신경 반응이 증가했으며, 이는 알코올에 대한 주관적 갈망의 정도와 양의 상관관계가 있었다.

시각적 단서는 가장 널리 사용하는 방법이다. 이런 실험 패러다임에서는 약물 사용에 필요한 도구 같은 단서의 이미지를 시각적으로 제시한다. 예를 들어 한 연구에서는 알코올 사용과 관련한 이미지를 참여자들에게 보여줬을 때 통제 자극으로 추상적 이미지를 제시했을 때보다 방추형회, 기저핵, 안와 전두회의 활성화가 유의미하게 증가했다(Wrase et al., 2002). 영상 자료 역시 갈망을 연구하는 데 사용됐다. 예를 들어 PET를 사용한 연구에서는 코카인을 사용하는 사람들에게 사람들이 코카인을 사용하는 비디오를 10분 동안 보여주고, (실제 코카인 남용자들과의 인터뷰에서 발췌한) 코카인 복용의 즐거운 경험을 담은 45분 길이의 음성 자료도 들려줬다(Wong et al., 2006). 이 연구에서는 방사성 추적자([^{11}C]라클로프라이드)의 변위를 측정했는데, 이는 D_2 유사 수용체에서의 점유율 변화를 반영하는 지표다. 연구 결과 단서가 유도한 갈망을 보고한 참가자들은 피각에서 방사성 추적자의 변위가 그렇지 않은 참가자들보다 더 증가했다. 더불어 참가자들이 보고한 갈망의 강도는 도파민 수용체 점유율의 증가와 양의 상관관계가 있었다. 이런 결과는 피각에서의 시냅스 내 도파민 방출 증가를 시사한다. 이런 결과는 갈망을 주관적으로 경험할 때 배측 선조체에서 도파민의 역할을 뒷받침한다.

생태학적 타당도 문제를 해결하기 위해 일부 단서 유발 갈망 실험에서는 실제 세계에서의 상황을 모방해 여러 감각 자극을 동시에 사용했다. 예를 들어 맛(술 한 모금)과 시각적 단서(술 관련 이미지)를 동시에 제시한 연구에서는 알코올에 대한 단서가 전전두엽 피질(George et al., 2001)과 변연계(Myrick et al., 2004)의 활성화를 증가시키는 것으로 나타났다. 프랭클린과 동료들의 연구(Franklin et al., 2007)에서는 촉각적 단서(담배)

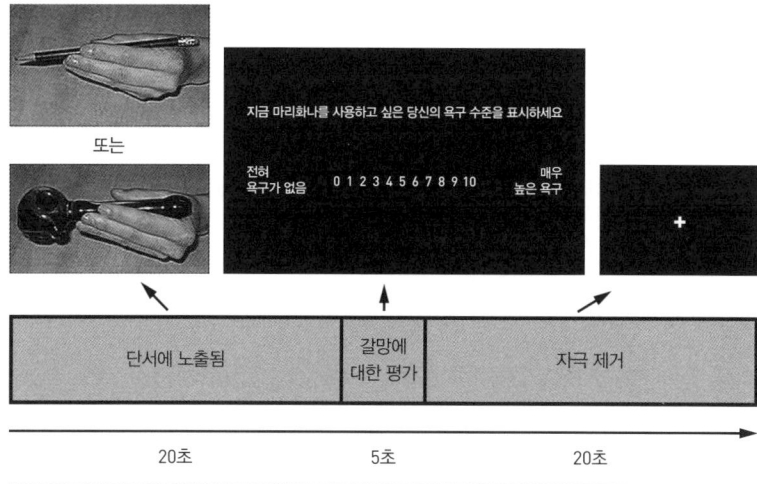

그림 7.1 촉각 단서로서 대마초를 사용하는 도구, 중립적 사물(연필), 비약물 보상 단서로서 음식(그림에는 나타나지 않은 과일)을 사용한 단서 유도 갈망 패러다임의 예. (출처: Filbey et al., 2016.)

와 함께 흡연과 관련한 영상을 보여주면서 동맥 스핀 라벨링(arterial spin labeling: 방사성 동위 원소나 조영제를 사용하지 않고 혈액 자체를 신호로 활용하는 방법. 동맥 내 혈액에 라디오파 펄스를 가해 표시한 다음, 이 혈액이 뇌로 이동하면서 조직에 전달되는 경로를 추적해 혈류량을 계산한다—옮긴이)을 사용했다. 그 결과 편도체, 복측 선조체, 해마, 뇌섬엽, 안와 전두 피질, 시상에서 중립적 단서를 제시한 경우보다 더 높은 활성화가 관찰됐다. fMRI를 이용하고 대마초에 대한 촉각적·시각적 단서(대미초를 사용하는 도구)를 동시에 제공하는 연구도 있었다(Filbey et al., 2016)(그림 7.1 참조). 이 연구에서도 대마초 관련 단서에 대한 전두엽-선조체-측두엽 영역에서의 신경 반응 및 주관적 갈망, 대마초와 관계된 문제, 금단 증상, THC 수치 사이에서 정적 상관관계를 발견했다(클러스터 역치 $z = 2.3$, $P < 0.05$).

쿤과 갈리나트(Kuhn and Gallinat, 2011)는 단서 반응성 신경 영상 연구의 결과를 정량적으로 메타분석했다. 이들은 활성화 가능성 추정 기법을 사용해 니코틴·알코올·코카인 사용자들에 대한 단서 유도 갈망 패러다임에서 나타나는 뇌의 공통 메커니즘을 탐색했다. 그 결과 약물 관련 단서에 대한 복측 선조체의 활성화가 일관적으로 나타났으며, 그보다 낮은 수준이지만 전방 대상 피질과 편도체에서도 반응이 관찰됐다. 따라서 이런 뇌 영역은 약물에 대한 갈망의 핵심 신경 회로를 반영할 가능성이 있다. 특히 이런 뇌 반응과 주관적으로 경험하는 갈망의 강도 사이에서 상관관계가 나타난다. 또한 중독의 심각도와도 상관관계가 있는데, 위의 뇌 영역이 약물 관련 단서에 강하게 반응할수록 중독 관련 증상이 더 심각하다. 예를 들어 알코올 사용자를 대상으로 한 연구에서는 알코올에 의존하는 개인이 알코올을 한 모금 마시고 알코올에 대한 시각적 단서에 노출됐을 때, 비의존적 사용자에 비해 전전두 피질과 전방 변연계 영역에서 혈액 산소 수준 의존 신호 반응이 더 강하게 나타났다고 보고했다(Myrick et al., 2004). 비슷하게 대마초 중독자를 대상으로 한 연구에서는 뇌의 활성화 패턴이 마리화나 문제 척도(Marijuana Problem Scale, MPS: 대마초 사용과 관련된 문제를 측정하기 위해 개발한 심리 평가 도구. 주로 임상 및 연구 환경에서 개인이 마리화나 사용으로 인해 경험하는 부정적 결과를 평가하는 데 사용한다—옮긴이)로 측정한 약물 관련 문제와 유의미한 정적 상관관계가 있었다(Filbey et al., 2009).

갈망의 신경생리학적 기초

중독 연구에서 EEG도 단서가 유발한 갈망을 조사하는 데 오랫동안 사용됐다. 코카인 중독자들을 대상으로 한 EEG 연구에서는 코카인과 관련한 단서에 반응할 때 베타 스펙트럼 전력의 활성 증가가 관찰됐다(Liu et al., 1998; Reid et al., 2003). 베타 상태는 깨어 있는 정상적 의식과 연관한다. 이런 베타파 증가는 더 강한 주관적 갈망과도 관련이 있다(Herning et al., 1997). 니코틴 사용자들이 담배에 관한 단서에 반응할 때도 유사한 베타파 활성 증가가 보고됐다(Knott et al., 2008a, 2008b). 또한 사건 관련 전위 연구에서 약물 단서에 대한 더 높은 피질 활성화가 나타났는데, 예를 들어 알코올(Herrmann et al., 2000)과 니코틴(Warren & McDonough, 1999) 사용자들이 약물 관련 단서에 반응할 때 P300 진폭이 증가했다. P300은 자극이 시작된 후 250~500밀리초 사이에 발생하는, 양(+)의 방향으로의 전압 변화를 의미하며 자극에 대한 주의(예: 방향 탐색)를 반영한다. 또한 약물 관련 사진에 대한 중독자들의 반응에서 중립적 사진을 보여줬을 때와 비교해 후기 양성 전위(LPP) 진폭의 증가도 나타났는데, 이는 알코올 중독자들(Heinze et al., 2007; Herrmann et al., 2001; Namkoong et al., 2004), 코카인 중독자들(Dunning et al., 2011; Franken et al., 2003, van de Laar et al., 2004), 헤로인 중독자들(Franken et al., 2003)에게서 공통으로 나타났다. LPP에는 자극이 시작된 후 400~500밀리초의 지연(자극과 반응 사이의 시간)이 있으며, 정서적 자극에 대한 주의를 촉진하는 것으로 추측한다(EEG, ERP, LPP는 모두 같은 장비로 검사하는데 뇌파를 분석하는 소프트웨어가 다르다. 즉 EEG는 뇌의 전기적 활동 전반을, ERP는 특정한 자극에 따른 신경 반응을, LPP는 정서적 자극이나 중요한 사건에 따른 뇌의 지속적인 전기적 반응을 측정한다—옮긴이). 종합하면 중독 관련 단서가 유발한 갈망에 대한 EEG 연구에서—베타파와 P300과 LPP 진폭이 증가하는 형태로 나타나는— 높은 피질 각성(cortical arousal)은 주관적 갈망의 증가와 관련이 있다.

맥락적 단서

앞서 설명한 약물 관련 단서에 더해, 약물 사용과 관련한 환경적 또는 맥락적 단서 역시 약물에 대한 갈망을 유발할 수 있다. 맥락적 단서에 대한 뇌 반응의 메커니즘은 약물 관련 단서에 대한 반응으로서의 갈망과는 다르게, 더 넓게 분산한 신경 네트워크와 관련한 것으로 보인다. 이 네트워크는 환경적 단서와 갈망 사이의 연결에서 기억의 정서적·인지적 측면을 보조하는 뇌 영역을 모두 포함한다. 맥락적 단서를 사용하는 패러다임에서는 참가자들이 코카인을 사용하던 상황을 회상할 수 있도록 맞춤형 대본을 사용한다. 또한 그런 내용과 무관한 중립적 대본도 함께 제시하는데, 예를 들면 예술 작품을 만드는 장면을 상상하도록 요청한다. 이런 대본에서는 활동을 하면서 느끼는 정서와 감각을 생생하게 묘사한다. 한 연구에서는 개인이 약물을 사용하는 상황을 "상기시키는 대본"과 영상 자료, 코카인 사용과 관련한 도구를 함께 제시했을 때 정서 조절에 중요한 외측 편도체가 활성화됐다(Bonson et al., 2002). 이런 결과는 코카인 관련 단서에 대한 반응에서 정서와 기억을 처리하는 데 변연계 영역이 중요하다는 이전 연구 결과를 다시 한번 확인하는 것이다(Childress et al., 1999). 결론적으로 코카인 관련 단서를 사용해 유발한 갈망에 대한 연구는 변연계 피질 활성화가 이런 갈망의 요소임을 보여줬다.

약물은 뇌의 보상 회로를 하이재킹하는가

위에서 설명한 바와 같이, 연구 문헌은 주관적 갈망이 뇌의 보상 회로에서 나타나는 반응과 상관관계가 있음을 시사한다(4장 참조). 여기서 중요한 질문은 약물 관련 단서에 대한 뇌의 반응성 증가가 보상 결핍 증후군에서 제시하는 바와 같이 모든 강력한 자극에 대한 일반적 과민성 때문인지, 아니면 약물과 알코올 관련 단서에만 특이하게 과민 반응하기 때문인지다. 초기의 단서 유발 갈망 실험에서는 약물 단서와 중립적 단서를 비교하는 식으로 이 문제를 검토했다. 예를 들어 초기의 알코올 갈망 연구에서는 알코올의 맛을 물이나 인공 타액과 같은 중립적인 맛과 비교했다. 따라서 알코올의 맛에 대한 뇌의 차별적 반응이 알코올에 특수한 갈망 과정 때문인지, 물이나 인공 타액에 비해 알코올의 맛이 더 선호성이 높기 때문인지 불분명했다.

이런 문제점을 해결하기 위해 후속 연구에서는 선호성이 비슷한 통제 단서를 보완했다. 예를 들어 한 연구에서는 술을 많이 마시는 성인들에게 소량의 알코올을 제공하고, 이때 뇌의 반응을 리치 주스 같이 달콤하지만 생소한 맛에 대한 반응과 비교했다(Filbey et al., 2008). 연구 결과 알코올의 맛은 매우 강력한 단서로 작용해 선조체, 복측 피개 영역, 전전두엽 피질에서 혈액 산소 수준 의존 신호(혈류 변화에 따른 fMRI 반응—옮긴이)를 유의미하게 증가시켰다. 이런 반응은 식욕을 자극하거나 생소한 단서에 대한 것보다 훨씬 컸다. 자연적 보상에 대한 경로에서 나타나는 약물 관련 활성화 연구의 결과도 비슷했다. 예를 들어 칠드리스와 동료들이 수행한 연구(Childress et al., 2008)에서는 남성 코카인 중독자들을 대상으로 (중립적이거나 혐오감을 주는 단서와 함께) 코카인 관련 단서와 성적 단서를 비교했고(그림 7.2 참조), 코카인 관련 단서가 복측 담창구와 편도체에서 성적 단서보다 더 큰 반응을 유발함을 발견했다. 이는 코카인이 자신과 관련한 자극을 부호화하는 원초적 뇌 회로를 강하게 활성화함을 시사한다. 필비와 동료들(Filbey et al., 2016)은 유사한 접근법을 대마초 사용에 적용해, 대마초에 대한 촉각적·시각적 단서, 중립적 단서, 식욕을 일으키는 비약물 보상 단서를 비교했다(그림 7.1 참조). 식욕을 돋우는 단서로는 참가자들이 선호하는 과일을 제시했다. 연구진에 따르면 장기간에 걸쳐 매일 대마초를 사용한 사람들의 경우 대마초 관련 단서에 노출됐을 때 비사용자들에 비해 안와 전두 피질, 선조체, 전방 대상 피질, 복측 피개 영역에서 더 큰 반응이 나타났다. 이런 결과는 대마초 장기 사용자가 대마초 관련 단서에 대해 자연적 보상 단서보다 높은 수준의, 과민하고 특수한 뇌 반응을 보임을 시사한다. 이런 관찰은 중뇌-피질-변연계 경로의 민감화 및 약물 사용으로 인한 자연적 보상 과정의 붕괴를 설명하는 유인 민감화 모델과도 일치한다.

대글리시와 동료들(Daglish & Nutt, 2003; Daglish et al., 2003)에 따르면 약물을 갈망할 때 활성화하는 뇌 네트워크는 보상 처리를 담당하는 영역뿐만 아니라 정서, 주의, 기억의 처리를 포함한 인지적 과정에도 관여

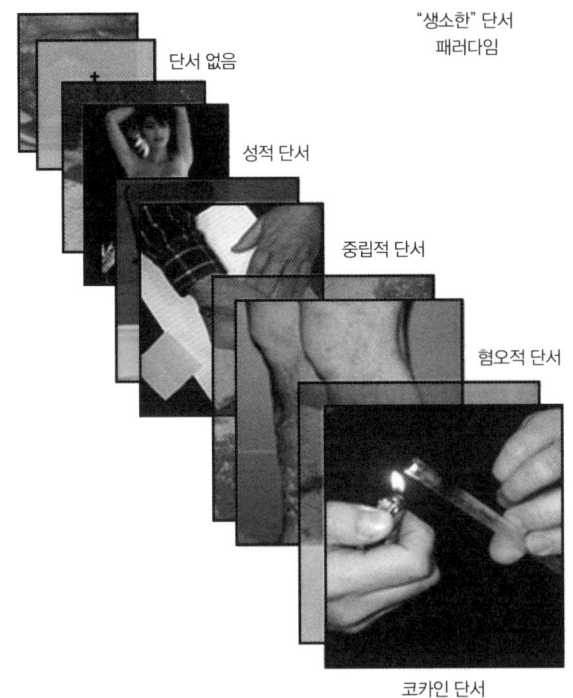

그림 7.2 단서 유발 갈망 패러다임. 칠드리스와 동료들의 연구(Childress et al., 2008)에 따르면 코카인에 대한 단서가 성적 단서(그리고 혐오적·중립적 단서)보다 뇌에서 더 큰 반응을 유발했다.

한다. 하지만 중독의 경우에는 이런 네트워크가 약물 관련 단서에 특히 과민하게 반응했다. 이는 유인 민감화 모델(3장 참조)과 일치하는 반응으로, 뇌가 약물에 "하이재킹당했다"고도 할 수 있다. 이런 개념은 약물 사용자와 비사용자의 차이가 여러 인지적 네트워크의 관여 여부가 아니라, 약물 사용자의 네트워크가 얼마나 깊이 관여하는지에 달렸다는 연구 결과에서 비롯한다〔예: 헤로인 사용자에 대한 연구(Sell et al., 2000)〕. 앞서 언급한 것처럼 주관적 갈망은 보상 경로(안와 전두 피질, 선조체)뿐만 아니라 기억(해마, 전전두엽 피질), 정서(편도체), 주의(전방 대상 피질, 전전두엽 피질) 관련 영역의 활성화 증가와도 강한 상관관계가 있음이 여러 연구 결과에서 나타났다. 이런 뇌 영역들 사이의 기능적 연결성은 약물에 대한 단서가 비약물 단서보다 주의 및 기억 회로를 더 강하게 활성화함을 반영한다.

더 커진 갈망인가, 더 커진 주의력인가

대글리시와 동료들(Daglish et al., 2003)은 약물 관련 단서가 비약물 단서보다 주의 및 기억 회로를 더 강력하게 활성화하는 것이 갈망의 원인이라고 설명하면서, 갈망이 단순한 주의일 수도 있다는 가능성을 제기했다. 두 연구에서(Childress et al., 2008; Young et al., 2014) 차폐한 단서를 이용해 이 개념을 검증한 결과 갈망은 암묵적으로 발생한다는 것, 즉 대부분 무의식중에 발생하고 가끔씩만 의식으로 떠오른다는 것을 뒷받침하는 증거를 발견했다(Tiffany & Wray, 2012). 이런 연구에서는 코카인 관련 단서뿐만 아니라 성적 자극, 혐오적 자극, 중립적 자극을 역행 차폐 기법을 이용해 짧은 시간(예: 33밀리초) 동안 이미지로 제시했다(그림 7.3 참조). 역행 차폐란 먼저 표적 자극을 잠깐 보여준 뒤 바로 차폐 자극을 제시하는 기법이다. 이때 차폐한 자극을 인지하는 데 실패하는 경우가 많으며, 이 기법은 전(前)주의적 과정(우리가 의식적으로 알아차리기 전에 뇌가 특정한 정보를 처리하는 과정—옮긴이)을 검증하는 데 유용하다. 이런 연구 결과 약물 및 성 관련 단서에 대해 차폐됐거나 무의식적인 노출이 있을 때

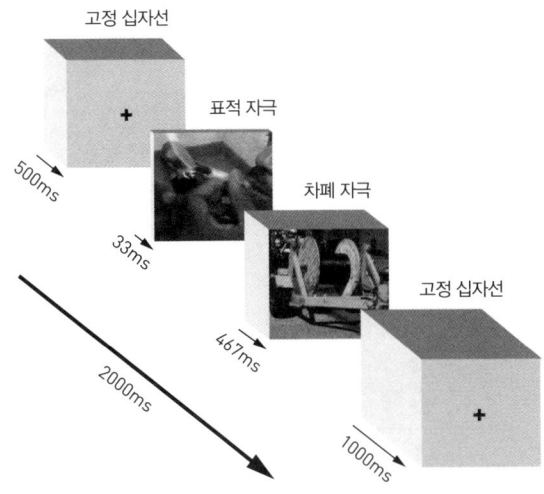

그림 7.3 역행 차폐 단서 과제의 예시. 각 회기에서 참가자들에게 다음과 같은 시각적 자극을 연속으로 제시했다: 십자선(500밀리초), 표적 자극(33밀리초), 차폐 자극(467밀리초), 십자선(1000밀리초). 표적 이미지는 다음의 네 범주 중 하나를 제시했다: 코카인(그림에 표시함), 중립적 자극, 성적 자극, 혐오적 자극. (출처: Young et al., 2014. © 2014 Society for Neuroscience, USA.)

변연계 피질이 관여하며, 이는 같은 단서를 가시적으로 제시했을 때의 긍정적 감정과 상관관계가 있다는 증거를 발견했다.

신경 분자의 메커니즘

갈망은 약물을 소비하고 나서 발생한다는 생각은 약물에 노출된 이후 신경 적응이 일어남을 시사한다. 약물 사용이 촉발하는 주요한 세포 변화는 측좌핵과 전전두엽 피질에서 수상 돌기 가시 밀도가 증가하면서

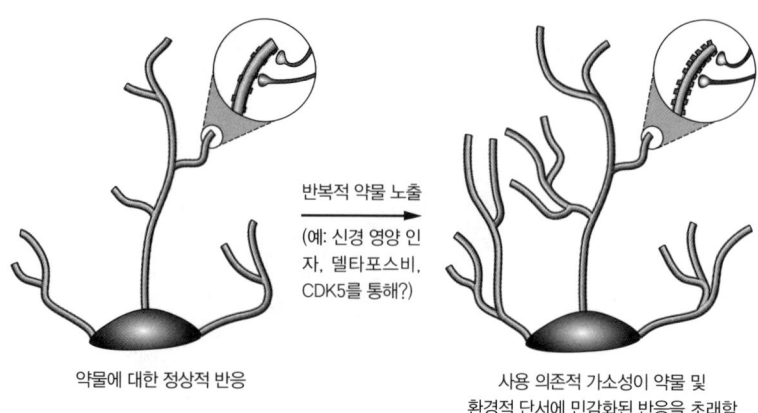

그림 7.4 약물 남용에 따른 수상 돌기 구조의 변화. 약물을 만성적으로 남용하면 측좌핵과 전전두엽 피질에서 뉴런의 수상 돌기 나무가 확대하고 수상 돌기 가시 밀도가 증가한다. 이런 변화는 델타포스비와 델타포스비가 유도하는 CDK5가 매개한다. (출처: Nestler et al., 2001. © 2001 Springer Nature, USA.)

수상 돌기 구조가 발달하는 것이다. 네슬러와 동료들은 이런 수상 돌기 모양의 변화를 매개하는 것이 FBJ 쥐 골육종 바이러스 암 유전자 유사체 B, 즉 포스비(FosB)가 델타포스비로 변형되는 것이라고 제안했다(그림 7.4 참조)(Nestler, 2001; Nestler et al., 2001). 포스비는 뇌에서 작용하는 전사 인자로, 세포들 사이에서 유전 정보의 신호 전달에 다른 분자들과 함께 관여하며 특정한 유전자의 발현 여부도 결정한다. 이 변형 과정은 약물 섭취 후 도파민 수치가 증가하면서 시작되는데, 약물에 대한 지속적 노출(즉 만성 사용)로 인해 심화한다. 델타포스비는 신호 전달 과정에서 (다이노르핀을 암호화하는 내인성 오피오이드(endogenous opioids)인) 다이노르핀 유전자를 비활성화한다. 동시에 신경세포의 성숙과 이동에 관여하는 세포 분열 단백질인 사이클린 의존성 키나아제 5(cyclin-dependent kinase

5, CDK5)를 암호화하는 CDK5 유전자는 활성화한다. CDK5 단백질은 측좌핵의 수상 돌기 가시 성장을 자극하고, 따라서 갈망과 약물에 대한 민감성이 증가한다. 델타포스비는 성장 인자와 뇌의 구조적 변화(신경 가소성)에 영향을 미치는데, 이는 기억을 형성하는 영역에서 일어나는 것으로 보인다. 이런 기전이 일부 학습 모델(예: 장기 강화)과 유사하다는 사실은 델타포스비가 단서로 유발되는 갈망을 매개할 가능성을 시사한다. 델타포스비는 안정적이므로 약물 사용이 중단되고 오랜 시간이 지난 후에도 이런 유전자 발현을 시작하고 지속시키는 역할을 한다. 형질 전환 쥐를 대상으로 한 연구에서 델타포스비가 과발현하는 동물은 약물의 효과에 대한 민감성이 증가하는 것으로 나타났다. 그러므로 델타포스비를 약물에 대한 급성 반응을 갈망 같은 장기적 반응으로 전환하는 "분자 수준의 스위치"로 여긴다. 또한 사후(死後) 분석에서 나타나는 델타포스비는 생리학적 갈망의 지속을 시사할 수 있는데, 여기에 대해서는 집중 조명을 참고하자.

7장 요약

- 갈망에 대한 개념화는 신경 영상 기술을 통해 발전했다.
- 갈망 관련 신경영상학 연구에서 보상, 주의, 정서, 기억과 관련한 뇌의 폭넓은 네트워크가 강하게 반응하는 것으로 나타난다.
- 약물 관련 단서에 대한 뇌의 반응 패턴은 자연적 보상이 주어질 때보다 더 강력하며, 주관적 갈망 및 중독의 심각성과 상관관계가 있다.

- EEG 연구에서 약물 관련 단서에 노출됐을 때 각성이 높아지는 것으로 드러났다.
- 역행 차폐 실험은 사람들이 약물 관련 단서를 잠재의식적으로 인지할 수 있다는 증거를 제공했다.
- 델타포스비는 약물에 노출된 후 갈망을 포함한 신경 변화 과정을 매개한다.

복습 문제

- 갈망의 개념화에 대한 비판에는 무엇이 있을까?
- 약물 관련 단서에 대한 반응에서 갈망의 기저로 통합되는 더 광범위한 시스템은 무엇일까?
- 단서가 유발하는 갈망에 대한 EEG 연구에서 중요한 발견은 무엇일까?
- 역행 차폐 실험의 과정에 대해서 설명하고, 이런 접근법이 약물에 대한 갈망과 관련해 어떤 답을 줬는지를 논의해보자.
- 델타포스비는 어떻게 중독의 생체 지표가 될 수 있을까?

더 읽을거리

Ekhtiari, H., Nasseri, P., Yavari, F., Mokri, A. & Monterosso, J. (2016). Neuroscience of drug craving for addiction medicine: from circuits to therapies. *Prog Brain Res*, 223, 115–141. doi:10.1016/bs.pbr.2015.10.002.

Filbey, F. M. & DeWitt, S. J. (2012). Cannabis cue-elicited craving and the reward neurocircuitry. *Prog Neuropsychopharmacol Biol Psychiatry*, 38(1), 30–35. doi:10.1016/j.pnpbp.2011.11.001.

Filbey, F. M., Schacht, J. P., Myers, U. S., Chavez, R. S. & Hutchison, K. E. (2009). Marijuana craving in the brain. *Proc Natl Acad Sci U S A*, 106(31),

13016–13021. doi:10.1073/pnas.0903863106.

Grant, S., London, E. D., Newlin, D. B., et al. (1996). Activation of memory circuits during cue-elicited cocaine craving. *Proc Natl Acad Sci U S A*, 93(21), 12040–12045.

Gu, X. & Filbey, F. (2017). A Bayesian observer model of drug craving. *JAMA Psychiatry*, 74(4), 419–420. doi:10.1001/jamapsychiatry.2016.3823.

Myrick, H., Anton, R. F., Li, X., et al. (2004). Differential brain activity in alcoholics and social drinkers to alcohol cues: relationship to craving. *Neuropsychopharmacology*, 29(2), 393–402. doi:10.1038/sj.npp.1300295.

Robinson, T. E. & Berridge, K. C. (1993). The neural basis of drug craving: an incentive-sensitization theory of addiction. *Brain Res Brain Res Rev*, 18(3), 247–291.

Tiffany, S. T., Carter, B. L. & Singleton, E. G. (2000). Challenges in the manipulation, assessment and interpretation of craving relevant variables. *Addiction*, 95, Suppl. 2, S177–S187.

Tiffany, S. T. & Wray, J. M. (2012). The clinical significance of drug craving. *Ann N Y Acad Sci*, 1248, 1–17. doi:10.1111/j.1749-6632.2011.06298.x.

집중 조명

약물에 대한 갈망은 죽은 후에도 이어진다

약물을 사용한 후 몇 주가 지나도 변형된 델타포스비 단백질이 뇌 속에 잔존하는 것은 사용을 중단한 이후에도 갈망이 몇 주 동안 지속됨을 시사한다. 2016년 오스트리아의 빈 의과대학교(MedUni Wien)의 모니카 젤텐하머(Monika Seltenhammer)가 이끄는 연구진이 죽은 사람의 뇌에서도 약물에 대한 갈망이 이어진다는 연구 결과를 발표해 주목받았다(Seltenhammer et al., 2016). 이 연구에서 과학자들은 헤로인 중독으로 사망한 15명과 약물 비사용자 15명의 측좌핵 조직 샘플을 분석했다. 이들은 델타포스비의 수준을 측정했고 사망 후 9일이 지나도 여전히 이 단백질이 쌓이는 것을 추적할 수 있었다. 과학자들은 이런 현상을 "의존 기억(dependence memory)"으로 명명했다. 이를 바탕으로 델타포스비가 살아 있는 사람에게서는 몇 달 동안 더 유지될 수 있다고 추론했다. 이런 결과는 약물에 노출된 동물과 노출되지 않은 동물 간의 단백질 차이를 보여주는 기존 동물 연구 결과를 지지하는 것으로, 인간의 사후 뇌 조직에서는 그 지속 기간이 훨씬 길다.

이런 발견의 중요성은 생리적 갈망이 실재하며 독성학과 별개로 중독의 심각도를 측정하는 생체 지표가 될 수 있음을 증명한 것이다. 또한 사후 연구가 중독 치료의 새로운 메커니즘과 표적을 밝히는 데 중요하다는 점을 강조했다(그림 S7.1 참조). 과학자들은 델타포스비의 활성화를 예방할 수 있다고 보며, 중독 행동 치료에 델타포스비를 어떻게 표적으로 활용할 수 있는지 향후 연구를 통해 확인할 필요가 있다.

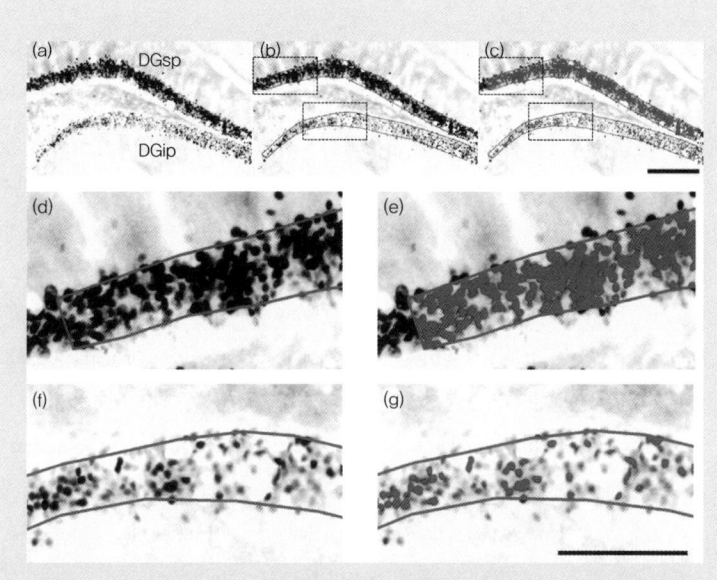

그림 S7.1 델타포스비 단백질의 측정. (a) 델타포스비/델타포스비 면역 반응성의 원데이터를 대상으로 한 이미지 임계값 분석(image thresholding analysis)은 (b) 관심 영역의 선택, (c) 임계값 설정, (d~g) 확대로 이뤄진다. DGip는 해마 치상회의 피라미드하 날(infrapyramidal blade of the dentate gyrus)을, DGsp는 피라미드상 날(suprapyramidal blade of the dentate gyrus)을 나타낸다. (출처: Nishijima et al., 2013.)
*이 그림의 흑백 버전은 일부 형태를 표시한다. 컬러 버전은 간지의 별도 사진 참조.

참고문헌

Bonson, K. R., Grant, S. J., Contoreggi, C. S., et al. (2002). Neural systems and cue-induced cocaine craving. Neuropsychopharmacology, 26(3), 376-386. doi:10.1016/S0893-133X(01)00371-2.

Berridge, K. C. & Robinson, T. E. (1998). What is the role of dopamine in reward: hedonic impact, reward learning, or incentive salience? *Brain Res Brain Res*

Rev, 28(3), 309-369.

Childress, A. R., Mozley, P. D., McElgin, W., et al. (1999). Limbic activation during cue-induced cocaine craving. Am J Psychiatry, 156(1), 11-18. doi:10.1176/ajp.156.1.11.

Childress, A. R., Ehrman, R. N., Wang, Z., et al. (2008). Prelude to passion: limbic activation by "unseen" drug and sexual cues. PLoS One, 3(1), e1506. doi:10.1371/journal.pone.0001506.

Daglish, M. R. & Nutt, D. J. (2003). Brain imaging studies in human addicts. Eur Neuropsychopharmacol, 13(6), 453-458. doi:10.1016/j.euroneuro.2003.08.006.

Daglish, M. R., Weinstein, A., Malizia, A. L., et al. (2003). Functional connectivity analysis of the neural circuits of opiate craving: "more" rather than "different"? Neuroimage, 20(4), 1964-1970. doi:10.1016/j.neuroimage.2003.07.025.

Drummond, D. C. (2000). What does cue-reactivity have to offer clinical research? Addiction, 95 Suppl 2, S129-144. doi:10.1080/09652140050111708.

Dunning, J. P., Parvaz, M. A., Hajcak, G., et al. (2011). Motivated attention to cocaine and emotional cues in abstinent and current cocaine users—an ERP study. Eur J Neurosci, 33(9), 1716-1723. doi:10.1111/j.1460-9568.2011.07663.x.

Filbey, F. M., Claus, E., Audette, A. R., et al. (2008). Exposure to the taste of alcohol elicits activation of the mesocorticolimbic neurocircuitry. Neuropsychopharmacology, 33(6), 1391-1401. doi:10.1038/sj.npp.1301513.

Filbey, F. M., Schacht, J. P., Myers, U. S., Chavez, R. S. & Hutchison, K. E. (2009). Marijuana craving in the brain. Proc Natl Acad Sci U S A, 106(31), 13016-13021. doi:10.1073/pnas.0903863106.

Filbey, F. M., Dunlop, J., Ketcherside, A., et al. (2016). fMRI study of neural sensitization to hedonic stimuli in long-term, daily cannabis users. Hum Brain Mapp, 37(10), 3431-3443. doi:10.1002/hbm.23250.

Franken, I. H., Stam, C. J., Hendriks, V. M. & van den Brink, W. (2003). Neurophysiological evidence for abnormal cognitive processing of drug cues in heroin dependence. Psychopharmacology (Berl), 170(2), 205-212. doi:10.1007/

s00213-003-1542-7.

Franklin, T. R., Wang, Z., Wang, J., et al. (2007). Limbic activation to cigarette smoking cues independent of nicotine withdrawal: a perfusion fMRI study. *Neuropsychopharmacology*, 32(11), 2301-2309. doi:10.1038/sj.npp.1301371.

George, M. S., Anton, R. F., Bloomer, C., et al. (2001). Activation of prefrontal cortex and anterior thalamus in alcoholic subjects on exposure to alcohol-specific cues. *Arch Gen Psychiatry*, 58(4), 345-352. doi:10.1001/archpsyc.58.4.345.

Heinze, M., Wolfling, K. & Grusser, S. M. (2007). Cue-induced auditory evoked potentials in alcoholism. *Clin Neurophysiol*, 118(4), 856-862. doi:10.1016/j.clinph.2006.12.003.

Herning, R. I., Guo, X., Better, W. E., et al. (1997). Neurophysiological signs of cocaine dependence: increased electroencephalogram beta during withdrawal. *Biol Psychiatry*, 41(11), 1087-1094. doi:10.1016/S0006-3223(96)00258-2.

Herrmann, M. J., Weijers, H. G., Wiesbeck, G. A., et al. (2000). Event-related potentials and cue-reactivity in alcoholism. *Alcohol Clin Exp Res*, 24(11), 1724-1729. doi:10.1016/j.clinph.2006.12.003.

Herrmann, M. J., Weijers, H. G., Wiesbeck, G. A., Boning, J. & Fallgatter, A. J. (2001). Alcohol cue-reactivity in heavy and light social drinkers as revealed by event-related potentials. *Alcohol Alcohol*, 36(6), 588-593. doi:10.1093/alcalc/36.6.588.

Knott, V., Cosgrove, M., Villeneuve, C., et al. (2008a). EEG correlates of imagery-induced cigarette craving in male and female smokers. *Addict Behav*, 33(4), 616 621. doi:10.1016/j.addbch.2007.11.006

Knott, V. J., Naccache, L., Cyr, E., et al. (2008b). Craving-induced EEG reactivity in smokers: effects of mood induction, nicotine dependence and gender. *Neuropsychobiology*, 58(3-4), 187-199. doi:10.1159/000201716.

Kuhn, S. & Gallinat, J. (2011). Common biology of craving across legal and illegal drugs—a quantitative meta-analysis of cue-reactivity brain response. *Eur J*

Neurosci, 33(7), 1318-1326. doi:10.1111/j.1460-9568.2010.07590.x.

Liu, X., Vaupel, D. B., Grant, S. & London, E. D. (1998). Effect of cocaine-related environmental stimuli on the spontaneous electroencephalogram in polydrug abusers. *Neuropsychopharmacology,* 19(1), 10-17. doi:10.1016/S0893-133X(97)00192-9.

Myrick, H., Anton, R. F., Li, X., et al. (2004). Differential brain activity in alcoholics and social drinkers to alcohol cues: relationship to craving. *Neuropsychopharmacology,* 29(2), 393-402. doi:10.1038/sj.npp.1300295.

Namkoong, K., Lee, E., Lee, C. H., Lee, B. O. & An, S. K. (2004). Increased P3 amplitudes induced by alcohol-related pictures in patients with alcohol dependence. *Alcohol Clin Exp Res,* 28(9), 1317-1323. doi:10.1097/01.ALC.0000139828.78099.69.

Nestler, E. J. (2001). Molecular basis of long-term plasticity underlying addiction. *Nat Rev Neurosci,* 2(2), 119-128. doi:10.1038/35053570.

Nestler, E. J., Barrot, M. & Self, D. W. (2001). ΔFosB: a sustained molecular switch for addiction. *Proc Natl Acad Sci U S A,* 98(20), 11042-11046. doi:10.1073/pnas.191352698.

Niaura, R. S., Rohsenow, D. J., Binkoff, J. A., et al. (1988). Relevance of cue reactivity to understanding alcohol and smoking relapse. *J Abnorm Psychol,* 97(2), 133-152. doi:10.1037/0021-843X.97.2.133.

Nishijima, T., Kawakami, M. & Kita, I. (2013). Long-term exercise is a potent trigger for ΔFosB induction in the hippocampus along the dorso-ventral axis. *PLoS One* 8(11): e81245. doi:10.1371/journal.pone.0081245.

Reid, M. S., Prichep, L. S., Ciplet, D., et al. (2003). Quantitative electroencephalographic studies of cue-induced cocaine craving. *Clin Electroencephalogr,* 34(3), 110-123. doi:10.1177/155005940303400305.

Robinson, T. E. & Berridge, K. C. (1993). The neural basis of drug craving: an incentive-sensitization theory of addiction. *Brain Res Brain Res Rev,* 18(3), 247-291.

Schneider, F., Habel, U., Wagner, M., et al. (2001). Subcortical correlates of craving in recently abstinent alcoholic patients. *Am J Psychiatry,* 158(7), 1075-1083. doi:10.1176/appi.ajp.158.7.1075.

Sell, L. A., Morris, J. S., Bearn, J., et al. (2000). Neural responses associated with cue evoked emotional states and heroin in opiate addicts. *Drug Alcohol Depend,* 60(2), 207-216. doi:S0376-8716(99)00158-1.

Seltenhammer, M. H., Resch, U., Stichenwirth, M., Seigner, J. & Reisinger, C. M. (2016). Accumulation of highly stable ΔFosB-isoforms and its targets inside the reward system of chronic drug abusers—a source of dependence-memory and high relapse rate? *J Addict Res Ther,* 7(5) 297. doi:10.4172/2155-6105.1000297.

Tiffany, S. T. & Conklin, C. A. (2000). A cognitive processing model of alcohol craving and compulsive alcohol use. *Addiction,* 95, Suppl 2, S145-153.

Tiffany, S. T. & Wray, J. M. (2012). The clinical significance of drug craving. *Ann N Y Acad Sci,* 1248(1), 1-17. doi:10.1111/j.1749-6632.2011.06298.x.

Tiffany, S. T., Carter, B. L. & Singleton, E. G. (2000). Challenges in the manipulation, assessment and interpretation of craving relevant variables. *Addiction,* 95, Suppl. 2, S177-S187.

van de Laar, M. C., Licht, R., Franken, I. H. & Hendriks, V. M. (2004). Event-related potentials indicate motivational relevance of cocaine cues in abstinent cocaine addicts. *Psychopharmacology (Berl),* 177(1-2), 121-129. doi:10.1007/s00213-004-1928-1.

Warren, C. A. & McDonough, B. E. (1999). Event-related brain potentials as indicators of smoking cue-reactivity. *Clin Neurophysiol,* 110(9), 1570-1584.

Wise, R. A. (1988). The neurobiology of craving: implications for the understanding and treatment of addiction. *J Abnorm Psychol,* 97(2), 118-132.

Wong, D. F., Kuwabara, H., Schretlen, D. J., et al. (2006). Increased occupancy of dopamine receptors in human striatum during cue-elicited cocaine craving. *Neuropsychopharmacology,* 31(12), 2716-2727. doi:10.1038/sj.npp.1301194.

Wrase, J., Grusser, S. M., Klein, S., et al. (2002). Development of alcohol-associated cues and cue-induced brain activation in alcoholics. *Eur Psychiatry,* 17(5), 287-291. doi:10.1016/S0924-9338(02)00676-4.

Young, K. A., Franklin, T. R., Roberts, D. C., et al. (2014). Nipping cue reactivity in the bud: baclofen prevents limbic activation elicited by subliminal drug cues. *J Neurosci,* 34(14), 5038-5043. doi:10.1523/JNEUROSCI.4977-13.2014.

충동성

학습 목표

◦ 충동성을 단일한 개념으로 정의하는 데 따르는 어려움을 설명할 수 있다.

◦ 충동성이 중독의 원인인지 결과인지에 대한 연구 문헌을 설명할 수 있다.

◦ 위험한 의사 결정의 개념을 논의할 수 있다.

◦ 억제성 통제(inhibitory control)와 지연 할인(delay discounting)을 이해한다.

◦ 충동성과 관련한 신경 네트워크와 신경 전달 물질 메커니즘을 개괄할 수 있다.

머리말

충동성(impulsivity)은 다양한 개념이 결합한 복합적 개념으로, 자신의 행

그림 8.1 충동성은 위험한 행동을 유발한다.

동을 통제하지 못하는 상태를 의미한다. 또한 위험 감수(risk taking), 탈억제(disinhibition), 지연 할인 같은 개념을 포함하지만 여기에 국한되지는 않는다(그림 8.1 참조). 충동성의 다양한 측면이 약물 사용의 원인인지 결과인지에 대해서는 아직 명확한 결론이 없다. 연구가 발전하면서 충동적 성향이 중독의 위험 요인으로 작용하고, 약물 사용으로 그런 성향이 더 악화할 수 있는 것으로 드러났다. 충동성의 여러 측면을 분석하기 위해 혁신적 연구 기법들을 적용하고 있으며, 이를 통해 다양한 유형의 충동성이 다양한 유형의 약물 사용과 연관이 있음이 밝혀졌다.

　일반적으로 말하면 충동성은 미래에 벌어질 일을 충분히 고려하지 않고 반응하는 경향이다. 충동적 행동은 반응이 이루어지는 단계—반응의 선택, 준비, 시작, 실행—중 결함이 있는 어디에서나 나타날 수 있기 때문에 이를 실증 연구에서 단일한 개념으로 정의하는 것은 도전이다. (행동적 그리고 신경생물학적으로) 분리된 인지적 과정이 충동적 행동의 기저에 있으며, 반응을 나타내는 데에도 다르게 영향을 미친다. 충동성을 측정하는 행동적 과제를 통해 다음의 사항을 평가한다. 1) 부정적인 결과가 나타날 것을 알고 있음에도 같은 반응을 지속함, 2) 더 크고 지연된 보상보다 작고 즉각적인 보상을 선호함, 3) 우세 반응을 억제할 수 있는 능력. 그동안 광범위한 연구에서 충동성의 본질을 이해하는 데 초점을 맞췄지만 이 분야에서 논쟁은 여전히 이어지고 있다. 거빙과 동료들의 연구(Gerbing et al., 1987)에서는 11개의 문항이 있는 자기 보고식 설문지와 4개의 행동적 과제를 바탕으로 요인 분석을 진행해 3개의 충동성 요인, 즉 즉흥성, 고집, 걱정 없음을 찾아냈다. 또한 널리 사용되는 자기 보고식 설문지인 바렛 충동성 평가(Barratt Impulsiveness Scale, BIS-11)의 주성분 분석에서는 운동 활성화의 증가, 주의의 감소, 낮은 계획성이라는 3요인 모델이 나타나기도 했다. 이런 모델들은 보통 다음과 같은 요소를 포함한다. 1) **부정적** 결과에 대한 민감성 감소(위험 감수), 2) 정보를 완전히 처리하기 전에 자극에 대해 계획하지 않은 즉각적 반응을 함(억제성 통제의 결함), 3) 장기적 결과에 대한 고려가 부족함(지연 할인). 전반적으로 보면 여러 방법으로 측정한 충동성은 약물 남용의 일부 형태와 관련이 있으며, 다양한 형태의 충동성이 연관되는 뇌의 피질-선조체 경로에서 기능 장애로 인해 발생할 가능성이 크다(그림 8.2 참조).

이 장에서는 충동성과 중독의 관계에 대한 문헌을 폭넓게 검토한다. 충동성이라는 광범위한 구성 개념의 다양한 측면을 명확히 하고, 각각

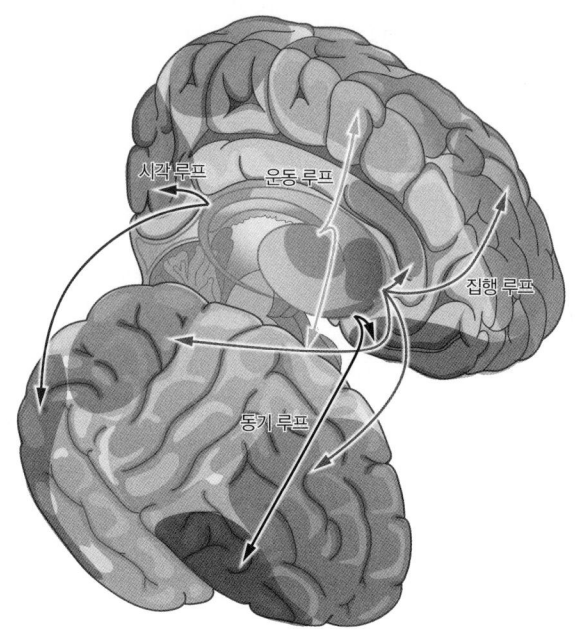

그림 8.2 피질-선조체 경로. 이 경로는 집행 기능, 동기적 기능, 운동 기능, 시각 기능에 관여하는데 여기서 장애가 생기면 충동성이 나타난다. (출처: Seger et al., 2011.)

의 측면을 연구한 방법을 설명하는 데 중점을 둘 것이다.

충동성의 신경약리학

ADHD에 관한 연구는 충동성의 신경약리학적 기초에 중요한 통찰을 제공했다. 메틸페니데이트(리탈린)과 암페타민은 ADHD의 치료에 주로 사용되는 약물이다. 둘 다 도파민과 노르에피네프린이 시냅스 전 뉴런으로 재흡수되는 것을 차단해 시냅스 후 도파민과 노르에피네프린의 농도를 증가시킨다. 도파민의 가용성을 증가시키는 것은 ADHD의 증상을 완화하는 주요 메커니즘으로 여겨진다. 따라서 낮은 도파민 활성도가 충동적 행동의 기저에 있는 신경약리학적 메커니즘으로 제안됐다. 마찬가지로 노르아드레날린의 증가가 오지선다 연속 반응 시간 과제(five-choice serial reaction time task, 5CSRTT: 주의력과 충동성을 평가하는 동물 실험 과제. 중독 연구에서 널리 사용된다. 실험동물은 5개의 구멍 중 불빛이 켜지는 구멍을 선택해야 하며 너무 빠르게, 충동적으로 반응하면 보상을 받지 못한다. 중독된 경우 보상을 서둘러 얻으려는 경향이 있으므로 성급한 반응이 증가하는 패턴을 보인다 - 옮긴이) 및 지연 할인 과제(delay discounting task)처럼 의사 결정과 관련해 널리 활용하는 과제에서 충동성을 감소시킨다는 연구 결과도 있다(Robinson et al., 2008). 일부 연구자들은 이런 효과가 노르아드레날린이 도파민에 미치는 영향에 주로 기반한, 간접적인 것이라고 주장한다. 반면 다른 연구자들은 측좌핵과 같은 피질하 영역에서 세로토닌 또는 5-하이드록시트립타민(5-hydroxytryptamine, 5-HT) 수준의 역할에 주목한다. 이런 주장은 5CSRTT 같은 과제에서의 충동적 반응이 측좌핵 내의 세로토닌 대사와 부적 상관관계가 있다는 연구 결과에 기반한다(Moreno et al., 2010).

충동성은 천성인가, 약물 중독의 결과인가

많은 사람이 충동성을 연속적 스펙트럼으로 간주하며, 따라서 단순히 충동적인 것 자체가 병리적 상태를 의미하지는 않는다. 그러나 충동성은 중독 같이 특정한 정신 질환이 있는 사람들에게 더 흔하게 나타나는 경향이 있다. 자기 보고식 설문지를 사용한 대부분의 연구에서 약물 의존성이 있는 사람들은 건강한 대조군보다 더 높은 수준의 충동성을 보였다(Crews & Boettiger, 2009; Rodriguez-Cintas et al., 2016). 약물에 의존하는 사람 중 복수의 약물에 의존하는 사람들이 단일 약물에 의존하는 사람들보다 더 충동적이다. 가장 널리 사용하는 충동성 평가 설문지로는 바렛 충동성 평가, UPPS-P 충동적 행동 척도(Impulsive Behavior Scale, IBS), 커비 지연 할인 검사(Kirby test of delay discounting)가 있으며, 이런 설문지에서는 충동성을 세 가지의 주요 하위 척도, 즉 "주의 관련" "운동 관련" "무계획성 관련"으로 분류한다. UPPS-P IBS의 경우 59개의 항목이 있으며, 하위 척도는 다섯 가지(긍정 긴급성, 부정 긴급성, 계획성 부족, 지속성 부족, 감각 추구)로 구분한다.

충동성이 중독에 대한 선천적 취약성이라는 주장은 충동성이 유전을 통해 후대에 전해지는 안정적 특성이라는 연구 결과에서 비롯했다(Kreek et al., 2005). 이런 연구 중 하나(Ersche et al., 2010)에서는 충동의 유전력(遺傳力)을 밝히기 위해 가족 연구 접근법을 취했다. 연구자들은 자극제 중독자들의 형제자매, 그리고 그들과 연령 및 IQ가 비슷한 대조군의 충동성과 감각 추구 성향을 비교했다. 그 결과 그림 8.3처럼 충동성의 경우 형제자매가 대조군과 비교했을 때 유의미하게 높았지만, 감각 추구 성향은 그렇지 않았다. 이는 충동성이 유전될 수 있음을 시사한다. 자극제 사용자들은 충동성과 감각 추구 성향의 수준 모두가 가장 높았다. 이는 드 위트의 연구(De Wit, 2009)의 연구 결과와도 일치하는데, 자극제를 장기간 사용하는 사람들의 형제자매 역시 자발적으로 참여

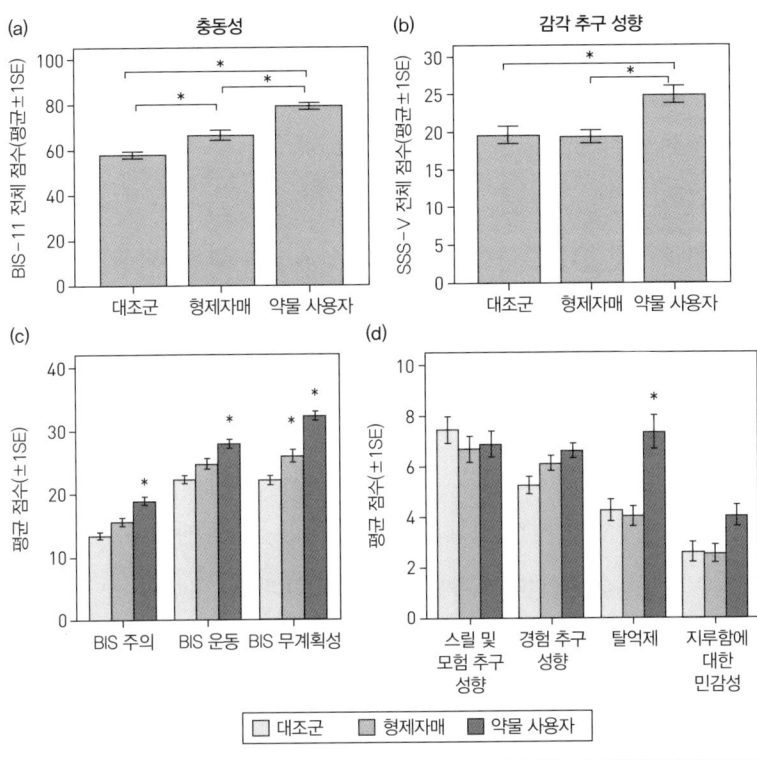

그림 8.3 자극제 의존자, 이들의 비사용 형제자매, 비사용 대조군을 대상으로 한 연구는 충동성이 (감각 추구성과 달리) 자극제에 대한 의존성을 유발하는 요인일 수 있다는 가능성을 보여준다. 이 결과는 바렛 충동성 평가(BIS-11)로 측정한 충동적 특성(a, c)과 감각 추구 성향 척도(Sensation Seeking Scale Form V, SSS-V)로 측정한 감각 추구 성격 특성(b, d)을 나타낸다. SE: 표준 오차, 별표: $P < 0.05$ 수준에서 통계적으로 유의미한 차이. (출처: Ersche et al., 2010.)

한 대조군보다 충동성은 높았지만 감각 추구 성향에서는 차이가 나타나지 않았다. 또한 후보 유전자(candidate gene) 연구에서는 충동적 성격과 세로토닌 시스템(트립토판 수산화 효소 1·2 및 세로토닌 수송체) 조절 유전자, 도파민 시스템(도파민 수송체와 모노아민 대사 경로) 조절 유전자, 노르아드레날린 시스템(도파민 베타 수산화 효소) 조절 유전자 사이의 관련성을 확인했다. 종합하면 이런 연구는 충동성이 유전되며, 중독의 엔도페노타입(endophenotype)이 될 수 있음을 시사한다(엔도페노타입에 대해서는 10장 참조—옮긴이).

앞서 소개한 연구(Ersche et al., 2010)에서 자극제 남용자가 형제자매보다 더 높은 충동성을 보인 점도 특이하다. 이는 진작부터 높던 그들의 충동성이 약물에 노출되면서 더 심해졌을 가능성을 시사한다. 약물이 충동성을 유도할 수 있다는 주장은 약물 투여 및 신경 영상 연구도 뒷받침한다. 예를 들어 급성 알코올 노출이 반응 선택 검사(go/no-go test)와 정지 신호 반응 시간(stop-signal reaction time, SSRT) 과제 모두에서 충동적 반응을 증가시킨다는 중요한 증거가 있다(Dougherty et al., 2008)(그림 8.4 참조). 이 두 검사는 모두 운동성 반응 억제 능력을 측정하는 데 널리 사용된다. 또한 신경 영상 연구에서는 만성적 물질 남용이 외측 전전두엽 피질 및 안와 전두 피질을 포함해 충동성과 관련한 뇌 영역의 구조적·기능적·대사적 변화를 초래한다는 증거가 나왔다. 이런 약물의 신경 독성 효과는 중독에서 나타나는 억제 기능 장애의 기반일 수 있다.

그동안 충동성이 선천적 위험 요인인 동시에 약물 남용의 결과라는 증거가 많이 축적됐다. 따라서 이 두 병인이 영향을 미치는 단계는 다르지만 함께 중독을 유발한다고 할 수 있다. 특히 충동성과 약물 남용에 취약하게 만드는 여러 요인, 예컨대 성별, 호르몬 상태, 비약물 보상에 대한 반응성, 초기 환경과 관련한 경험 등의 관계가 중독의 모든 단계에서 약물 사용에 영향을 미칠 수 있다.

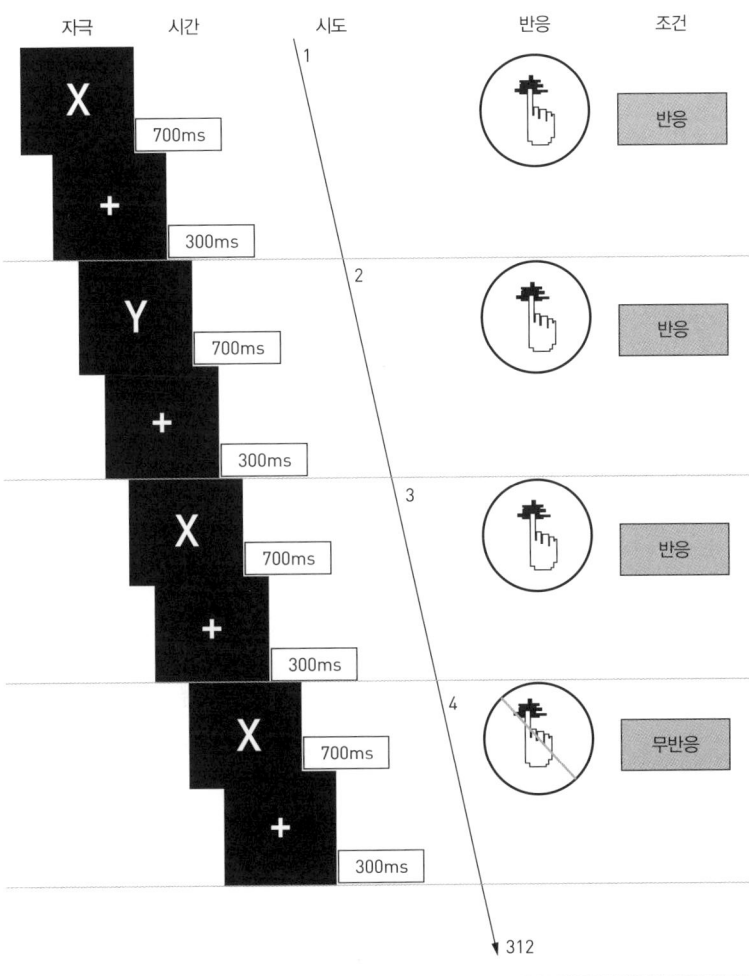

그림 8.4 반응 선택 검사의 예시. 이 검사를 받는 사람은 모든 반응 조건(예: "X"와 "Y"를 시각적으로 제시함)에서는 반응하고 무반응 조건(예: "X"를 연속으로 제시함)에서는 반응하지 말아야 한다. ms: 밀리초.

위험한 의사 결정

충동성의 또 다른 측면은 결과를 고려하지 않고 행동하는 것이다. 흥미롭게도 충동성은 종종 위험과 연관되지만, 충동적 행동에 관련한 위험은 감각 추구와 무관하게 나타나는 경우가 많다. 이는 [위에서 언급한 연구 (Ersche et al., 2010)에서 보여준 것처럼] 충동성과 감각 추구가 서로 다른 개념일 수도 있다는 생각으로 이어진다. 동물 연구 문헌에는 이를 뒷받침하는 증거도 있다. 예를 들어 충동성과 감각 추구 특성이 다른 쥐들을 대상으로 한 연구에서, 감각 추구 성향이 높은 쥐들은 코카인에 더 민감하게 반응하고 충동성이 높은 쥐들보다 코카인 자가 투여를 더 빠르게 습득하는 것으로 나타났다. 반면 충동성이 높은 쥐들은 발바닥의 경미한 전기 충격이라는 처벌에도 불구하고 더 강한 코카인 추구 행동을 보였다(Belin et al., 2008). 이처럼 부정적 결과에도 불구하고 마약을 추구하는 행동을 위험한 의사 결정으로 간주한다.

인간의 위험한 의사 결정을 평가하는 데 널리 사용하는 과제 중 하나가 아이오와 도박 과제(Iowa gambling task, IGT)다(Bechara et al., 1994). IGT는 보상과 손실에 대한 민감성을 측정하는 컴퓨터 카드 게임이다. IGT 참가자는 더 큰 보상을 얻기 위해 더 큰 위험을 감수할 것인지, 아니면 더 작은 보상을 얻고 더 작은 위험을 선택할 것인지 같은 불확실한 보상과 벌칙을 저울질해야 한다. IGT를 사용한 신경 영상 연구에 따르면 의사 결정을 할 때는 오른쪽 배내측 전전두엽 피질이 활성화하지만, 성공적인 IGT 수행은 왼쪽 복내측 전전두엽 피질의 활성화와 관련이 있었다. 병변 연구도 이런 결과를 뒷받침했는데, 복내측 전전두엽 피질에 병변이 있는 사람들은 의사 결정 능력이 저하했다. 다른 연구에서도 복내측 전전두엽 피질이 의사 결정에서 특정한 역할을 한다고 보고했다. 예를 들어 클라크와 동료들(Clark et al., 2008)은 병변이 있는 환자들에 대한 연구에서 복내측 전전두엽 피질과 뇌섬엽이 각기 다른 역할을 하는 것을 발견했다. 복내측 전전두엽 피질은 결과의 확률을 아는 상황에서 의사 결정을 조절하는 데 관여하는 반면 뇌섬엽은 불리한 확률 조건에서만 특수한 역할을 하는 것으로 나타나, 감정적 의사 결정에 있어 뇌섬엽의 중요성을 재확인했다(그림 8.5 참조).

억제성 통제

충동성의 또 다른 측면은 이미 시작했거나 선택 단계에 있는 행동을 중단하는 능력이다. 예를 들어 교차로에서 차를 운전할 때 신호가 초록불에서 노란불로 바뀌는 순간 가속 페달에서 발을 떼는 행동을 떠올려보자. 이 행동은 (가속 페달 밟기와 같은) 우세 반응을 억제하는 과정과 유사하다. 앞서 소개한 것처럼 억제성 통제를 측정하기 위한 대표적 과제로 정지 신호 반응 시간 과제와 반응 선택 검사가 있다. 정지 신호 반응 시간 과제는 이미 선택한 행동을 중단하는 것("행동 취소")을, 반응 선택 검사는 행동의 억제를 측정한다. 동물 연구에도 유사한 패러다임인 오지선다 연속 반응 시간 과제가 있는데, 여기서 동물은 먹이를 얻기 위해 짧은 시각적 표적을 감지하도록 훈련받는다. 신호가 나타나기 전에 미리 반응하는 것은 조기 반응으로 간주한다.

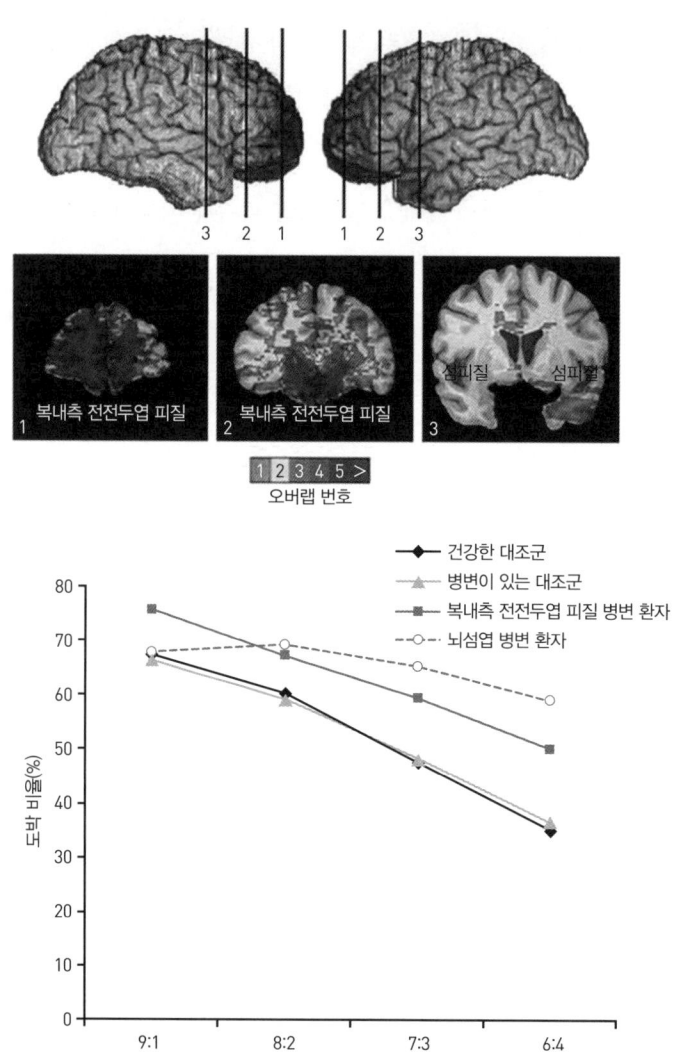

그림 8.5 복내측 전전두엽 피질 손상은 위험한 의사 결정을 유발한다. 연구에 따르면 복내측 전전두엽 피질에 손상이 있는 20명의 환자(왼쪽 사진)는 병변이 없는 대조군 41명, 뇌섬엽 손상 환자 13명, 다른 부위(주로 배외측 및 복외측 전전두엽 피질)가 손상된 대조군 12명보다 도박 행동을 더 많이 보였다. (출처: Clark et al., 2008.)
*이 그림의 흑백 버전은 일부 형태를 표시한다. 컬러 버전은 간지의 별도 사진 참조.

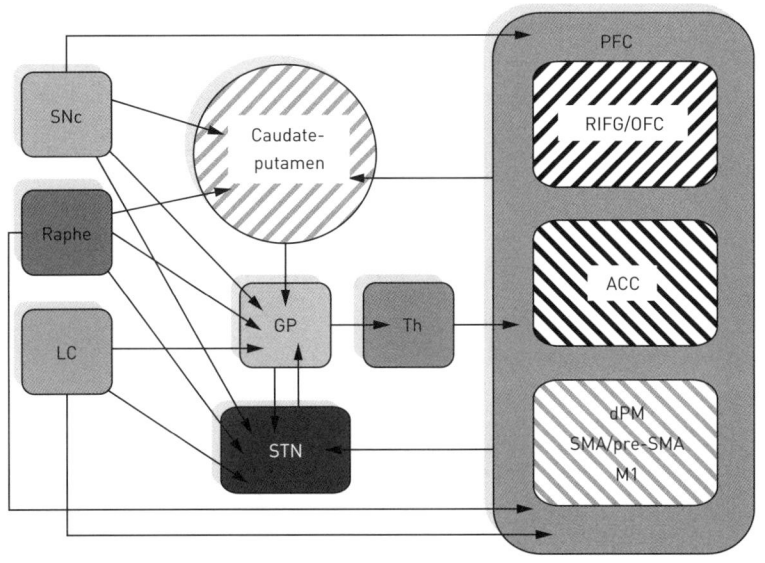

그림 8.6 멈춤 회로의 개념도. 억제성 통제는 여러 전전두엽 피질 영역[피질 운동 영역: 1차 운동 피질(M1), 보조 운동 영역(SMA/pre-SMA), 배측 전운동 영역(dPM)], 오른쪽 하전두회(RIFG), 전방 대상 피질(ACC), 안와 전두 피질(OFC), 배측 선조체를 포함한 선조체 영역[꼬리핵-피각(caudate-putamen)], 시상(Th)을 거쳐 전전두엽 피질(PFC)로 투사되는 담창구(GP)와 시상밑핵(STN) 간의 상호 작용에 의존한다. 이런 전전두엽 피질 및 선조체 네트워크는 중뇌의 흑질 치밀부(substantia nigra pars compacta, SNc) 및 복측 피개 영역의 도파민성 뉴런, 라페핵(Raphe)의 세로토닌성 뉴런, 청반(LC)의 노르아드레날린성 뉴런이 조절한다. (출처: Dalley et al., 2011. © 2011 Elsevier, USA.)

억제성 통제에 관여하는 신경 회로는 오른쪽 하선두회, 선방 내상 피질, 전보조 운동 피질(presupplementary motor cortex)을 포함한 운동 피질, 기저핵, 시상밑핵으로의 투사를 포함한다(Aron et al., 2007)(그림 8.6 참조). 하지만 이 우반구 중심 모델에 대해 일부 연구자들은 좌반구의 기여도 고려해야 한다고 주장한다. 또한 정지 신호 반응 시간 과제가 외부 신호에 대한 반응을 측정한다는 점에서 주로 주의를 통해 이뤄질 수 있다고 제안하기도 한다. 마지막으로 억제성 통제는 피질(뇌의 상위 영역—옮긴이)에서 하향식으로 작용한다고 알려져 있지만, 피질 및 피질하 신경 회로가 특히 기저핵 내에서 함께 관여한다는 증거가 늘고 있다. 또한 선조체와 관련된 회로에서 억제 통제가 작용할 가능성이 높다. 나아가서 충동성이 피질에서의 과정뿐만 아니라 선조체 수준에서의 화학적 불균형으로 인해 발생할 가능성도 있다.

보상의 지연 할인

충동성의 또 다른 측면은 나중에 더 큰 보상을 받기 위해 기다리는 것보다 즉각 얻을 수 있는 작은 보상을 선호하는 것으로 지연 할인이라고 부른다(그림 8.7 참조). 지연 할인은 쌍곡선 할인(hyperbolic discounting: 보상

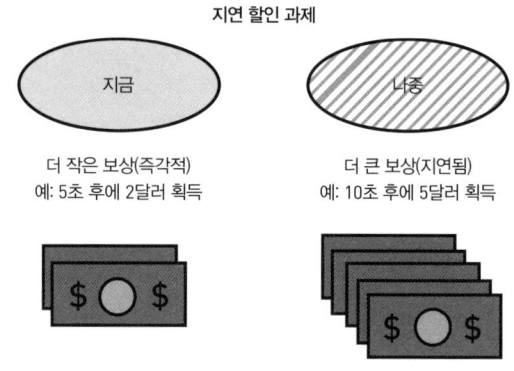

그림 8.7 지연 할인 검사의 예시.

이 나중에 주어질 때 그 가치를 현재의 시점에서 어떻게 평가하는지를 설명하는 모델. 예를 들어 어떤 과제에 대한 보상이 100인데 30일 후에 주어진다면, 그 가치를 70으로 평가하는 사람도 있고 30으로 평가하는 사람도 있다. 그래프로 나타내면 두 개의 곡선이 겹치는 형태가 된다—옮긴이)이라고 볼 수 있는데, 이는 보상의 가치가 시간이 지남에 따라 감소하자 두 가지 보상 중 작은 것을 선택하는 경향이 나타난 비둘기 실험에서 처음 논의했다(Ainslie, 1975). 현재의 지연 할인 패러다임에서는 짧은 시간적 지연을 거친 후의 선택을 측정하거나, 시간적 지연 대신 강화물의 불확실성을 포함하는 보상의 확률 할인 방식을 적용하기도 한다.

앞서 설명한 억제성 통제가 반응을 멈추는 과정이라면, 지연 할인은 기다리는 행동과 관련이 있다고 볼 수 있다. 억제성 통제("멈추기")와 지연 할인("기다리기")의 차이는 충동성이 높은 쥐들이 정지 신호 반응 시간 과제에서는 정상적인 억제성 통제를 나타냈지만, 오지선다 선택 반응 시간 과제에서는 지연 할인을 나타낸 것에서 볼 수 있다. 이는 충동성과 관련한 두 행동 영역, 즉 멈추기(예: 배측 선조체)와 기다리기(예: 복측 선조체)를 담당하는 신경 기질이 서로 다를 수도 있음을 시사한다(그림 8.8 참조). 지연 할인과 관련한 초기 연구 중에서 15초 지연 후의 큰 보상(먹이 12개)보다 즉각적이고 작은 보상(먹이 2개)을 선호한(75퍼센트의 시행에서 작은 보상을 선택함) 쥐들이 덜 충동적인 하위 실험군보다 12퍼센트 농도의 알코올 용액을 더 많이 섭취한다는 결과가 나왔다(Poulos et al., 1995). 중독과 관련해서는 지연 할인을 보인 쥐들이 그렇지 않은 쥐들보다 약물을 자가 투여하는 경향을 더 빨리 나타냈다.

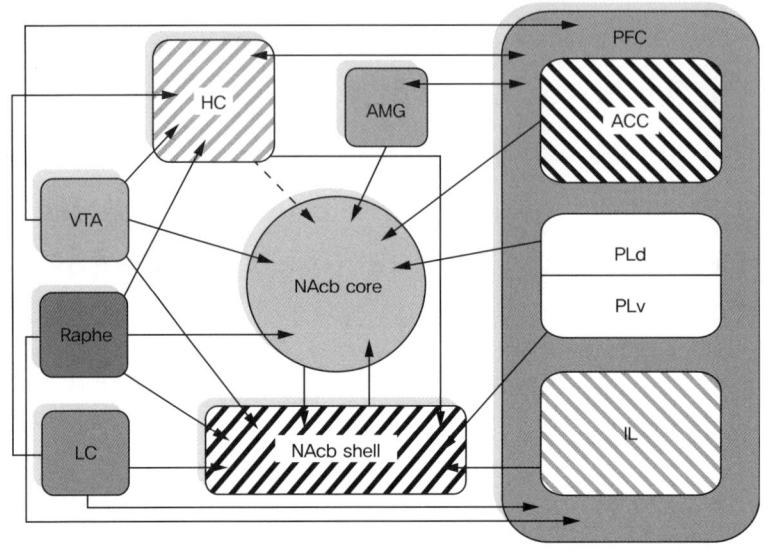

그림 8.8 기다림 회로의 개념도. 보상의 지연 할인은 전전두엽 피질(PFC)이 해마(HC), 편도체(AMG), 측좌핵 핵심부(NAcb core) 및 껍질부(NAcb shell)를 포함한 복측 선조체의 여러 구조와 하향식으로 상호 작용하는 과정에 따라 조절된다. 또한 전방 대상 피질(ACC), 배측 및 복측 변연 전 피질(dorsal and ventral prelimbic cortex, PLd와 PLv), 변연하 피질(infralimbic cortex, IL)은 각각 측좌핵으로 연결되는 경로를 통해 기다림 행동에 기여한다. VTA: 복측 피개 영역, Raphe: 라페핵, LC: 청반. (출처: Dalley et al., 2011. © 2011 Elsevier, USA.)

8장 요약

○ 충동성은 여러 독립적 과정으로 이뤄지는 구성 개념으로 잘못된 의사 결정을 초래할 수 있다.

○ 충동적 행동이 중독과 관련한다는 데 대해서는 합의가 있지만, 충동성이 중독의 원

인인지 결과인지는 명확히 밝혀지지 않았다. 충동성은 중독으로 이어지는 위험 요인일 수 있으며, 약물에 대한 노출은 충동적 행동을 악화시켜 지속적 약물 사용의 가능성을 높인다.

- 위험한 의사 결정이란 부정적 결과를 초래할 가능성이 있음에도 불구하고 행동을 계속하는 것이다.
- 억제성 통제는 조급한 반응을 억제하는 능력이다.
- 보상의 지연 할인은 지연되는 더 큰 보상을 기다리지 않고 즉각 주어지지만 작은 보상을 선택하는 것이다.
- 피질-선조체 네트워크는 충동성과 관련한 다양한 과정의 기반이다.
- 도파민은 충동적 행동을 조절하는 주요 신경 전달 물질이지만, 노르아드레날린과 세로토닌도 중요한 역할을 한다.

복습 문제

- Ersche et al. (2010)의 연구에서는 중독에서 만성으로 나타나는 충동적 행동에 대해 어떻게 설명할까?
- 위험한 의사 결정의 정의는 무엇일까?
- 반응 억제를 평가하는 데 가장 널리 사용하는 패러다임은 무엇일까?
- 지연 할인이란 무엇일까?
- 피질 선조체 영역은 행동을 제어하기 위해 어떻게 상호 작용할까?
- 노르아드레날린과 세로토닌은 충동적 행동에 어떻게 영향을 미칠까?

더 읽을거리

Beaton, D., Abdi, H. & Filbey, F. M. (2014). Unique aspects of impulsive traits in substance use and overeating: specific contributions of common assessments of impulsivity. *Am J Drug Alcohol Abuse*, 40(6), 463-475. doi:10.3109/00952 990.2014.937490.

Crews, F. T. & Boettiger, C. A. (2009). Impulsivity, frontal lobes and risk for addiction. *Pharmacol Biochem Behav*, 93(3), 237-247. doi:10.1016/j.pbb.2009. 04.018.

Ding, W. N., Sun, J. H., Sun, Y. W., et al. (2014). Trait impulsivity and impaired prefrontal impulse inhibition function in adolescents with internet gaming addiction revealed by a Go/No-Go fMRI study. *Behav Brain Funct*, 10, 20. doi:10.1186/1744-9081-10-20.

Filbey, F. M. & Yezhuvath, U. S. (2017). A multimodal study of impulsivity and body weight: integrating behavioral, cognitive, and neuroimaging approaches. *Obesity (Silver Spring)*, 25(1), 147-154. doi:10.1002/oby.21713.

Filbey, F. M., Claus, E. D., Morgan, M., Forester, G. R. & Hutchison, K. (2012). Dopaminergic genes modulate response inhibition in alcohol abusing adults. *Addict Biol*, 17(6), 1046-1056. doi:10.1111/j.1369-1600.2011.00328.x.

Hu, Y., Salmeron, B. J., Gu, H., Stein, E. A. & Yang, Y. (2015). Impaired functional connectivity within and between frontostriatal circuits and its association with compulsive drug use and trait impulsivity in cocaine addiction. *JAMA Psychiatry*, 72(6), 584-592. doi:10.1001/jamapsychiatry.2015.1.

Jupp, B. & Dalley, J. W. (2014). Convergent pharmacological mechanisms in impulsivity and addiction: insights from rodent models. *Br J Pharmacol*, 171(20), 4729-4766. doi:10.1111/bph.12787.

McHugh, M. J., Demers, C. H., Braud, J., et al. (2013). Striatal-insula circuits in cocaine addiction: implications for impulsivity and relapse risk. *Am J Drug Alcohol Abuse*, 39(6), 424-432. doi:10.3109/00952990.2013.847446.

Pivarunas, B. & Conner, B. T. (2015). Impulsivity and emotion dysregulation as predictors of food addiction. *Eat Behav*, 19, 9-14. doi:10.1016/j.eatbeh.2015.06.007.

Stevens, L., Verdejo-Garcia, A., Goudriaan, A. E., et al. (2014). Impulsivity as a vulnerability factor for poor addiction treatment outcomes: a review of neurocognitive findings among individuals with substance use disorders. *J Subst Abuse Treat*, 47(1), 58-72. doi:10.1016/j.jsat.2014.01.008.

Winstanley, C. A. (2007). The orbitofrontal cortex, impulsivity, and addiction: probing orbitofrontal dysfunction at the neural, neurochemical, and molecular level. *Ann N Y Acad Sci*, 1121, 639-655. doi:10.1196/annals.1401.024.

집중 조명

왜 그렇게 충동적일까?

10대들은 어디서나 충동적인 집단으로 여겨진다. 신경 영상 기술이 등장하기 전에는 사춘기를 지나면 개인(그리고 그들의 뇌)은 대체로 평생 그대로라고 생각했다. 그러나 연구에 따르면 10대의 뇌는 계속 발달하고, 충동의 통제와 의사 결정을 담당하는 전전두엽의 경우 가장 늦게까지

그림 S8.1 청소년기는 뇌 발달에 있어 중요한 시기이면서 매우 충동적인 행동과 관련되는 시기이기도 하다.

발달한다(그림 S8.1 참조). 뇌는 뒤쪽부터 시작해 앞쪽으로 발달하는 경향이 있다.

청소년기의 여러 해에 걸쳐 개인들의 구조적 뇌 데이터를 수집한 종단 연구에서는 뇌가 성인 수준으로 완전히 "성숙"하거나 수초화(髓鞘化)할 때까지, 즉 20대 중반에서 후반까지 발달한다고 보고했다. 이 시기의 중요한 신경 발달은 뇌의 다양한 영역을 연결하는 백질 신경로 내에서 이뤄진다. 따라서 통제에 관여하는 전두엽 영역에 빠르게 접근하지 못한다. 이는 약물 사용을 비롯해 더 큰 위험 감수 행동으로 이어진다.

참고문헌

Ainslie, G. (1975). Specious reward: a behavioral theory of impulsiveness and impulse control. *Psychol Bull,* 82(4), 463-496. doi:10.1037/h0076860.

Aron, A. R., Behrens, T. E., Smith, S., Frank, M. J. & Poldrack, R. A. (2007). Triangulating a cognitive control network using diffusion-weighted magnetic resonance imaging (MRI) and functional MRI. *J Neurosci,* 27(14), 3743-3752. doi:10.1016/0010-0277(94)90018-3.

Bechara, A., Damasio, A. R., Damasio, H. & Anderson, S. W. (1994). Insensitivity to future consequences following damage to human prefrontal cortex. *Cognition,* 50(1-3), 7-15.

Belin, D., Mar, A. C., Dalley, J. W., Robbins, T. W. & Everitt, B. J. (2008). High impulsivity predicts the switch to compulsive cocaine-taking. *Science,* 320(5881), 1352-1355. doi:10.1126/science.1158136.

Clark, L., Bechara, A., Damasio, H., et al. (2008). Differential effects of insular and ventromedial prefrontal cortex lesions on risky decision-making. *Brain,* 131(5), 1311-1322. doi: 10.1093/brain/awn066.

Crews, F. T. & Boettiger, C. A. (2009). Impulsivity, frontal lobes and risk for addiction. *Pharmacol Biochem Behav,* 93(3), 237-247. doi:10.1016/j.pbb.2009.04.018.

Dalley, J. W., Everitt, B. J., & Robbins, T. W. (2011). Impulsivity, compulsivity, and top-down cognitive control. *Neuron,* 69(4), 680-694. doi:10.1016/j.neuron.2011.01.020.

de Wit, H. (2009). Impulsivity as a determinant and consequence of drug use: a review of underlying processes. *Addict Biol,* 14(1), 22-31. doi:10.1111/j.1369-1600.2008.00129.x.

Dougherty, D. M., Marsh-Richard, D. M., Hatzis, E. S., Nouvion, S. O. & Mathias, C. W. (2008). A test of alcohol dose effects on multiple behavioral measures of impulsivity. *Drug Alcohol Depend,* 96(1-2), 111-120. doi:10.1016/j.drugalcdep.2008.02.002.

Ersche, K. D., Turton, A. J., Pradhan, S., Bullmore, E. T. & Robbins, T. W. (2010).

Drug addiction endophenotypes: impulsive versus sensation-seeking personality traits. *Biol Psychiatry*, 68(8), 770-773. doi:10.1016/j.biopsych. 2010.06.015.

Gerbing, D. W., Ahadi, S. A. & Patton, J. H. (1987). Toward a conceptualization of impulsivity: components across the behavioral and self-report domains. *Multivariate Behav Res*, 22(3), 357-379. doi:10.1207/s15327906mbr2203_6.

Kreek, M.J., Nielsen, D. A., Butelman, E. R. & LaForge, K. S. (2005). Genetic influences on impulsivity, risk taking, stress responsivity and vulnerability to drug abuse and addiction. *Nat Neurosci*, 8(11), 1450-1457. doi:10.1038/nn1583.

Moreno, M., Cardona, D., Gómez, M. J., et al. (2010). Impulsivity characterization in the Roman high- and low-avoidance rat strains: behavioral and neurochemical differences. *Neuropsychopharmacology*, 35(5), 1198-208. doi:10.1038/npp. 2009.224.

Poulos, C. X., Le, A. D. & Parker, J. L. (1995). Impulsivity predicts individual susceptibility to high levels of alcohol self-administration. *Behav Pharmacol*, 6(8), 810-814. doi:10.1097/00008877-199512000-00006.

Robinson, E. S., Eagle, D. M., Mar, A. C., et al. (2008). Similar effects of the selective noradrenaline reuptake inhibitor atomoxetine on three distinct forms of impulsivity in the rat. *Neuropsychopharmacology*, 33(5), 1028-1037. doi:10.1038/sj.npp.1301487.

Rodriguez-Cintas, L., Daigre, C., Grau-López, L., et al. (2016). Impulsivity and addiction severity in cocaine and opioid dependent patients. *Addict Behav*, 58, 104-109. doi:10.1016/j.addbeh.2016.02.029.

Seger, C. A. & Spiering, B. J. (2011). A critical review of habit learning and the basal ganglia. *Front Syst Neurosci*, 5, 66. doi:10.3389/fnsys.2011.00066.

뇌에 기반한 발견이 중독의 예방과 치료에 주는 영향

학습 목표

- 중독이 왜 만성 뇌 질환인지 이해한다.
- 중독의 해결을 위한 약리학적 지표를 익힌다.
- 행동 치료를 뒷받침하는 인지적 메커니즘을 설명할 수 있다.
- 약리학적 치료와 행동 치료를 병행함으로써 얻는 시너지 효과를 이해한다.
- 각 치료법이 목표하는 생물학적 경로를 식별할 수 있다.

머리말

중독이 미치는 사회적 영향이 매우 크기 때문에, 역사적으로 중독 문제를 의학적 문제나 건강 문제보다 사회적 문제(즉 "당사자의 의지 결핍")로 간주했다. 이런 오해가 중독의 예방과 치료에 대한 성공적 접근법이 부족한 상황을 초래했다. 그러다가 부분적으로는 미국에서 1990년대를 "뇌의 10년"으로 선포한 것을 계기로, 지난 20여 년 동안 중독이 만성 뇌 질환이라는 과학적 이해와 대중의 인식이 확대됐다. 따라서 현재의 효과적 치료 프로그램들은 중독이 뇌 기능에 영향을 미치며 치료가 가능한 질환이라는 점, 개인 맞춤형 치료법을 적용해야 하고 다른 정신 질환을 동반할 수 있다는 이해를 바탕으로 한다. 5장에서 논의한 것처럼 남용을 불러오는 약물에는 각기 다른 작용 메커니즘이 있지만 그동안의 신경과학적 연구, 특히 인간의 살아 있는 뇌를 대상으로 하는 신경 영상 연구에서는 그런 약물이 모두 중뇌-변연계 보상 시스템에서 도파민 신호 전달의 방식을 변화시킨다는 증거를 제공했다. 이 시스템의 기능 장애는 이 책 전체에서 논의하는 것처럼 보상의 처리, 동기적·목표 지향적 행동, 억제성 통제의 변화를 초래한다. 따라서 중독 치료에서 목표로 삼아야 할 대상은 핵심적 뇌 영역 및 과정이다.

    중독은 한번 시작하면 평생 이어지는 만성 뇌 질환이다. 만성이라는 용어는 병리학적 특성이 오래 지속하며, 금단 상태에서도 중독 증상이 재발할 가능성이 높음을 시사한다. 다른 만성 질환들과 비교해보면 중독의 재발률은 당뇨병, 고혈압, 천식 같은 다른 만성 질환과 유사하다. 이런 만성 질환은 모두 생리적·심리적 요인을 포함하고 복약 이행의 비율도 동일하다(그림 9.1 참조). 최근 중독에 대한 치료 전략은 금단 증상을 완화하고, 치료 이행을 촉진하고, 재발을 방지함으로써 장기적 금욕을 지원하는 데 중점을 둔다. 치료에 접근하는 방식에는 약리학적 방

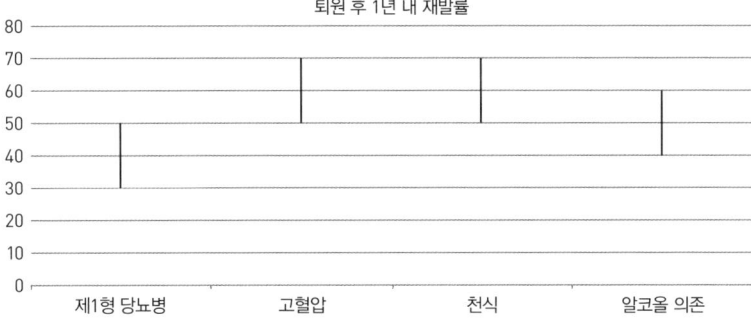

그림 9.1 약물 중독 환자들과 당뇨병·고혈압·천식 환자들의 재발률 비교. 재발은 이 모든 질환에서 흔히 그리고 비슷하게 발생한다(복약 이행도 유사하게 나타난다). 따라서 약물 중독도 다른 만성 질환과 마찬가지로 치료돼야 하고 재발은 새로운 치료를 위한 계기로 간주돼야 한다. (자료 출처: McLellan et al., 2000.)

법과 행동적/신경인지적 방법 등이 있다. 연구에 따르면 여러 접근법을 결합할 때 더 큰 치료 효과를 얻을 수 있는데, 이는 중독 및 회복 과정의 높은 복잡성과도 관련이 있다. 치료 전략에서는 중독의 악영향이 개인의 의학적·심리적·사회적·직업적 측면 등에 광범위하게 미친다는 것을 고려해야 한다. 따라서 치료 프로그램은 이런 다양한 필요를 충족할 수 있도록 종합적 재활 서비스를 포함한다(그림 9.2 참조). 동료 상담 프로그램에서 제공하는 사회적·직업적 지원에 대한 설명은 집중 조명 1을 참조하자.

   그렇다면 중독을 뇌 질환으로 이해하는 현재의 과학적 지식을 가상 절실한 사람들에게 혜택을 주는 임상적 응용으로 전환하려면 어떻게 해야 할까? 보다 효과적인 치료를 개발하기 위해 활용할 수 있는 진입점은 어딜까? 신경과학 연구에서 흥미로운 진전은 그동안의 연구 결과를 임상적 응용으로 전환함으로써 임상 실제의 개선을 보장하는 것이

그림 9.2 포괄적 약물 중독 치료의 구성 요소. 최적의 치료 프로그램은 환자 개개인의 필요를 충족하기 위해 다양한 치료법과 서비스를 결합하는 것이다. (출처: National Institute on Drug Abuse, 2018)

다. 일반적 약물 중독 치료 절차는 다음과 같은 단계를 포함한다. 1) 해독(신체가 스스로 약물을 배출하는 과정), 2) 동기를 유지하는 데 집중하는 초기 회복, 3) 우울증과 불안 등 정신 건강 문제를 동반하는 재발의 방지. 이 장에서는 그동안의 신경과학적 연구가 중독의 예방 및 치료 전략에 어떤 도움을 줬는지를 중점적으로 다룰 것이다. 그동안의 중개신경과학(translational neuroscience) 연구는 1) 중독자에 대한 초기 치료를 촉진할 수 있도록 위험 요인에 대한 이해를 증진했고, 2) 중독의 표준 치료 프로그램을 개선했고, 3) 누구를 대상으로 어떤 문제를 어떻게 치료하는 것이 효과적인지에 대해 정보를 제공하고, 4) 새롭고 보다 표적화된 치료법의 개발을 촉진했다.

약리학적 접근

약리학적 치료는 중독을 치료하는 데 있어 중요한 부분이며 특히 행동 치료와 병행할 때 더 그렇다. 투약을 통해 금단 증상을 관리하고, 재발을 방지하고, 특정한 수용체의 작용 메커니즘을 활성화하거나 차단함으로써 남용한 약물이 뇌의 수용체와 상호 작용하는 과정을 방해해 중독에 동반하는 질환을 치료할 수 있다. 현재 오피오이드·담배·알코올 중독 치료에 적용되는 여러 약물 치료가 있다. 이와 유사한, 자극제 및 대마초 중독에 대한 약물 치료 연구도 진행 중이다.

오피오이드 수용체와 관련한 약물에는 수용체에 대한 작용제와 길항제가 모두 포함된다. 최근 미국에서 약물 치료에 대한 허가를 받은 오피오이드 작용제는 메타돈과 부프레노르핀뿐이다(집중 조명 2에서 오피오이드 중독 관련 비용을 조정하는 법적 조치를 확인할 수 있다). 오피오이드 작용제 치료는 오피오이드 금단 증상을 관리하고 갈망을 줄이는 데 효과적이다. 특히 메타돈은 뮤오피오이드 수용체 작용제이면서 NMDA 수용체 길항제이기도 하다. fMRI 연구에 따르면 메타돈 치료로 인해 갈망이 줄어드는 것은 변연계의 활성 감소와 관련이 있다(Li et al., 2013). 질량 분석 영상 연구에서는 메타돈이 살아 있는 쥐의 꼬리핵, 피각, 상부 피질 같은 뇌의 선조체 및 해마 영역에 분포함을 확인했다(Teklezgi et al., 2018). 이런 연구 결과는 메타돈의 주요한 효과가 단서가 유발하

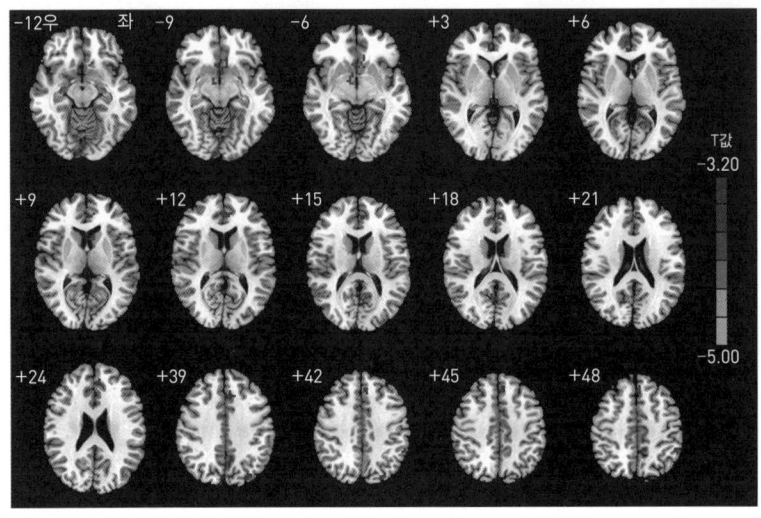

그림 9.3 메타돈 보조 치료(methadone-assisted therapy, MAT)를 받은 후 갈망을 유도하는 과제에서 헤로인 사용을 장기간 끊은 사람들(평균 금단 기간: 193일)은 헤로인 사용을 단기간 끊은 사람들(평균 금단 기간: 23일)보다 뇌의 선조체(보상과 관련한 부분―옮긴이)에서 반응이 더 크게 감소했다. (출처: Li et al., 2013.)
*이 그림의 흑백 버전은 일부 형태를 표시한다. 컬러 버전은 간지의 별도 사진 참조.

는 갈망을 줄이는 것이며, 장기적 금욕에 핵심 역할을 할 수 있음을 시사한다(그림 9.3 참조)(Li et al., 2013). NMDA 길항제로서의 효과는 글루탐산성 시스템(glutamatergic system)의 조절을 포함하는데, 이는 내성의 발달을 매개하는 것으로 알려졌다. 날트렉손은 뮤오피오이드·카파오피오이드(κ-opioid)·델타오피오이드(δ-opioid) 길항제로 오피오이드 및 알코올 사용 장애 치료에 승인된 약물이다. 연구에 따르면 날트렉손은 주관적 갈망을 줄이는 효과가 있으며, 이는 fMRI에서 알코올 단서에 대한 안와회, 대상회, 하부 및 중간 전두회―정서, 인지, 보상, 처벌, 학습/기억에 중요한 영역―의 신경 반응이 감소하는 것과 관련이 있다. 알코올 단서의 현저성을 낮추는 이 작용은 재발을 방지하는 주요 메커니즘일 수 있다.

콜린성 약물은 담배를 끊고 싶을 때 주로 사용하며, 콜린성 시스템을 조절하는 역할을 한다. 부프로피온은 니코틴성 아세틸콜린 수용체의 길항제로 도파민의 신경 재흡수를 억제하고, 그 결과 갈망이 감소한다. 반면 바레니클린은 $α_4β_2$ 아형(亞型)의 부분 작용제이자 $α_7$ 니코틴성 아세틸콜린 수용체 아형의 완전 작용제로, 콜린성 전달을 촉진한다. 연구에 따르면 바레니클린은 니코틴 금단 증상을 줄이고 전전두엽 피질을 더 활성화해 인지 기능을 향상시킨다(Loughead et al., 2010). 이런 효과로 인해 니코틴성 아세틸콜린 수용체는 다른 유형의 중독에서 나타나는 인지적 손상의 개선을 위해서도 연구됐다. 예를 들어 갈란타민은 아세틸콜린 분해 효소 억제제이자 니코틴성 아세틸콜린 수용체의 알로스테릭 강화제(allosteric potentiator)로, 인지적 기능을 향상시켜(즉 주의 및 작업 기억 기능을 유지해) 코카인 사용자의 약물 사용을 줄이는 데 기여한다(소변 검사를 통해 검증함)(Sofuoglu & Carroll, 2011). 부프로피온과 바레니클린 사용을 비교한 연구에서는 중독 치료 후 3개월과 12개월이 지난 시점에 바레니클린의 금연 성공률이 더 높은 것으로 보고했는데, 이는 금욕에 필요한 행동을 촉진하는 인지적 기능의 중요성을 보여준다(Johnson, 2010). 마찬가지로 바레니클린과 부프로피온의 병용이 단일 요법보다 더 큰 효능을 나타냈다는 연구 결과도 있다(Vogeler et al., 2016).

아캄프로세이트는 화학 구조가 GABA와 유사하며, 주로 글루탐산성 시스템에서 NMDA 수용체를 정상으로 회복시키는 역할을 한다. 아캄프로세이트는 만성 알코올 노출에서 비롯하는, 흥분으로 인한 칼슘

유입을 억제해 NMDA 수용체의 구조를 변화시키는 것으로 알려졌다. GABA와 글루탐산의 균형 회복이 치료 효과를 발휘하는 주요 메커니즘일 수 있다. 연구에 따르면 아캄프로세이트는 갈망을 줄이고, 섭취량에 따라 알코올 소비를 감소시키고, 완치율을 높이고, 금주를 유지시킨다. 알코올 의존 참여자를 대상으로 한 뇌 자기 공명 영상 기술(2장 참조) 연구에서, 아캄프로세이트가 알코올 금단 증상이 나타나는 동안 각성 수준을 감소시켰으며, 이런 반응은 두정 측두 영역에서 알파 서주파 지수(α slow-wave index)로 확인됐다(Boeijinga et al., 2004). 이는 급성 알코올 금단 증상이 나타날 때 아캄프로세이트가 글루탐산성 신경 전달을 통해 신경의 과흥분성을 조절한다는 개념과 일치한다.

알데하이드 탈수소 효소 억제제(aldehyde dehydrogenase inhibitor)인 디설피람 또한 알코올 혐오제로, 알코올 사용 장애를 치료하는 억제제로 사용한다. 디설피람은 알코올 대사를 현저히 변화시키므로 혈중 아세트알데하이드 농도가 증가한다. 이는 홍조, 혈관 확장, 호흡 곤란, 메스꺼움, 저혈압 등 혐오적 증상(즉 아세트알데하이드 증후군)을 유발한다. 항갈망제 투약과 대조적으로, 디설피람은 신경생물학적 보상 메커니즘을 조절하는 것이 아니라 알코올에 대한 혐오적 반응을 유발함으로써 작용한다. 억제제로서 금주를 촉진하는 디설피람의 치료 효과는 그 심리적 효과, 즉 혐오적 반응을 예상하면 나타나는 기대 효과가 매개한다. 여기에 대한 증거는 디설피람의 유의미한 치료 효과가 약물을 공개한 연구(open-label trial: 임상 시험의 일종으로 연구자와 참여자가 모두 시험 약물을 알고 있는 상태에서 진행되는 연구. 금주 치료 연구에서 처방하는 약물의 효과나 금단 증상이 완화하는지를 확인하는 데 자주 사용한다―옮긴이)에서 더 크다는 메타 분석에서 나타난다(Skinner et al., 2014).

행동적 접근

행동 치료에서는 중독과 관련한 인지적 결함의 개선을 목표로 하며, 특히 전전두엽 기능을 향상하는 데 중점을 둔다. 전전두엽의 안와 전두 피질, 배외측 전전두엽 피질, 전방 대상 피질은 집중력, 작업 기억, 의사 결정, 사고의 유연한 전환, 충동의 억제 같은 집행 기능을 매개한다. 인지 행동 모델은 자제력을 북돋고 약물 사용을 유발하는 자극에 대한 인식을 증진하는 인지적 전략 및 훈련을 제공한다. 예를 들어 인지 행동 치료는 단서가 유발한 갈망 반응을 줄이는 데 활용할 수 있다. 인지 행동 치료의 "유효 성분"은 행동에 대한 집행 통제(executive control)라는 측면을 강화해 효과를 발휘하는 것으로 보인다. 비록 인지 행동 치료가 치료 효과를 발휘하는 신경 기전은 아직 불명확하지만, 뇌 영상 연구를 통해 뇌 네트워크 기능의 개선과 관련한다는 것이 드러나고 있다. 예를 들어 한 연구에서는 인지 행동 치료가 주의 같은 집행 기능의 기저에 있는 뇌의 네트워크 연결성을 강화하는 것으로 나타났다(Lewis et al., 2009). 단서가 유발한 갈망에 대한 fMRI 연구에서는 인지 행동 치료 전략에 기반해 흡연의 단기적·쾌락적 연합보다 장기적 결과에 초점을 맞췄을 때, 배외측 전전두엽 피질이 복측 선조체의 활성화를 통제해 갈망을 조절했다(Kober et al., 2010).

인지 재활 전략(cognitive rehabilitation strategy)에서는 기억력·주의력·

계획성을 비롯한 집행 기능을 강화하는, 컴퓨터를 사용하는 집중 훈련을 제공한다. 이런 인지 능력이 개선되면 다음의 효과를 기대할 수 있다. 1) 약물 사용과 관련해 학습한 행동에 대한 인지적 통제의 향상, 2) 충동성의 감소, 3) 의사 결정 능력의 개선, 4) 약물 사용 관련 인지를 의식함. 뇌 영상 연구에서는 인지 재활이 전전두엽 피질의 국소적 뇌 활성화를 정상으로 되돌릴 수 있음을 시사한다(Wexler et al., 2000). 다른 연구에서는 컴퓨터를 활용한 기억 과제를 통해 자극제 사용자들의 충동성과 지연 할인(즉 지연된 보상보다 즉각적 보상을 선호함)이 유의미하게 감소함을 보여줬다(Bickel et al., 2011).

동기 강화 치료 및 상담 등의 심리사회적 치료법은 변화하고자 하는 개인적 동기를 높이는 것이 목표이고 단기적·집중적 개입이다. 연구에 따르면 이런 접근법의 효과는 연령, 약물 중독의 유형, 치료의 목표에 따라 달라진다. 예를 들어 동기 강화 치료는 성인 대마초 사용자들에게는 효과적이지만, 청소년이나 코카인·헤로인·니코틴 사용자들에게는 일관적 성공을 거두지 못했다. 한 연구(Feldstein Ewing et al., 2011)에서는 동기 강화 상담이 보상 경로의 뇌 영역에서 반응을 약화시킴으로써 약물 사용을 감소시켰으며, 이런 결과는 동기 강화 상담의 효과가 약물 관련 단서의 현저성을 낮추는 데 있음을 시사한다고 봤다. 또한 동기 강화 상담의 핵심 요소인 내담자 변화 유도 대화법(client change talk: 내담자가 스스로 변화에 대해 긍정적인 말을 하거나 신호를 보내는 것을 인식하고, 실천하도록 격려하는 대화의 기술. 예를 들어 내담자가 "담배를 줄이고 싶어요." "요즘 숨이 차서 걱정돼요." 같은 말을 하면 상담자는 그 말을 받아 "담배를 끊으면 건강이 좋아질 거예요. 한번 시도해보겠어요?"라고 격려함으로써 내담자의 자발적 노력을 고무할 수 있다—

옮긴이)는 좌측 하전두회/전측 뇌섬엽과 상측두회 같이 자기 인식을 담당하는 뇌 영역의 활성화를 유도했다(Feldstein Ewing et al., 2014). 유관성 관리법(contingency management, CM: 내담자의 행동 변화에 적절한 보상을 제공하는 기법. 예를 들어 금연하고 싶어 하는 흡연자가 일주일 동안 담배를 하루에 한 개비씩 줄이는 목표를 달성하면, 작은 선물을 제공하면서 다음 주에도 그렇게 하도록 권하는 것이다. 이 방법은 외적 보상을 통해 중독자의 초기 변화를 촉진하는 데 효과적이다—옮긴이)은 무작위 임상 시험에서 강력한 경험적 지지를 받았다. 유관성 관리법은 긍정적 보상을 사용해 목표 행동을 강화함으로써 즉각적 보상의 가치를 과대평가하고 지연된 보상의 가치를 낮게 평가하는 경향(지연 할인)을 교정한다. 지연 할인은 중독 치료의 낮은 성공률로 이어지며, 의사 결정에 관여하는 피질 및 피질하 시스템과 연관한 것으로 보인다(Balleine et al., 2007). 예를 들어 복측 선조체 같은 피질하 보상 영역은 작지만 즉각적인 보상에 민감한 반면, 전전두엽 피질 같은 피질 영역은 더 크지만 지연된 보상과 밀접하다(Kable & Glimcher, 2007).

통합적 접근

통합적 접근은 약물 치료가 유도하는 신경학적 변화가 행동적 접근에서 목표로 하는 인지적 메커니즘을 보완할 수 있다는 논리에 기반한다. 예를 들어 항갈망 약물을 사용해 약물 관련 단서에 대한 민감성이 감소했을 때 인지 행동 치료를 병행해 인지적 통제 능력도 증대시킬 수 있다. 이런 통합적 접근은 치료의 성공을 극대화할 수 있으며, 특히 인지적 통제 기술이 발달하는 중독의 초기 회복 단계에서 그렇다. 연구에 따르면 약물 치료와 행동 치료를 병행하는 것이 단일 치료법보다 결과가 더 낫다는 증거가 있다. 한 가지 예로 부프로피온을 복용하면서 집단 상담에 참여한 니코틴 중독자들은 단일 치료법에 의존한 집단에 비해 목표 지향적 행동에 중요한 뇌 영역인 후방 대상 피질의 포도당 대사가 감소했다(Costello et al., 2010). 어느 연구진(Sofuoglu et al., 2013)은 갈란타민 복용과 인지 행동 치료를 결합했는데, 이는 갈란타민이 기억력과 주의력을 개선하는 효과를 나타낼 때 인지 행동 치료 기술 및 전략에 대한 학습을 촉진하려는 것이었다. 이런 통합적 치료는 개별 접근법의 효과를 최대화하며, 특히 개선 가능성이 가장 큰 기간(초기 회복 단계)에서 그랬다. 이런 연구들은 약물 치료와 행동 치료를 병행할 때 시너지 효과를 내는 메커니즘을 시사한다. 한 연구(Potenza et al., 2011)에서는 중독에 대한 약물 및 행동 통합 치료의 효과를 매개하는 뇌 메커니즘 모델을 제안했다(그림 9.4 참조). 연구진은 행동 치료는 억제성 통제 같은 전전두엽 피질의 "하향식" 기능에, 약물 치료는 보상-갈망 반응(reward-craving response) 같은 "상향식" 또는 피질하 과정에 더 효과적이라고 주장했다.

코노바와 동료들(Konova et al., 2013)은 중독 치료에 대한 뇌의 반응을 살펴본 신경 영상 연구를 종합적으로 검토해, 각 치료가 독립적으로 혹은 통합적으로 작용하는 메커니즘을 파악하고자 했다. 특히 이들은 메타 분석을 통해 약리학적 치료와 행동 치료 각각과 관련한 신경 패턴의 공통점과 차이점을 분석했다. 연구 결과 도파민성 보상 경로, 즉 복측 선조체, 하전두회, 안와 전두 피질에서 약리학적 접근과 행동적 접근의 메커니즘 사이에 유의미한 공통점이 있었다(그림 9.5 참조). 또한 행동 치

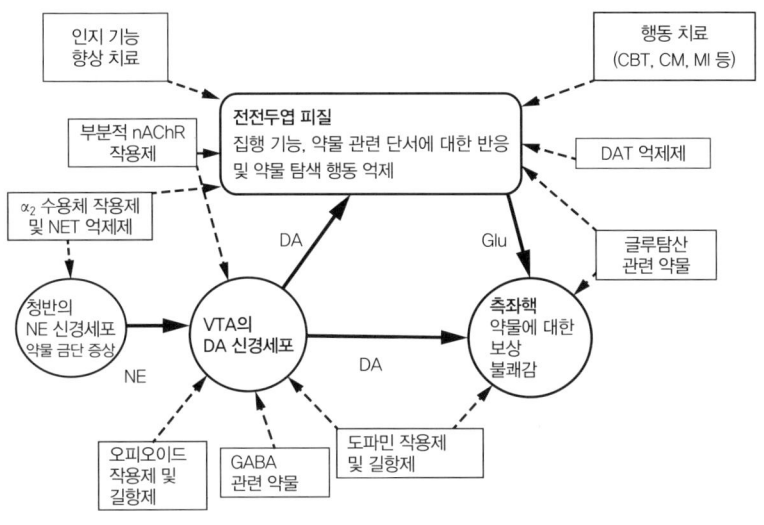

그림 9.4 중독 치료에서 행동 치료와 약리학적 치료를 병행할 때 시너지 효과를 내는 메커니즘을 설명하는 모델. DA: 도파민, DAT: 도파민 수송체, Glu: 글루탐산, VTA: 복측 피개 영역, NE: 노르에피네프린, NET: 노르에피네프린 수송체. (CBT: 인지 행동 치료, CM: 유관성 관리법, MI: 동기 강화 상담, nAChR: 니코틴성 아세틸콜린 수용체―옮긴이)(출처: Potenza et al., 2011. © 2011 Elsevier, USA.)

료는 약물 치료와 겹치는 부분 외에도 뇌의 전방 대상 피질, 중간 전두회, 설전부/후방 대상 피질에서의 반응을 독자적으로 조절하는 확률이 높았으며, 이는 포텐자 등(Potenza et al., 2011)이 제안한 "하향식" 행동적 개입의 모델을 뒷받침한다. 전반적으로 이런 연구 결과는 약리학적 전략과 인지 기반 치료 전략을 병행할 경우, (공동적 표적으로 인해) 시너지 효과를 유도하거나 (개별적 표적으로 인해) 상보적 효과를 나타낼 가능성이 있음을 시사한다. 행동 치료가 전전두엽 및 두정엽 피질 영역에 미치는 영향은 치료 이행에 중요한 것으로 보인다.

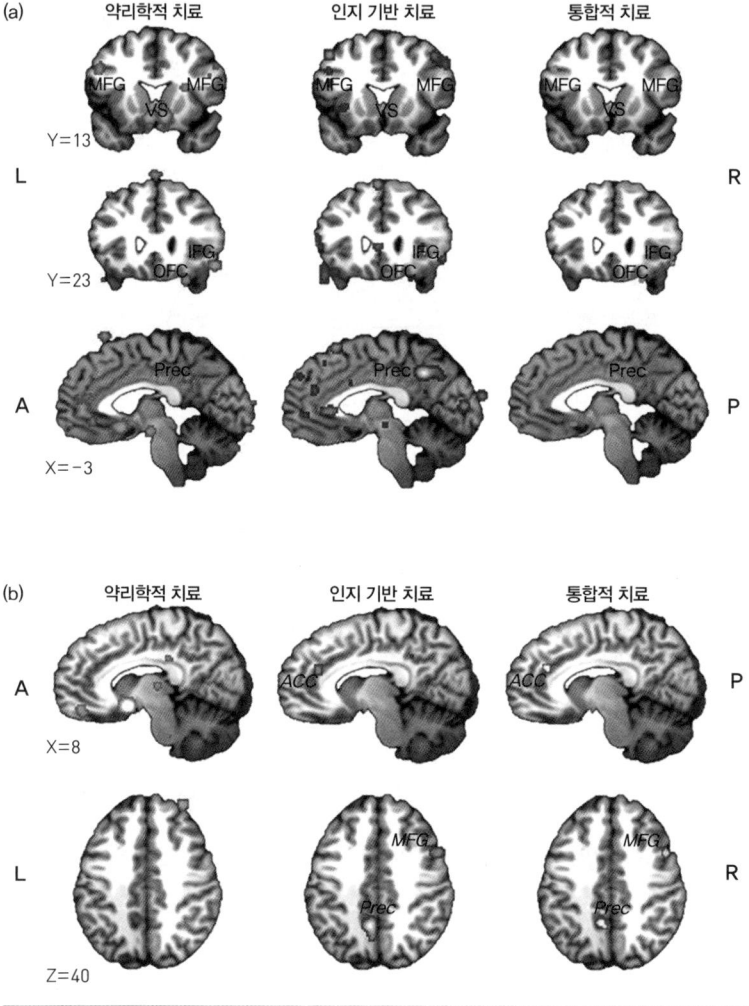

그림 9.5 약물 및 인지 기반 치료의 (a) 공통적 신경 표적과 (b) 개별적 신경 표적. 통합적 치료의 신경 표적을 확인한 기준: 유의 수준 $P<0.005$ (수정하지 않음)와 최소 클러스터 크기 100세제곱밀리미터. 치료법 간 차이를 비교한 기준: 유의 수준 $P<0.05$와 최소 클러스터 크기 100세제곱밀리미터. A: 전방(anterior), ACC: 전방 대상 피질, IFG: 하전두회, L: 좌측, MFG: 중간 전두회, OFC: 안와 전두 피질, P: 후방(posterior), Prec: 설전부, R: 우측, VS: 복측 선조체. (출처: Konova et al., 2013. © 2013 Elsevier, USA.)
*이 그림의 흑백 버전은 일부 형태를 표시한다. 컬러 버전은 간지의 별도 사진 참조.

치료 결과

금욕 기간에 인지적·신경생물학적 손상이 얼마나 회복하는지에 대한 지식이 아직 부족하기에 치료의 예후를 평가하기는 어렵다. 앞에서 설명했듯 중독의 회복은 복잡하며, 그 정도와 금욕 기간의 길이 사이에는 명확한 선형 관계가 존재하지 않는다. 예를 들어 억제성 통제 네트워크의 저활성화는 금단 초기 단계에 악화했다가 장기적 금단 기간에 반등하는 경향을 나타낸다. 따라서 억제성 통제를 강화하는 것 같은 치료 전략의 시점이 매우 중요해지는데, 이는 금단 초기에 전전두엽 조절 시스템의 약화가 재발의 위험을 높이기 때문이다.

일반적으로 인지적 손상은 더 낮은 치료 이행과 관련한다. 예를 들어 인지 행동 치료를 끝마치지 못한 코카인 사용자들은 주의, 기억, 공간적 능력, 속도, 정확성, 전반적 기능, 인지적 효율성 검사에서 유의미하게 낮은 수행을 나타냈다(Aharonovich et al., 2006). 유사한 결과가 치료를 끝내지 않은 대마초 중독자들에게서도 나타나, 추상적 사고 및 처리의 정확도가 떨어졌다(Aharonovich et al., 2008). 인지적 수행이 치료 이행을 예측했을 뿐만 아니라, 위험 감수 및 주의 지속 관련 수행도 인지 행동 치료를 받은 코카인 사용자들의 약물 검사 결과에서 음성을 예측했다. 특히 총점으로 나타낸 전반적인 인지적 수행 점수는 치료에 대한 반응을 예측하지 않았으며, 이는 약물 치료의 임상적 결과에 특정한 인지적 영역이 영향을 미침을 시사한다(Carroll et al., 2011). 일반적으로 억제성 통제의 손상은 더 나쁜 치료 결과와 관련이 있다(Verdejo-Garcia et al., 2012).

중독 치료에서 가장 큰 어려움은 재발의 장기적 예방에 있다. 현재

사용되는 치료법의 효과 크기(effect size)는 환자군의 이질성 때문에 제한적으로 나타난다. 중독은 개인마다 위험성과 양상이 다르므로 "획일적 치료(one size fits all)"는 효과적이지 않다. 생물학적으로 정의된 엔도페노타입을 활용하면 (행동적 증상에 비해) 효과적 치료를 식별할 수 있는 것으로 나타났다. 예를 들어 특정한 뮤오피오이드 수용체 유전자 변이가 있는 환자 집단에는 날트렉손 치료가 더 효과적인 것으로 나타났다(Chen et al., 2013). 비슷한 유전적 효과가 아캄프로세이트에 대한 반응에서도 나타날 수 있으며, 특히 글루탐산/GABA 부적 강화 시스템과 관련한 유전자에서 그렇다(Ooteman et al., 2009). 최근에는 기능적 신경 영상을 이용해 환자군 간의 생물학적 차이도 식별한다. 술에 대한 욕구를 자극하는 사진을 보았을 때 단서에 대한 반응성이 높은 환자군에서 날트렉손 치료가 더 효과적일 가능성이 제시됐다. 뇌 내 글루탐산 농도를 측정하는 자기 공명 분광법을 통해 아캄프로세이트 치료에 반응할 가능성이 높은 환자를 식별할 수 있다.

9장 요약

- 연구에 따르면 약리학적 접근과 인지적 접근을 병행할 때 치료가 더 성공적이었다.
- 중독으로부터의 회복은 해독, 초기 회복, 재발 방지의 세 단계를 거친다.
- 약리학적 치료와 행동 치료의 통합으로 발생하는 시너지 효과의 메커니즘은 행동적 개입을 통한 "하향식" 기능과 약리학적 접근의 "상향식" 과정의 결합으로 보인다.

복습 문제

○ 약리학적 치료와 인지적 치료의 공통 목표는 무엇일까?

○ 신경 영상 기법은 개인 맞춤형 치료법에 어떻게 기여할 수 있을까?

○ 중독 치료의 주요 3단계는 무엇일까?

○ 행동 치료와 약리학적 치료의 메커니즘은 어떻게 서로를 보완할 수 있을까?

○ 행동 치료와 약리학적 치료가 모두 표적으로 삼는 생물학적 경로는 무엇일까?

더 읽을거리

Bickel, W. K., Christensen, D. R. & Marsch, L. A. (2011). A review of computer-based interventions used in the assessment, treatment, and research of drug addiction. *Subst Use Misuse*, 46(1), 4–9. doi:10.3109/10826084.2011.521066.

Chung, T., Noronha, A., Carroll, K. M., et al. (2016). Brain mechanisms of change in addictions treatment: models, methods, and emerging findings. *Curr Addict Rep*, 3(3), 332–342. doi:10.1007/s40429-016-0113-z.

Feldstein Ewing, S. W., Filbey, F. M., Hendershot, C. S., McEachern, A. D. & Hutchison, K. E. (2011). Proposed model of the neurobiological mechanisms underlying psychosocial alcohol interventions: the example of motivational interviewing. *J Stud Alcohol Drugs*, 72(6), 903–916.

Feldstein Ewing, S. W., Filbey, F. M., Sabbineni, A., Chandler, L. D. & Hutchison, K. E. (2011). How psychosocial alcohol interventions work: a preliminary look at what FMRI can tell us. *Alcohol Clin Exp Res*, 35(4), 643–651. doi:10.1111/j.1530-0277.2010.01382.x.

Feldstein Ewing, S. W., Houck, J. M., Yezhuvath, U., et al. (2016). The impact of therapists' words on the adolescent brain: in the context of addiction treatment. *Behav Brain Res,* 297, 359-369. doi:10.1016/j.bbr.2015.09.041.

Feldstein Ewing, S. W., McEachern, A. D., Yezhuvath, U., et al. (2013). Integrating brain and behavior: evaluating adolescents' response to a cannabis intervention. *Psychol Addict Behav,* 27(2), 510-525. doi:10.1037/a0029767.

Gilfillan, K. V., Dannatt, L., Stein, D. J. & Vythilingum, B. (2018). Heroin detoxification during pregnancy: a systematic review and retrospective study of the management of heroin addiction in pregnancy. *S Afr Med J,* 108(2), 111-117. doi:10.7196/SAMJ.2017.v108i2.7801.

Glasner-Edwards, S. & Rawson, R. (2010). Evidence-based practices in addic-tion treatment: review and recommendations for public policy. *Health Policy,* 97(2-3), 93-104. doi:10.1016/j.healthpol.2010.05.013.

Gorsane, M. A., Kebir, O., Hache, G., et al. (2012). Is baclofen a revolutionary medication in alcohol addiction management? Review and recent updates. *Subst Abus,* 33(4), 336-349. doi:10.1080/08897077.2012.663326.

Liu, J., Nie, J. & Wang, Y. (2017). Effects of group counseling programs, cognitive behavioral therapy, and sports intervention on internet addiction in East Asia: a systematic review and meta-analysis. *Int J Environ Res Public Health,* 14(12). doi:10.3390/ijerph14121470.

집중 조명 1

동료의 영향력을 활용하기

미국에서는 마약 중독 환자가 놀라운 속도로 증가하면서 중독 치료 전문가에 대한 수요도 급증하고 있다. 펜실베이니아주의 리하이밸리(Lehigh Valley) 등 일부 지역은 공인받은 회복 전문가의 힘을 빌려 중독률 상승에 대응한다. 공인 회복 전문가들은 중독에서 장기적으로 회복 중인 사람들이다. 이들은 회복 관리에 대한 집중 교육을 50시간 이상 이수한 후 자신이 겪은 회복 과정의 경험을 활용해 도움이 필요한 사람들을 지원할 수 있다. 펜실베이니아주의 훈련 프로그램은 2008년에 시작됐으며, 현재는 미국 전역에 동료 상담 프로그램이 있다.

동료 회복 전문가는 필요한 치료를 제공하는 의료 전문가와 함께 중독에서 벗어나고 싶어 하는 사람들의 회복을 지원한다. 이들은 자신이 회복한 경험을 바탕으로 치료에서 사회로 전환하는 과정에 있는 사람들을 돕는다(그림 S9.1 참조). 그들은 취업, 주거, 교육 같은 현실적 문제에 대해서도 자기 경험을 공유할 수 있다. 리하이밸리의 경우에는 1명의 동료 회복 전문가가 약 30명의 환자를 지원하고 있다.

동료 상담 프로그램의 이점은 상호적이다. 다른 사람들이 욕구를 관리할 수 있도록 지원하는 과정은 회복 전문가들이 자신에 대해서도 동일한 기대치를 유지하도록 돕는다. 다시 말해 동료 상담자들은 약물에 대한 충동을 자제하도록 내담자를 격려함으로써 스스로를 격려하는 것이다. 이런 프로그램을 통해 다른 사람들이 중독을 극복하는 모

그림 S9.1 동료 회복 전문가는 중독 치료에 새로운 관점을 제시할 수 있다.

습을 지켜보는 것은 동료 상담자에게도 지속적인 동기 부여이자 격려가 된다.

집중 조명 2

입법의 균형과 중독 치료의 비용

2015년 미 보건복지부(US Department of Health and Human Services)에서는 오피오이드 유행병으로 인해 소요된 비용을 보건 및 사회 서비스 확충에 550억 달러, 오피오이드 중독과 관련한 응급실 이용과 입원 치료에 200억 달러로 추산했다. 미국에서 오피오이드 관련 사망률이 높아진 점을 감안할 때(예: 미국 질병통제예방센터의 자료에 따르면 2010년 8퍼센트이던 오피오이드 관련 사망률이 2015년에는 25퍼센트로 증가했다), 중독 치료 프로그램의 비용도 늘어날 것으로 보여 의료 부문의 경제적 부담이 가중됐다. 예를 들어 2018년 메릴랜드주에서는 메디케이드(미국 정부가 사회 취약 계층에게 제공하는 공공 의료 보험. 주 정부와 연방 정부가 공동으로 보험료를 대납한다―옮긴이)의 중독 관련 서비스를 지원하는 건강보험개혁법(Affordable Care Act) 예산이 삭감되면서 중독 치료를 이행하고 금욕을 유지하는지를 확인하는 약물 독성 검사(drug toxicology test)를 중단했다. 메릴랜드주 메디케이드 프로그램의 의약품 구입을 위한 전체 예산 3억 1500만 달러 중 물질 사용 치료에 사용한 예산이 23퍼센트라고 한다. 대부분의 입법자들은 오피오이드 유행병을 인지하고 중독 치료 센터를 더 세우는데 찬성하지만, 그 비용이 큰 걸림돌이 된다. 그 대안으로 인디애나주 같은 지역에서는 입법부의 장이 민간 재단과 협력해 센터 설립 자금을 지원받고자 시도했다. 또한 연방 상원의 한 위원회는 고객이 약물 과용으로 사망할 경우 마약 판매상을 더 강력하게 처벌하는 법안을 검토하고 있다.

이런 비용에도 불구하고, 치료 기회를 최대화하기 위한 법적 조치는 이어지고 있다. 2017년 연방 상원은 제시법(Jessie's Law)●을 통과시킴으로써 임상 치료자가 환자의 약물 남용 이력을 알 수 있도록 했다. 하원에서 여러 법안을 통과시킴으로써 경범죄로 기소된 사람들은 교도소 내에서 중독 치료를 받을 수 있고, 약물 상담사들은 더 쉽게 자격을

취득하고, 약물을 과용한 경우 즉각 해독하는 날록손 등의 의약품 구입에 재정을 지원받고, 사무실 기반 치료 프로그램을 허가해야 하는지 연구할 수 있을 것이다.

● 제시법은 병원에서 수술을 받을 때 오피오이드 남용에서 회복 중이던 제시카 그럽(Jessica Grubb)의 이름에서 유래했다. 제시카가 퇴원할 당시 담당의는 그의 오피오이드 사용 이력을 알지 못해 옥시코돈 50정의 처방전을 발급했다. 제시카는 그날 밤 이 약의 과다 복용으로 사망했다(제시법의 목적은 이런 비극이 재발하지 않도록 예방하는 것이다—옮긴이).

참고문헌

Aharonovich, E., Hasin, D. S., Brooks, A. C., et al. (2006). Cognitive deficits predict low treatment retention in cocaine dependent patients. *Drug Alcohol Depend,* 81(3), 313-322. doi:10.1016/j.drugalcdep.2005.08.003.

Aharonovich, E., Brooks, A. C., Nunes, E. V. & Hasin, D. S. (2008). Cognitive deficits in marijuana users: effects on motivational enhancement therapy plus cognitive behavioral therapy treatment outcome. *Drug Alcohol Depend,* 95(3), 279-283. doi:10.1016/j.drugalcdep.2008.01.009.

Balleine, B. W., Delgado, M. R. & Hikosaka, O. (2007). The role of the dorsal striatum in reward and decision-making. *J Neurosci,* 27(31), 8161-8165. doi:10.1523/JNEUROSCI.1554-07.2007.

Bickel, W. K., Yi, R., Landes, R. D., Hill, P. F. & Baxter, C. (2011). Remember the future: working memory training decreases delay discounting among stimulant addicts. *Biol Psychiatry,* 69(3), 260-265. doi:10.1016/j.biopsych.2010.08.017.

Boeijinga, P. H., Parot, P., Soufflet, L., et al. (2004). Pharmacodynamic effects of acamprosate on markers of cerebral function in alcohol-dependent subjects administered as pretreatment and during alcohol abstinence. *Neuropsychobiology,* 50(1), 71-77. doi:10.1159/000077944.

Carroll, K. M., Kiluk, B. D., Nich, C., et al. (2011). Cognitive function and treatment response in a randomized clinical trial of computer-based training in cognitive-behavioral therapy. *Subst Use Misuse,* 46(1), 23-34. doi:10.3109/10826084.2011.521069.

Chen, A. C., Morgenstern, J., Davis, C. M., et al. (2013). Variation in mu-opioid receptor gene (OPRM1) as a moderator of naltrexone treatment to reduce heavy drinking in a high functioning cohort. *J Alcohol Drug Depend,* 1(1), 101.

Costello, M. R., Mandelkern, M. A., Shoptaw, S., et al. (2010). Effects of treatment for tobacco dependence on resting cerebral glucose metabolism. *Neuropsychopharmacology,* 35(3), 605-612. doi:10.1038/npp.2009.165.

Feldstein Ewing, S. W., Filbey, F. M., Sabbineni, A., Chandler, L. D. & Hutchison, K. E. (2011). How psychosocial alcohol interventions work: a preliminary look at what FMRI can tell us. *Alcohol Clin Exp Res,* 35(4), 643-651. doi:10.1111/j.1530-0277.2010.01382.x.

Feldstein Ewing, S. W., Yezhuvath, U., Houck, J. M. & Filbey, F. M. (2014). Brain-based origins of change language: a beginning. *Addict Behav,* 39(12), 1904-1910. doi:10.1016/j.addbeh.2014.07.035.

Johnson, T. S. (2010). A brief review of pharmacotherapeutic treatment options in smoking cessation: bupropion versus varenicline. *J Am Acad Nurse Pract,* 22(10), 557-563. doi:10.1111/j.1745-7599.2010.00550.x.

Kable, J. W. & Glimcher, P. W. (2007). The neural correlates of subjective value during intertemporal choice. *Nat Neurosci,* 10(12), 1625-1633. doi:10.1038/nn2007.

Kober, H., Kross, E. F., Mischel, W., Hart, C. L. & Ochsner, K. N. (2010). Regulation of craving by cognitive strategies in cigarette smokers. *Drug Alcohol Depend*, 106(1), 52-55. doi:10.1016/j.drugalcdep.2009.07.017.

Konova, A. B., Moeller, S. J. & Goldstein, R. Z. (2013). Common and distinct neural targets of treatment: changing brain function in substance addiction. *Neurosci Biobehav Rev*, 37(10), 2806-2817. doi:10.1016/j.neubiorev.2013.10. 002.

Lewis, C. C., Simons, A. D., Silva, S. G., et al. (2009). The role of readiness to change in response to treatment of adolescent depression. *J Consult Clin Psychol*, 77(3), 422-428. doi:10.1037/a0014154.

Li, Q., Wang, Y., Zhang, Y., et al. (2013). Assessing cue-induced brain response as a function of abstinence duration in heroin-dependent individuals: an event-related fMRI study. *PLoS One* 8(5): e62911. doi:10.1371/journal.pone. 0062911.

Loughead, J., Ray, R., Wileyto, E. P., et al. (2010). Effects of the $\alpha_4\beta_2$ partial agonist varenicline on brain activity and working memory in abstinent smokers. Biol Psychiatry, 67(8), 715-721. doi:10.1016/j.biopsych.2010.01.016.

McLellan, A. T., Lewis, D. C., O'Brien, C. P. & Kleber, H. D. (2000). Drug dependence, a chronic medical illness: implications for treatment, insurance, and outcomes evaluation. *JAMA*, 284(13), 1689-1695. doi:10.1001/jama.284.13.1689.

National Institute on Drug Abuse (2018). Treatment approaches for drug addiction. Available at: www.drugabuse.gov/publications/drugfacts/treatment-approaches-drug-addiction (2018년 11월 11일에 접속).

Ooteman, W., Naassila, M., Koeter, M. W., et al. (2009). Predicting the effect of naltrexone and acamprosate in alcohol-dependent patients using genetic indicators. *Addict Biol*, 14(3), 328-337. doi:10.1111/j.1369-1600.2009.00159.x.

Potenza, M. N., Sofuoglu, M., Carroll, K. M. & Rounsaville, B. J. (2011). Neuroscience of behavioral and pharmacological treatments for addictions. *Neuron*, 69(4), 695-712. doi:10.1016/j.neuron.2011.02.009.

Skinner, M. D., Lahmek, P., Pham, H. & Aubin, H. J. (2014). Disulfiram efficacy in the treatment of alcohol dependence: a meta-analysis. *PLoS One*, 9(2), e87366.

doi:10.1371/journal.pone.0087366.

Sofuoglu, M. & Carroll, K. M. (2011). Effects of galantamine on cocaine use in chronic cocaine users. *Am J Addict,* 20(3), 302-303. doi:10.1111/j.1521-0391.2011.00130.x.

Sofuoglu, M., DeVito, E. E., Waters, A. J. & Carroll, K. M. (2013). Cognitive enhancement as a treatment for drug addictions. *Neuropharmacology,* 64, 452-463. doi:10.1016/j.neuropharm.2012.06.021.

Teklezgi, B. G., Pamreddy, A., Baijnath, S., et al. (2018). Time-dependent regional brain distribution of methadone and naltrexone in the treatment of opioid addiction. *Addict Biol,* in press. doi:10.1111/adb.12609.

Verdejo-Garcia, A., Betanzos-Espinosa, P., Lozano, O. M., et al. (2012). Self-regulation and treatment retention in cocaine dependent individuals: a longitudinal study. *Drug Alcohol Depend,* 122(1-2), 142-148. doi:10.1016/j.drugalcdep.2011.09.025.

Vogeler, T., McClain, C. & Evoy, K. E. (2016). Combination bupropion SR and varenicline for smoking cessation: a systematic review. *Am J Drug Alcohol Abuse,* 42(2), 129-139. doi:10.3109/00952990.2015.1117480.

Wexler, B. E., Anderson, M., Fulbright, R. K. & Gore, J. C. (2000). Preliminary evidence of improved verbal working memory performance and normalization of task-related frontal lobe activation in schizophrenia following cognitive exercises. *Am J Psychiatry,* 157(10), 1694-1697. doi:10.1176/appi.ajp.157.10.1694.

결론

학습 목표

- 신경과학 연구가 중독에 대한 우리의 이해를 어떻게 발전시켰는지 요약할 수 있다.
- 중독의 위험 요인을 식별하는 것이 예측 및 치료 전략의 수립에 어떤 도움이 되는지 이해한다.
- 정신 활성 약물에 대한 취약성에 개인차를 유발하는 엔도페노타입에 대해 설명할 수 있다.
- 중독의 발현에는 남녀에 따른 차이가 있음을 이해한다.
- 중독에 대한 신경과학 연구의 한계와 향후 필요성을 설명할 수 있다.

머리말

1장과 9장에서 논의한 바와 같이, 중독을 대하는 사회적 관점은 이를 사회 문제로 낙인찍는 결과를 초래했다. 이런 대중의 일반적 견해는 중독이 당사자들보다 사회에 지우는 부담이 더 크다고 생각하는 데에서 비롯했을 수 있다(어느 사회에서나 타인의 고통보다 자신이 속한 사회의 부담에 더 신경을 쓸 수 있다―옮긴이). 예를 들어 미국의 경우 중독과 관련한 범죄, 생산성 손실, 사회적 지원에 대한 비용으로 매년 670억 달러를 지불한다(우리돈으로 환산하면 95조 원이 넘는다―옮긴이). 이처럼 중독은 의학적 질환이 아니라고 낙인찍음으로써 의료 교육 과정에서 중독 치료와 관련한 프로그램을 다루지 않게 된다. 그 결과 의료 실무에서는 약물과 관련한 잠재적 문제를 평가하는 경우가 드물고, 이는 예후를 악화시키는 원인이 된다. 이제까지 이 책에서는 실험실 진단 검사, 중독이나 약물 사용 장애의 생체 지표를 제외하고 어떻게 신경과학 연구를 통해 중독의 조작적 정의를 검증했는지 논의했다(진단 기준에 대해서는 1장 참조). 신경과학 연구 중에서도 특히 인간의 살아 있는 뇌를 실시간으로 촬영하는 기술의 발전 덕분에, 우리는 중독의 가시적 증상에 어떤 신경생물학적 기반이 있는지를 이해할 수 있었다. 그래서 우리는 효과적 치료법을 개발하거나 치료 결과를 예측하는 데 도움이 되는 메커니즘을 이해할 수 있게 됐다. 요약하면 신경과학 연구는 중독의 복잡한 행동적 후유증과 동시에 일어나는, 매우 복잡한 신경생물학적 현상에 대한 이해의 폭을 넓혔다. 중독의 신경과학은 뇌에서 일어나는 복잡미묘한 과정에 대한 우리의 이해가 깊어질수록 진화를 거듭할 것이다. 이런 신경생리학적 과정과 이를 조절하는 다양한 요인 간의 상호 작용을 이해하는 것 역시 중요하다.

약물과 알코올을 소비한다고 해서 모두 중독의 길을 걷지는 않는다. 실제로 약물과 알코올을 사용하는 총인구에 비하면 중독의 유병률은 비교적 낮다. 예를 들어 미국에서는 코카인을 사용해본 사람들 중 약 17퍼센트만 중독되고, 음주자의 약 15퍼센트 정도만 알코올에 의존하게 되고, 니코틴의 경우 담배를 피워본 사람 중 30퍼센트만 중독자가 된다. 그렇다면 왜 어떤 사람들은 다른 사람들보다 쉽게 중독에 빠지는 걸까? 어떤 메커니즘이 이들의 뇌를 약물의 정신 활성 효과에 더 민감하게 만드는 걸까? 이런 질문과 관련해 행동학·유전학 연구가 이환율에 대한 정보를 일부 제공할 수 있다. 중독에 대한 취약성에 영향을 미치는 개인적 요인은 복잡하며 아직 완전히 밝혀지지 않았다. 이 장에서는 이런 요인이 어떻게 약물에 대한 반응을 조절하는지와 관련해 신경과학적 발견을 논의하고자 한다.

위험 요인을 알면 중독의 예방과 치료가 쉬워진다

위험 요인이란 중독의 확률을 높이는 특성을 의미한다. 이는 생물학적·심리학적·사회학적·환경적 요인의 네 가지로 분류할 수 있다. 특히 청소년기에 약물 사용을 시작하는 것은 중독의 발달에 있어 중요한 위험 요인으로 널리 받아들여진다. 발달신경과학(developmental neuroscience) 연구에 따르면 청소년기에 의사 결정과 충동의 억제를 담당하는 전전두엽 네트워크 연결이 빠르게 성숙하면서 뇌가 정신 활성 물질에 더 쉽게 영향받을 수 있다. 청소년기에서 청년기로 이어지는 중요한 신경 성숙 과정은 뇌의 백질과 회백질 발달을 통해 국소적·전반적 신경 체계를 정교하게 조정함으로써 고차원적 인지 기능을 형성하는 것으로 간주된다(Casey et al., 2005). 일반적으로 청소년기 및 청년기 동안에 회백질이 감소하고 대뇌 피질이 얇아지는 현상과 백질의 부피가 증가하며 조직화하는 현상이 동시에 나타나며, 이는 시냅스 가지치기(불필요한 신경 연결을 제거하는 것—옮긴이)와 축삭 수초화(신경 신호 전달을 돕는 백질 형성의 과정—옮긴이)가 일어나고 있음을 시사한다(1장 참조)(Giorgio et al., 2010; Gogtay et al., 2004; Hasan et al., 2007; Lebel et al., 2010; Shaw et al., 2008). 그러나 청소년기에 정신 활성 물질에 노출되면 대뇌 피질과 선조체의 신경 네트워크처럼 뇌에서 고차원적 정보 처리를 담당하는 영역들 간의 연결을 강화하는 과정이 방해받는 것으로 보인다(Wierenga et al., 2016).

이렇게 신경 발달에 중요한 인생 초기에 스트레스를 경험하면 이후 중독이 발생할 위험이 더 커질 수 있다. 스트레스는 시상하부에서 중심 코르티코트로핀 방출 인자의 분비를 유도하며, 이는 뇌하수체 내의 코르티코트로핀 방출 인자 수용체와 결합한다. 이런 뇌하수체 내 상호 작용은 베타엔도르핀(β-endorphin)과 코르티코트로핀 같이, 혈액을 통해 부신으로 이동한 뒤 글루코코르티코이드(glucocorticoid)의 분비를 촉진하는 활성 펩타이드를 생성하도록 자극한다. 이후 글루코코르티코이드는 혈류를 통해 뇌로 운반돼 여러 신호 시스템에 영향을 미치는데, 특히 도파민성 보상 시스템과 생리적 스트레스 반응(예: 혈당 및 혈압 상승) 시스템에 작용한다(스트레스와 관련된 신경 적응에 대해서는 6장 참조). 따라서 이렇게 신경 발달 과정에서 스트레스 반응이 보상 시스템에 미치는 영향이 그 시스템의 성숙 과정을 방해할 수 있다. 실제로 설치류를 대상으로 한 전임상 연구에서 삶의 초기 스트레스가 중뇌 신경 회로의 조절 장애를 초래했으며(Chocyk et al., 2015), 이는 보상 관련 행동의 기능 장애로 이어질 가능성이 있다(스트레스와 중독의 상호 작용에 대해서는 집중 조명 1 참조).

중독의 엔도페노타입

중독의 발달에 유전적 요인이 하는 역할에 대해서는 가족·입양아·쌍둥이 연구 등을 통해 쌓인 강력한 증거가 있다(Ducci & Goldman, 2012). 예를 들어 그림 10.1에서는 열 가지 유형의 중독에 대해 유전력을 비교한 결과를 제시했는데, 대부분의 중독에서 유전력은 최소 40퍼센트였고, 환각제가 39퍼센트로 가장 낮았으며 코카인이 72퍼센트로 가장 높았다. 영상유전학(imaging genetics)이라는 신경과학 연구 분야에서는 중독과 관련한 신경 신호 경로에서 나타나는 변이성의 원인을 파악하기 위해 중독의 유전학 연구에서 나온 지식을 활용했다. 구체적으로 유전적 변이성은 인간을 대상으로 생체 내 신경 영상 기법, 예를 들어 혈액 산소 수준 의존성 fMRI(BOLD fMRI), 약리학적 fMRI(pharmacological fMRI), 다중 모드 PET/fMRI를 활용해 연구한 신경생물학적 과정과 연관한다. 하리리의 연구(Hariri, 2009)에 따르면 유전적 변이성을 성격 및 기질 같이 복잡한 특성에 대한 신경생물학과 연결함으로써 위험의 개

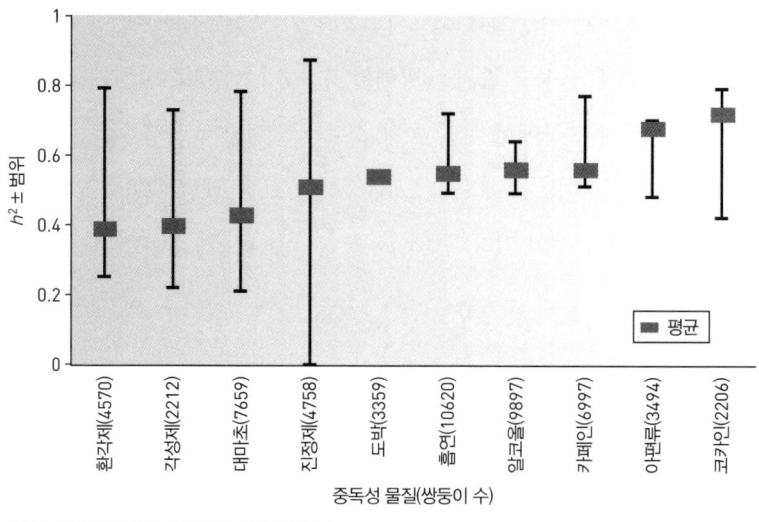

그림 10.1 성인 쌍둥이를 대상으로 대규모 설문 조사를 통해 도출한 열 가지 중독의 유전 가능성(h^2: 가중 평균값). (출처: Ducci & Goldman, 2012, Goldman et al., 2005에서 수정함. © 2005 Springer Nature, USA.)

인적 변이성을 파악할 수 있으며, 이는 중독에 대한 취약성을 예측하는 중요한 변수가 될 수 있다(그림 10.2 참조). 이 예에서는 기능적 유의미성이 세로토닌 신호 전달의 증가로 나타나는 우울증의 유전적 위험 (HTR1A-1019 G 대립 유전자)과, 우울증을 예측하는 특성 불안(trait anxiety: 기질적으로 불안해하는 성향—옮긴이)의 매개가 편도체의 반응성이다. 유전적 메커니즘과 행동적 표현 사이의 이런 매개 또는 중간적 표현을 엔도페노타입이라고 부른다(유전적으로 우울증 발병의 위험성이 높은 사람이 모두 우울증을 겪지는 않지만, 편도체의 반응성이 높을수록 불안 수준이 증가하고, 이는 결국 우울증으로 이어질 가능성이 높다는 것이 이 연구의 핵심이다. 이런 엔도페노타입을 통해 우울증이나 중독에 대한 취약성을 개인별로 예측하고 조기에 개입할 수 있는 가능성이 열린

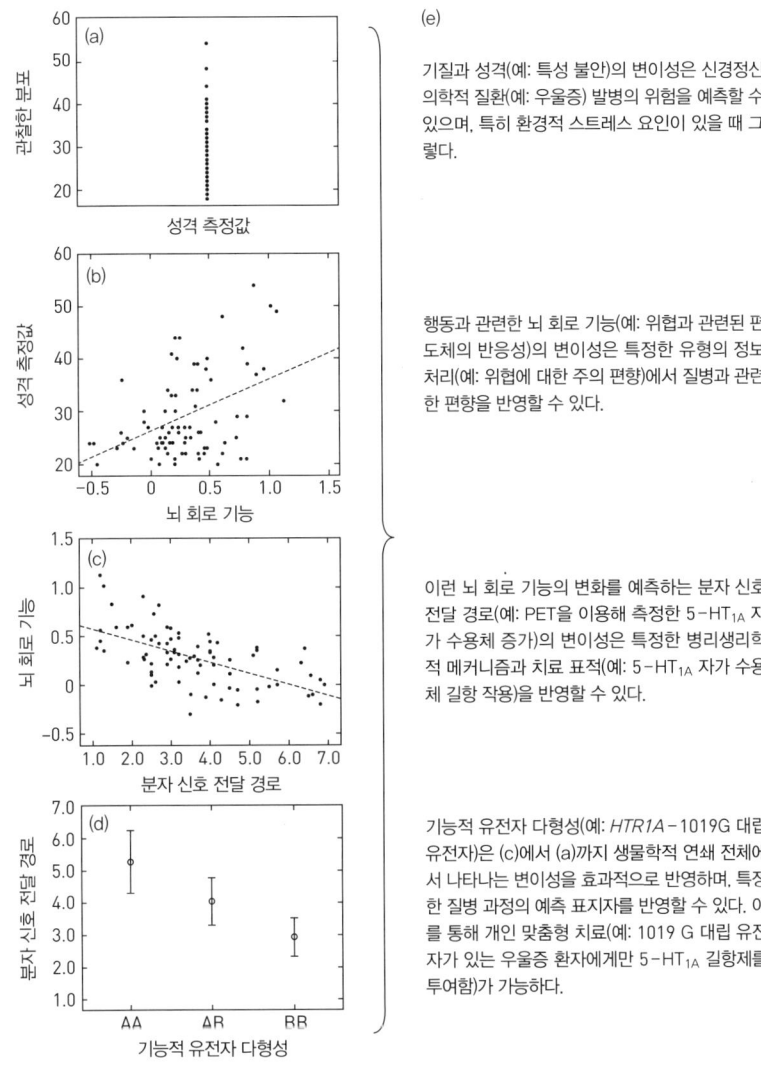

그림 10.2 상호 보완적 기술의 통합(e)을 통해 복잡한 행동적 특성에서 나타나는 개인차의 신경생물학을 밝혀낼 수 있다. 우울증과 관련된 특성 불안(a)은 (fMRI를 통해) 편도체의 반응성(b)과 이어진다. 이런 편도체의 반응성은 (PET를 통해) 세로토닌 신호 전달(c)과 연관 지을 수 있으며 나아가서 *HTR1A*-1019 G 대립 유전자(d)의 변이성과도 연결된다. (출처: Hariri, 2009. © 2009 Annual Reviews, USA.)

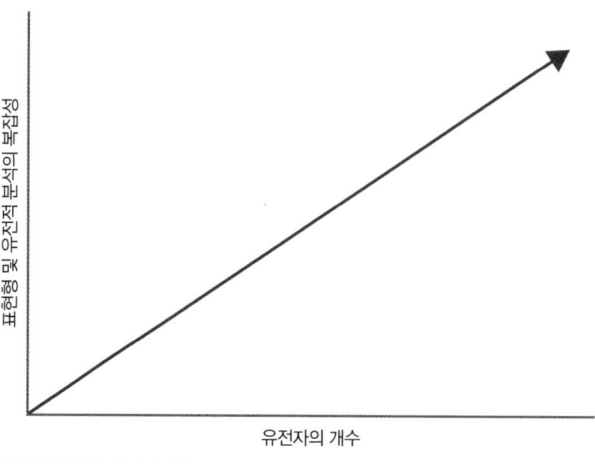

그림 10.3 엔도페노타입의 개념은 이것이 유전적 메커니즘과 관찰할 수 있는 행동 사이에 인과적 경로로서 존재한다는 것이다. (출처: Gottesman & Gould, 2003, 저자 재구성.)

다—옮긴이).

고츠먼과 실즈(Gottesman and Shields, 1972)는 정신질환유전학(psychiatric genetics)에서 엔도페노타입의 개념을 처음으로 제안했으며, 이는 유전학 연구 결과의 낮은 재현성과 조현병의 원인을 진단 기준에 기반해 밝히는 데 따른 어려움을 해결하기 위한 것이었다. 이들은 엔도페노타입을 유전자와 질병 간 경로에 위치하는 내적 표현형으로 정의했고, 이 표현형의 변이성은 더 복잡한 질병의 표현형에 비해 상대적으로 적은 유전자의 변이가 좌우한다(그림 10.3 참조). 한마디로 엔도페노타입은 유전학적 분석에서 더 명확하게 추적할 수 있어야 한다. 따라서 신경과학 연구에서는 유전적 메커니즘과 생물학적 경로를 밝히고 위험과 관련한 유전자의 기능적 결과를 규명하기 위해, 강박적 약물 사용에 취약한 개인의 엔도페노타입을 밝히는 데 초점을 맞췄다.

그림 10.4를 통해 볼 수 있듯, 한 연구(Rangaswamy and Porjesz, 2008)에서는 EEG의 진동이 알코올 사용 장애의 중요한 엔도페노타입이라고 제안했다. 특히 연구진은 P3 반응(P3 response)의 기저에 있는 세타파(3~7헤르츠) 주파수의 사건 관련 진동(event-related oscillations)이 알코올 사용 장애가 있는 개인과 장애가 없는 가족 구성원에게서 공통으로 나타나며, 이런 뇌파 진동은 GABA성, 콜린성, 글루탐산성 신경 전달 관련 유전자[GABA α_2 수용체 아단위(*GABRA2*), 무스카린성 아세틸콜린 수용체 M_2(*CHRM2*), 대사성 글루탐산 수용체 8(*GRM8*)]와 관계있음을 발견했다. 이런 연구 결과는 뇌의 연합 기능(associative function)과 통합 기능(integrative function)의 연결을 반영한다(이는 특정한 신경생리학적 패턴이 알코올 사용 장애의 유전적·신경생물학적 메커니즘과 밀접한 관계가 있음을 보여준다—옮긴이).

억제성 신경 전달 물질인 GABA α_2 수용체 아단위(*GABRA2*) 유전자와 알코올 사용 장애 사이의 추가적 연관성이 fMRI 연구로 밝혀졌다. 특히 한 연구에서는 금전적 보상을 기대하는 동안 섬피질(insula cortex)에서의 활성화 증가가 충동성과 상관관계가 있으며, 알코올 사용 장애의 위험 표지이기도 한 것으로 나타났다(Villafuerte et al., 2011). 이는 보상을 예측하는 과정에서 뇌의 특정 부위가 과도하게 활성화하는 것이 충동성과 알코올 사용 장애의 위험을 증가시킬 수 있음을 시사한다. 뇌 구조 역시 엔도페노타입의 중요한 지표가 될 수 있다는 연구 결과가 있다(Schacht et al., 2012)(그림 10.5 참조). 이 연구에 따르면 대마초 사용과 카나비노이드 수용체 1(*CNR1*) 유전자 및 해마의 부피 사이에 상호 작용이 있었는데, 위험한 유전자(*CNR1* G형 대립 유전자)를 보유한 대마초 사용자군은 해마 크기가 대조군보다 작은 경향이 나타났다(해마는 기억과 학습을

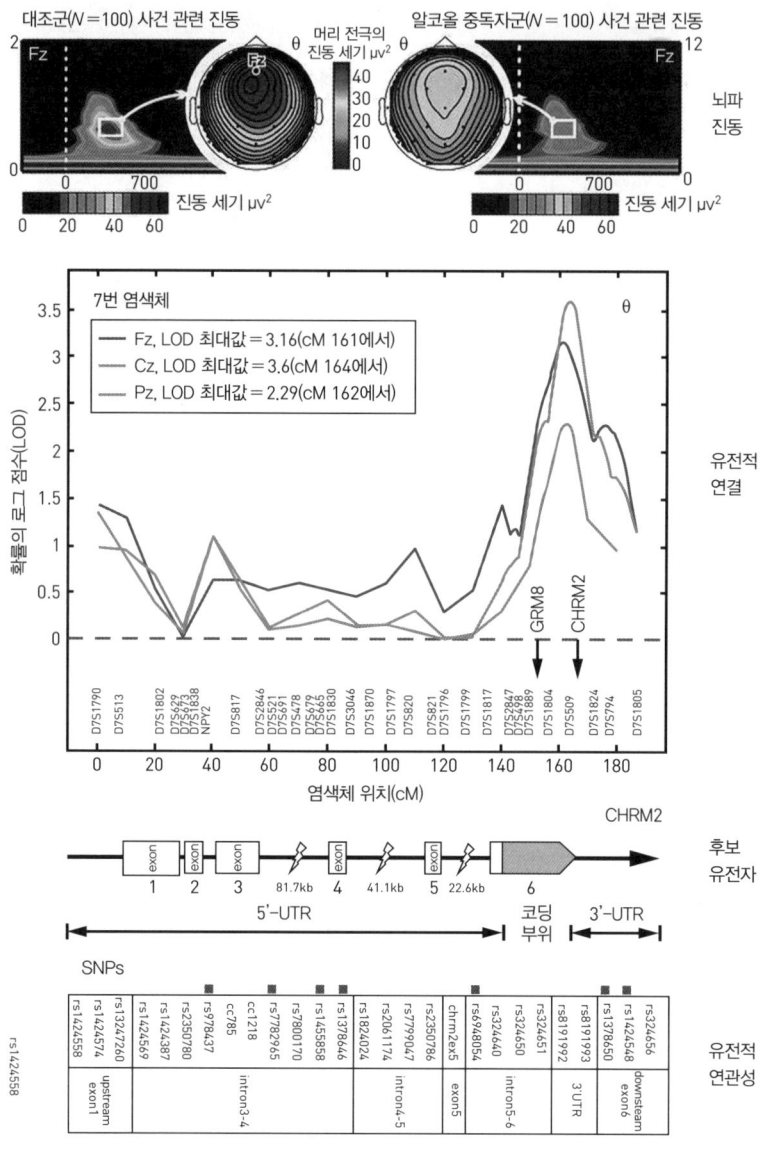

그림 10.4 EEG의 진동은 알코올 사용 장애의 유용한 엔도페노타입이 될 수 있다. (출처: Rangaswamy & Porjesz, 2008.)

*이 그림의 흑백 버전은 일부 형태를 표시한다. 컬러 버전은 간지의 별도 사진 참조.

담당하는 뇌 구조이므로 해마 부피의 감소는 인지 기능의 저하와 관련할 수 있다. 따라서 대마초 사용과 *CNR1* 유전자가 해마의 부피에 영향을 미친다는 사실은 뇌 구조가 약물 사용 장애의 중요한 엔도페노타입일 수 있음을 보여준다―옮긴이).

　이런 엔도페노타입의 개념은 중독에 대한 예방적 접근을 개발하는 데에도 활용할 수 있으며, 이런 접근은 의사 결정 능력 및 억제성 통제 과정을 계발해 위험 감수 행동을 좀더 효과적으로 회피하도록 하는 친사회적·인지적 지원을 포함할 것이다. 이런 전략은 중독 고위험군, 예

- P3 파형을 뒷받침하는 세타 주파수대의 뇌파 진동은 알코올 사용 장애와 그 위험군에서 나타나는 인지 기능 저하와 밀접한 관련이 있다. 맨 위의 그림은 EEG 시간-주파수 분석 결과로, 시각적 과제에서 표적 자극에 대한 뇌의 반응을 나타낸 것이다. 여기서 머리 그림은 알코올 중독자군과 일반인 대조군 사이의 사건 관련 진동 세기 및 뇌 영역별 분포에서 나타나는 차이를 보여준다. 두 번째 그림에 제시된 확률의 로그 점수(logarithm of odds, LOD) 그래프는 7번 염색체와 전극 위치 Fz, Cz, Pz에서 측정된 세타 사건 관련 진동 세기의 연결성을 나타낸다. 유전자 연결 분석은 전체 유전체를 대상으로 하며, 가족 내에서 특정한 양적 형질(여기서는 세타 사건 관련 진동 세기)이 염색체상의 다형적 유전자 표지자와 연관되는지를 살펴본다. 이 분석을 통해 연결 신호가 높은 영역에서 두 가지의 후보 유전자(GRM8, CHRM2)가 확인됐다. 세 번째 그림은 CHRM2 유전자의 구조를 나타낸 도식이며 유전자의 전사 코딩 부위는 회색으로, 엑손(exon)은 구획으로 표시돼 있다. 후보 유전자 연구는 유전적 연결성이 뚜렷이 나타난 영역에 존재하거나, 생물학적으로 관련성이 높은 유전자를 중심으로 수행된다. 마지막 그림에 나타난 유전자 연관성 분석은 후보 유전자 내의 단일 염기 다형성 각각에 대해 해당 유전자와 형질(여기서는 세타 사건 관련 진동 세기) 간 관계를 살펴본다. CHRM2 유전자 내부와 엑손과 인트론(intron)을 포함해 인접 영역에 분포한 단일 염기 다형성들이 분석 대상이 되는데, 이 중 세타 사건 관련 진동 세기와 통계적으로 유의미한 연관성이 있는 단일 염기 다형성은 붉은 점으로 표시되며, 형질과 관련한 유전자 위치로 간주된다. UTR은 비해독부위를 가리킨다―옮긴이.

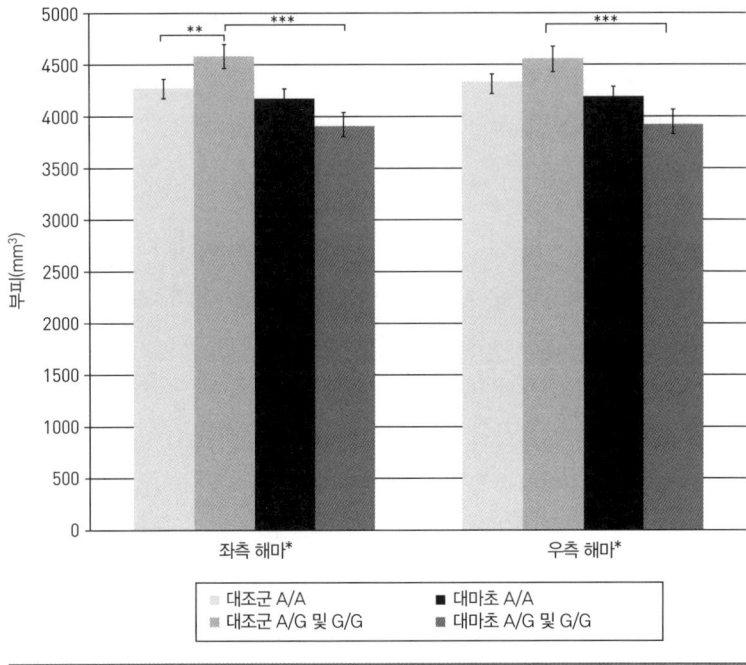

그림 10.5 뇌 부피의 변화는 대마초 사용 장애의 엔도페노타입일 수 있다. 이 그래프는 대마초 사용자군과 건강한 대조군을 유전자형에 따라 분류 및 비교했을 때 양측 해마의 부피 차이가 유의했음을 보여준다. 집단과 유전자형 간 상호 작용에 대해 유의 수준 $^*P \leq 0.05$; 대조군 중 A형 대립 유전자 동형 접합자와 G형 대립 유전자 보유자 간 차이에 대해 $^{**}P \leq 0.05$; 대마초 사용자군과 대조군 중 G형 대립 유전자 보유자 간 차이에 대해 $^{***}P \leq 0.001$. (출처: Schacht et al., 2012.)

를 들어 중독과 관련한 가족력이나 또래 친구들의 영향, 외면화(外面化) 및 위험 감수 행동, 정신 질환이 나타나는 청소년에게 더 유용할 수 있다. 치료의 관점에서 보면 위험 요인이 증상을 악화시킬 수 있다. 따라서 치료적 접근에서도 이런 취약성의 메커니즘을 파악하고 관리하는 데 중점을 둬야 한다. 포괄적 인지 평가(comprehensive cognitive assessment)는 중독의 증상을 악화시키는 위험 요인으로 인한, 유의미한 인지적 손상을 밝히는 데 도움이 된다. 개개인의 인지적 프로필을 파악하면 특정한 위험 요인이 있는 사람들을 위한 맞춤형 치료 전략을 촉진할 수 있다.

중독에서의 성차

남성과 여성은 약물에 대한 반응이 다를 수 있고, 이런 메커니즘에 대한 이해가 시급하다. 이는 더 효과적인 중독의 치료법을 제공하고, 치료 결과에 영향을 미치는 호르몬의 작용을 조절할 방법을 모색하는 데에도 도움이 된다. 중독의 진행 과정에서 성차가 나타나는데, 행동 면에서 여성은 남성보다 중독이 더 빨리 깊어지고 금단 증상도 더 심하다. 예를 들어 실험용 암컷 쥐는 수컷 쥐보다 더 낮은 역치에서 장소에 대한 조건부 선호(특정한 장소와 약물을 연관시킴을 뜻한다-옮긴이)를 나타내고, 약물 관련 조건 자극에도 더 민감하게 반응한다. 성별 차이는 뇌 기능에서도 관찰할 수 있다. fMRI를 사용한 연구(Wetherill et al., 2015)에 따르면 약물과 관련한 자극을 제시했을 때 여성의 선조체, 해마, 편도체, 외측 안와 전두 피질에서 남성보다 더 강한 반응이 나타났다. 이는 보상 처리 방식이 성별에 따라 다를 수 있음을 시사한다.

성별 차이뿐만 아니라, 호르몬이 약물에 대한 반응에 미치는 영향 관련 연구도 있다. 여성의 경우 생리 주기에 따라 주관적 느낌이 변해 여포기(난자가 성숙하는 시기-옮긴이)에는 약물(예: 코카인)에 대한 반응이 강하게 나타나지만 황체기(배란 후부터 생리 시작일까지의 시기-옮긴이)에는 이런 반응이 감소한다. 전임상 연구에서도 소포 호르몬(여성 호르몬의 일종—옮긴이) 수치가 높을 때는 약물 사용을 다시 시작하려는 행동이 증가하지만, 프로게스테론이 이런 효과를 억제한다는 결과가 나왔다. 또한 발정 주기(發情週期)에 따라 자극제가 정신 운동 행동에 미치는 영향이 달라졌다(Bobzean et al., 2014).

이제까지의 연구에서는 중독에서 성차가 나타나는 주요한 메커니즘이 호르몬과 도파민 기능의 상호 작용일 가능성을 시사한다. 먼저 남성과 여성의 기본적 차이가 있다. 여성은 남성보다 도파민 수치가 낮은 것으로 알려졌으며, 이는 중독에 대한 충동성과 취약성을 증가시킬 수 있다. 남성은 여성보다 선조체 내 도파민 수용체가 약 10퍼센트 더 많으며 선조체에서 도파민이 더 많이 방출된다. 소포 호르몬이 도파민에 미치는 영향도 성별에 따라 다르다. 소포 호르몬은 선조체에서의 도파민 방출을 직접 촉진하는데, 여성의 경우 도파민 D_2 수용체의 결합을 감소시키는 반면 남성의 경우에는 그렇지 않다.

인과 관계의 문제

중독의 신경과학에서 중요한 질문이 뇌의 이상은 약물에 대한 개인의 취약성을 높이는 중독의 원인인지, 아니면 약물의 직접 영향인지 하는 것이다. 이 질문에 답하려면 약물 노출 전후로 뇌의 핵심 과정을 평가하는 연구가 이상적이다. 그러나 이런 연구는 어렵고 비싸다. 따라서 현재 우리에게 정보를 주는 종단 연구는 몇 편뿐이다. 그중 하나가

〔흔히 "더니딘 종단 연구(Dunedin Longitudinal Study)"라고 부르는〕 더니딘 다학제 간 건강 및 발달 연구(Dunedin Multidisciplinary Health and Development Study)로, 1972년 4월부터 1973년 3월 사이에 뉴질랜드의 더니딘에서 태어난 1037명의 동년배(코호트) 집단을 평가한 장기 연구다. 이 연구의 결과에 따르면 청소년기에 대마초를 시작해 매일 상용한 사람들은 정신병 및 인지 기능 저하의 위험이 증가했는데, 예를 들어 11세에서 38세까지 IQ 점수가 8점 감소했다(그림 10.6 참조)(Meier et al., 2012).

(a)

(b)

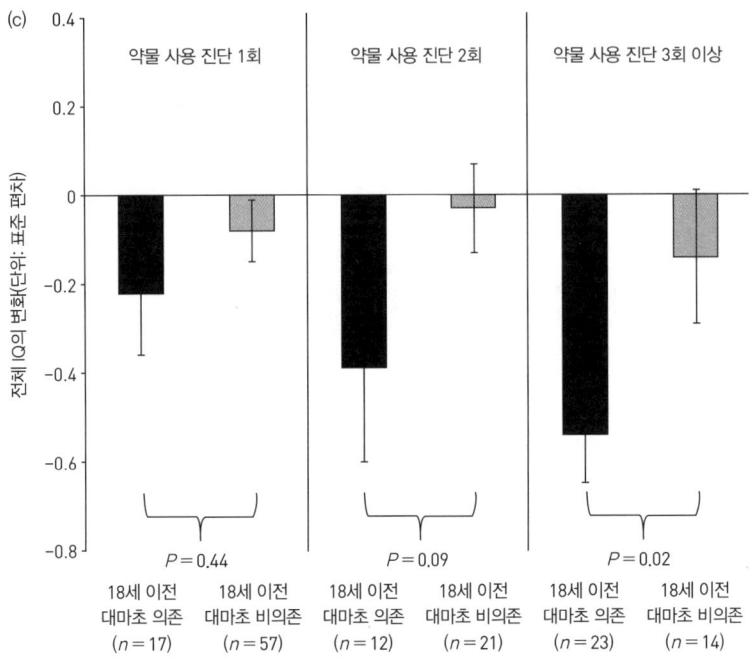

그림 10.6　(a) 출생 코호트 연구 설계(birth cohort design). (b) 이 전향적 연구에서는 알코올 및 약물 사용을 시작부터 조사했다. (c) 더니딘 연구에서는 출생 코호트에 대한 전향적 종단 설계를 통해 아동기에서 성인기에 이르기까지 전체 IQ 변화(표준 편차 단위로 측정함)의 변화를 발견했다. 청소년기에 대마초 사용을 시작한 사람들(검은색 막대)은 성인기에 사용을 시작한 사람들(회색 막대)에 비해 IQ 감소 폭이 더 컸다. 〔출처: (b) https://pixabay.com/en/weed-smoke-drug-marijuana-joint-837125/; (c) Meier et al., 2012.〕

종합 결론

신경과학 연구는 인간의 약물 중독에서 신경생물학적 기초를 규명하기 위해, 동물의 약물 중독 모델에서 나온 중요한 발견을 확장함으로써 중독이라는 뇌 질환에 대한 지식을 발전시켰다. 신경생물학적 틀에 대한 실증적 증거를 제공한 연구를 통해 과거 행동 연구에서 밝혀낸 여러 개념을 뒷받침할 수 있었다. 신경과학 연구는 보상, 동기, 억제성 통제의 기초인 보상 과정을 조절하는 생물학적 경로를 규명함으로써 중독의 예방 및 치료 전략을 설계하는 데 중요한 진입점을 제공했다. 또한 신경과학 연구에서는 갈망과 금단 증상 같은 행동적 증상이 어떤 과정을 거쳐 발생하는지도 분석한다. 이런 연구를 통해 우리는 중독이 오래가는 이유인 신경 적응과 이런 변화에 개입하는 광범위한 뇌 네트워크, 특히 도파민성 신경 투사가 조절하는 중뇌-피질-변연계 네트워크를 이해하게 됐다. 또한 이런 연구는 중독의 순환 과정 전반에서 약물의 정적 강화 효과와 약물 금단의 부적 강화 효과로 이어지는 동적 변화를 설명하는 데에도 도움을 줬다. 이런 신경과학적 지식을 기반으로 치료법을 설계하면, 뇌의 특정 경로를 표적으로 삼거나 유익한 것으로 판명된 행동적·약리학적 접근을 통해 증상을 개선할 수 있다. 마지막으로 신경과학 연구를 통해 중독의 유전적 메커니즘과 표현형 사이에서 일어나는 여러 사건을 삼각 측량할 수 있게 됐다. 이를 통해 중독의 위험을 증가시키는 요인뿐만 아니라, 중독으로부터 사람들을 보호하는 요인에 대해서도 좀더 이해할 수 있다.

   이런 과정에 대한 우리의 이해와 함께 지식의 공백도 더욱더 분명해졌고, 해결해야 하는 과제는 여전히 남아 있다. 이 책의 집중 조명에서는 현재 사회적으로 중요한 의미가 있는, 이런 공백을 강조하고 있다. 중독과 관련한 낙인을 변화시키고 해소하는 데 필요한 활동의 예는 이 장의 집중 조명 2를 참조하라.

10장 요약

○ 신경과학 기술의 발전은 우리가 중독을 뇌 질환으로 이해하는 데 중요한 진전을 가져왔다.
○ 신경 영상 기술을 통해 뇌의 전기생리학적·기능적·구조적·생화학적 구성 요소를 측정할 수 있는 길이 열렸다.
○ 뇌 영상 기법은 뇌의 구조 및 기능과 중독의 행동적 증상 간 연관성에 대한 증거를 제공한다.
○ 중독과 관련한 행동적 증상의 신경 메커니즘을 이해하는 것은 치료의 잠재적 표적을 찾는 데 중요하다.
○ 물질 사용 장애에서 도파민 조절의 이상은 생물학적 성별과 호르몬 수치에 영향을 받는다.

복습 문제

○ 위험 요인은 어떻게 뇌를 중독에 취약하게 만들까?
○ 중독의 엔도페노타입을 식별할 때의 이점은 무엇일까?
○ 약물에 대한 반응성에서 남성과 여성의 차이를 결정하는 메커니즘은 무엇일까?

더 읽을거리

Abasi, I. & Mohammadkhani, P. (2016). Family risk factors among women with addiction-related problems: an integrative review. *Int J High Risk Behav Addict*, 5(2), e27071. doi:10.5812/ijhrba.27071.

Buckland, P. R. (2008). Will we ever find the genes for addiction? *Addiction*, 103

(11), 1768–1776. doi:10.1111/j.1360-0443.2008.02285.x.

Ducci, F. & Goldman, D. (2008). Genetic approaches to addiction: genes and alcohol. *Addiction*, 103(9), 1414–1428. doi:10.1111/j.1360-0443.2008.02203.x.

Feldstein Ewing, S. W., Filbey, F. M., Loughran, T. A., Chassin, L. & Piquero, A. R. (2015). Which matters most? Demographic, neuropsychological, personality, and situational factors in long-term marijuana and alcohol trajectories for justice-involved male youth. *Psychol Addict Behav*, 29(3), 603–612. doi:10.1037/adb0000076.

Filbey, F. M., Schacht, J. P., Myers, U. S., Chavez, R. S. & Hutchison, K. E. (2010). Individual and additive effects of the *CNR1* and *FAAH* genes on brain response to marijuana cues. *Neuropsychopharmacology*, 35(4), 967–975. doi:10.1038/npp.2009.200.

Ketcherside, A., Baine, J. & Filbey, F. (2016). Sex effects of marijuana on brain structure and function. *Curr Addict Rep*, 3, 323–331. doi:10.1007/s40429-016-0114-y.

Konova, A. B., Moeller, S. J., Parvaz, M. A., et al. (2016). Converging effects of cocaine addiction and sex on neural responses to monetary rewards. *Psychiatry Res*, 248, 110–118. doi:10.1016/j.pscychresns.2016.01.001.

McCrory, E. J. & Mayes, L. (2015). Understanding addiction as a developmental disorder: an argument for a developmentally informed multilevel approach. *Curr Addict Rep*, 2(4), 326–330. doi:10.1007/s40429-015-0079-2.

Morrow, J. D. & Flagel, S. B. (2016). Neuroscience of resilience and vulnerability for addiction medicine: from genes to behavior. *Prog Brain Res*, 223, 3–18.

doi:10.1016/bs.pbr.2015.09.004.

Prashad, S., Milligan, A. L., Cousijn, J. & Filbey, F. M. (2017). Cross-cultural effects of cannabis use disorder: evidence to support a cultural neuroscience approach. *Curr Addict Rep,* 4(2), 100-109. doi:10.1007/s40429-017-0145-z.

Puetz, V. B. & McCrory, E. (2015). Exploring the relationship between childhood maltreatment and addiction: a review of the neurocognitive evidence. *Curr Addict Rep,* 2(4), 318-325. doi:10.1007/s40429-015-0073-8.

집중 조명 1

스트레스와 중독의 관계

셰이머스 맥도널드(Seamus McDonald)는 불과 2살 반의 나이에 부모님이 총격으로 살해당하는 장면을 목격했다. 이 충격적인 사건은 순식간에 그의 삶을 바꾸었을 뿐만 아니라 이후의 인생 경로까지 크게 변화시켰다. 맥도날드는 책임감 있는 아버지이자 시민으로 살아왔는데, 폭력 피해자를 돕는 단체에 참여하면서 어린 시절 깊이 뿌리박힌 트라우마를 다시 떠올리게 됐다. 그는 부모님이 살해당한 사건으로 인한 PTSD를 완화하려고 대마초를 사용하기 시작했다.

미국소아과학회는 이제 독성 스트레스(toxic stress)를 행동적 문제와 어린 시절 겪은 스트레스/트라우마를 매개하는 메커니즘으로 본다. 독성 스트레스는 신체 내 여러 생물학적 시스템에 변화를 일으켜 PTSD

그림 S10.1 외상 후 스트레스 장애. (출처: www.pexels.com/photo/adult-alone-black-and-white-dark-551588/.)

나 중독 같은 행동적 문제와 기타 건강상의 문제를 유발할 수 있다(그림 S10.1 참조).

    PTSD 환자들은 대마초가 처방약보다 부작용이 적으면서도 증상을 완화하는 데 도움이 된다고 보고한다. 현재까지 알려진 바는 대부분 일화적 증거에 기반하고 있다. 대마초의 치료적 효과를 연구하는 데 미국 연방 정부의 정책, 특히 대마초를 1급 마약류로 분류하는 것은 큰 걸림돌이다. 하지만 일부 연구자들은 중요한 질문에 대한 답을 찾기 위해서는 이런 장벽을 극복할 가치가 있다고 생각한다.

집중 조명 2

한 로커의 중독과의 투쟁

2018년 2월, 시사 주간지 〈타임〉의 사설란에는 대중음악가인 플리(Flea)가 중독과의 싸움을 공개한, "마약의 유혹은 정말 끔찍하다(The temptation of drugs is a bitch)"라는 제목의 기고문이 실렸다(http://time.com/5168435/flea-temptation-drug-addiction-opioid-crisis/). 플리는 록 밴드 레드핫칠리페퍼스(Red Hot Chili Peppers)의 베이시스트로, 이 기사에서 자신이 어떻게 약물 남용과 중독에 빠졌다가 건강을 되찾았는지를 솔직하게 털어놨다. 그는 마약이 어린 시절부터 자신의 삶에 늘 존재했으며, 사랑하는 사람들이 중독으로 인해 비극적인 최후를 맞는 모습을 직접 목격했다고 밝혔다. 또한 아버지로서 책임을 다하는 것이 힘들었지만 중독과의 대결에서 그에게 중요한 영향을 미쳤으며 결국 승리하는 데 도움이 됐다고 전했다. 플리는 회복 과정에서 개인적 동기를 비롯해 상담, 명상, 운동, 영적 지지 같은 다양한 지원 시스템이 큰 역할을 했다고 강조했다. 마지막에 그는 중독의 어려움을 인식하고 받아들이는 것이 "(나를) 마약의 유혹에서 멀어지게 했다"고 말했다. 이어서 중독이 만성적임을 시사하며 "중독은 항상 거기 있으며 이리 와서 정신 차리라고 당신을 유혹한다"고 말했고, 그의 절제력을 계속해서 시험하는 극심한 불안감을 설명했다.

미국에서 오피오이드 위기가 심각해진 현재 상황과 관련해, 플리는 오피오이드와 관련한 자신의 경험을 돌이켜보면서 이 위기에 의료계가 어떤 역할을 했는지에 대해 솔직하게 밝히고 있다(오피오이드 위기를 해결하기 위한 법적 대응에 관해서는 9장의 집중 조명 2 참조). 그는 한 번은 팔이 부러졌는데 의사가 옥시코돈(상표명: 옥시콘틴)을 과다하게 처방했다고, 즉 하루 네 알을 복용하라는 지시와 함께 두 달 치를 주며 퇴원시켰다고 설명했다. 플리는 이 약이 신체적 통증을 완화해주기는 했지만 정상적 생활과 직업 활동을 유지하는 능력을 심각하게 저하시켰다고 말했다. 그는 2개월분 약을 다 복용하기 전에 옥시코돈 사용을 중단했지만, 이런 경험을 통해 우리가 통증 관리에 대해 얼마나 무지한지, 그리고 현재의 방식에 어떤 개선이 필요한지를 깨달았다고 전했다.

참고문헌

Bobzean, S. A., DeNobrega, A. K. & Perrotti, L. I. (2014). Sex differences in the neurobiology of drug addiction. *Exp Neurol*, 259, 64-74. doi:10.1016/j.expneurol.2014.01.022.

Casey, B. J., Tottenham, N., Liston, C. & Durston, S. (2005). Imaging the developing brain: what have we learned about cognitive development? *Trends Cogn Sci*, 9(3), 104-110. doi:10.1016/j.tics.2005.01.011.

Chocyk, A., Majcher-Maslanka, I., Przyborowska, A., Mackowiak, M. & Wedzony, K. (2015). Early-life stress increases the survival of midbrain neurons during postnatal development and enhances reward-related and anxiolytic-like behaviors in a sex-dependent fashion. *Int J Dev Neurosci*, 44, 33-47. doi:10.1016/j.ijdevneu.2015.05.002.

Ducci, F. & Goldman, D. (2012). The genetic basis of addictive disorders. *Psychiatr Clin North Am*, 35(2), 495-519. doi:10.1016/j.psc.2012.03.010.

Giorgio, A., Watkins, K. E., Chadwick, M., et al. (2010). Longitudinal changes in grey and white matter during adolescence. *Neuroimage,* 49(1), 94-103. doi:10.1016/j.neuroimage.2009.08.003.

Gogtay, N., Giedd, J. N., Lusk, L., et al. (2004). Dynamic mapping of human cortical development during childhood through early adulthood. *Proc Natl Acad Sci U S A,* 101(21), 8174-8179. doi:10.1073/pnas.0402680101.

Goldman, D., Oroszi, G. & Ducci, F. (2005). The genetics of addictions: uncovering the genes. *Nat Rev Genet,* 6(7), 521-532. doi:10.1038/nrg1635.

Gottesman, I. I. & Gould, T. D. (2003). The endophenotype concept in psychiatry: etymology and strategic intentions. *Am J Psychiatry,* 160(4), 636-645. doi:10.1176/appi.ajp.160.4.636.

Gottesman, I. I. & Shields, J. (1972). *Schizophrenia and Genetics; a Twin Study Vantage Point.* New York: Academic Press.

Hariri, A. R. (2009). The neurobiology of individual differences in complex behavioral traits. *Annu Rev Neurosci,* 32, 225-247. doi:10.1146/annurev.neuro.051508.135335.

Hasan, K. M., Sankar, A., Halphen, C., et al. (2007). Development and organization of the human brain tissue compartments across the lifespan using diffusion tensor imaging. *Neuroreport,* 18(16), 1735-1739. doi:10.1097/WNR.0b013e3282f0d40c.

Lebel, C., Caverhill-Godkewitsch, S. & Beaulieu, C. (2010). Age-related variations of white matter tracts. *Neuroimage,* 52(1), 20-31. doi:10.1016/j.neuroimage.2010.03.072.

Meier, M. H., Caspi, A., Ambler, A., et al. (2012). Persistent cannabis users show neuropsychological decline from childhood to midlife. *Proc Natl Acad Sci U S A,* 109(40), E2657-E2664. doi:10.1073/pnas.1206820109.

Rangaswamy, M. & Porjesz, B. (2008). Uncovering genes for cognitive (dys)function and predisposition for alcoholism spectrum disorders: a review of human brain oscillations as effective endophenotypes. *Brain Res,* 1235, 153-171. doi:10.1016/j.brainres.2008.06.053.

Schacht, J. P., Hutchison, K. E. & Filbey, F. M. (2012). Associations between cannabinoid receptor-1 (*CNR1*) variation and hippocampus and amygdala volumes in heavy cannabis users. *Neuropsychopharmacology,* 37(11), 2368-2376. doi:10.1038/npp.2012.92.

Shaw, P., Kabani, N. J., Lerch, J. P., et al. (2008). Neurodevelopmental trajectories of the human cerebral cortex. *J Neurosci,* 28(14), 3586-3594. doi:10.1523/JNEUROSCI.5309-07.2008.

Villafuerte, S., Heitzeg, M. M., Foley, S., et al. (2012). Impulsiveness and insula activation during reward anticipation are associated with genetic variants in GABRA2 in a family sample enriched for alcoholism. *Mol Psychiatry,* 17(5), 511-519. doi:10.1038/mp.2011.33.

Wetherill, R. R., Jagannathan, K., Hager, N., Childress, A. R. & Franklin, T. R. (2015). Sex differences in associations between cannabis craving and neural responses to cannabis cues: implications for treatment. *Exp Clin Psychopharmacol,* 23(4), 238-246. doi:10.1037/pha0000036.

Wierenga, L. M., van den Heuvel, M. P., van Dijk, S., et al. (2016). The development of brain network architecture. *Hum Brain Mapp,* 37(2), 717-729. doi:10.1002/hbm.23062.

용어 해설

갈망(craving) 물질을 사용하거나 얻고 싶어 하는 강한 욕구. 지속적으로 나타날 수도 있고, 갑자기 또는 약물 관련 단서를 제시하면 발생할 수도 있다.

강화물(reinforcer) 특정한 행동이 발생할 가능성을 증가시키는 모든 조건. 중독의 맥락에서는 약물 사용 또는 재사용을 촉진하는 단서, 상황, 대상을 포함한다.

고전적 조건화(classical conditioning) 반복적 노출을 통해 특정한 자극과 관련 없는 자극을 연합하는 학습 및 기억의 메커니즘. 일반적으로 두 자극이 반복해서 주어진 후에 나타난다.

교감 신경 작용제(sympathomimetic) 교감 신경계를 활성화해 특유의 생리적 효과를 유발하는 물질.

금단 증상(withdrawal) 약물 사용을 갑자기 중단했을 때 나타나는 신체적·심리적 증상. 이런 증상은 보통 약물 사용자들에게 부정적으로 지각되며, 금욕을 유지하기 어렵게 만든다.

길항제(antagonist) 수용체의 활성화를 차단하는 분자 또는 리간드. 작용 방식에 따라 부분적·비가역적 차단, 또는 완전한 차단이 가능하다.

내성(tolerance) 반복적 약물 사용 후, 처음 사용한 때와 동일한 효과를 얻기 위해 더 많은 양의 약물이 필요해지는 현상.

내적 감각(interoception) 뇌가 신체의 감각, 행동, 인지를 통합해 자아감을 형성하는 능력.

노력-보상 계산(effort-reward calculation) 행동하는 데 필요한 비용으로서의 에너지(노력)와 기대되는 결과의 이익(보상)을 비교해 의사 결정을 할 때의 정신적 계산.

뇌전도(electroencephalography, EEG) 뇌 피질 신경세포의 전기적 전도를 기록하는 전기생리학적 기술. 높은 시간 해상도로 인해 실시간 뇌 활성 측정이 가능하다.

단기 중독(intoxication) 약물을 일정량 이상 섭취한 후 나타나는 행동적·생리적·인지적 변화.

단서 반응성(cue reactivity) 약물을 찾거나 복용하는 행동과 (자연적 또는 반복적 노출을 통해) 연합된 다양한 자극에 대한 조건화된 반응(갈망)(예를 들어 약물 사용과 자주 연결된, 특정한 장소·사람·냄새·소리 같은 자극을 다시 접하면 약물을 보지 않고도 강한 갈망이나 충동이 생길 수 있다—옮긴이).

단일 광자 방출 컴퓨터 단층 촬영(single-photon emission computed tomography, SPECT) 핵의학 기술과 감마선 카메라를 사용해 뇌 속에 분포한 방사성 물질의 여러 2차원 이미지를 조합함으로써 3차원 이미지를 만들어내는 신경영상 기술(뇌의 활동이나 혈류 상태 등을 입체적으로 확인할 수 있다—옮긴이).

대립 과정 이론(opponent-process theory) 항상성을 유지하는 메커니즘. 정서적 반응을 일으키는 사건이 발생할 때마다, 뇌는 이에 상반되는 정서적 반응을 유도함으로써 정서적 반응 전반을 중립에 가깝게 유지한다. 긍정적 자극이나 사건이 갑자기 사라지는 경우 부정적 반응의 감소가 이어진다.

도파민(dopamine) 운동, 정서, 동기, 보상을 조절하는 뇌 영역의 주요 신경 전달 물질.

동기 강화 치료(motivational enhancement therapy, MET) 약물 사용을 중단하고 치료에 참여하도록 내재적 동기를 신속히 유발하는 치료법.

두개 내 자기 자극(intracranial self-stimulation) 동물 실험에서 약물의 강화 효과를 모방하고 도파민 신호를 만들어내기 위해 사용되는 방법. 이 실험에서는 동물의 뇌, 특히 정중 전뇌 다발(median forebrain bundle)에 수술로 전극을 삽입한다. 동물이 레버를 당기거나 버튼을 누르면 그 부위에 약한 전기 자극이 가해진다.

마약(narcotics) 아편, 아편 유도체(opium derivatives), 이것들의 부분적 합성 대체물을 포함하는 약물군. "혼미"를 뜻하는 그리스어(stupor)에서 유래했으며 감각을 둔화시키고 일반적으로 진통의 완화를 위해 처방된다.

무동기 상태(amotivation) 정서나 추동이 약해지거나 분리돼 나타나는 동기의 부족.

바이오마커(biomarkers) 생체 기능의 정상적 상태, 병리학적 변화, 약리학적 반응 등을 객관적으로 측정하고 정량화할 수 있는 생물학적 또는 의학적 지표의 넓은 하위 범주. 질병의 경과, 치료의 효과, 화학 물질이나 영양소에 대한 환경적 노출에 대한 반응을 평가하는 데 활용된다.

방사성 뉴클레오타이드(radionucleotides) 방사성 추적자(radioactive tracer)가 부착된 뉴클레오타이드(DNA의 기본 단위-옮긴이).

방사성 추적자(radiotracer) 특정한 생물학적 분자에 붙여 미세한 방사선 신호를 검출할 수 있게 하는 화학물질. 이 물질을 붙인 분자를 생체·내에 삽입하면 생리학적 특성(예: 뇌 속에서 수용체와 물질의 결합, 분자의 확산)을 측정할 수 있다. 그 신호를 통해 살아 있는 사람이나 동물의 몸속에서 어떤 일이 일어나고 있는지 파악한다.

베타 스펙트럼 전력(β spectral power) EEG 신호에서 베타파 주파수(약 13~30헤르츠) 대역의 신호 강도.

병인론(etiology) 질병의 원인과 기원을 탐구하는 의학적 연구 분야.

보상 결핍 증후군(reward deficiency syndrome) 주로 *DRD2* 유전자에 문제를 일으키는 유전 질환. 도파민 D_2 수용체의 기능을 손상시켜 뇌 기능에 필요한 도파민이 부족해진다. 이런 세포 수준의 이상 때문에 뇌에서 보상의 처리가 제대로 되지 않아(즉 만족감을 얻기 어려워져-옮긴이) 개인이 중독 행동에 더 쉽게 빠진다.

분획 이방성(fractional anisotropy) 뇌에 뻗은 전체 백질 신경로의 확산 방향성 및 범위를 계산 및 평가하는 기법.

불쾌감(dysphoria) 약물과 관련이 없는 일반적 보상 경험에서 즐거움을 얻지 못함.

생태학적 타당도(ecological validity) 실험 결과가 실제 환경에서의 시나리오나 현상을 얼마나 반영하는지를 나타내는 정도. 연구 결과가 현실 세계의 사건을 일반화하고 설명하고 예측할 수 있는지를 나타낸다.

선호성(appetitiveness) 자극, 대상, 사건이 선호하는 반응을 유도하는 정도.

신경로 추적(tractography) 중추 신경계 전반에 걸쳐 정보의 전달과 처리를 가능케 하는 뇌 영역들 간의 해부학적 연결을 측정하는 기법. 뇌 전체에 존재하는 백질 경로를 MRI 기술을 활용해 지도화한다.

신뢰도(reliability) 측정 도구나 연구의 차이에도 불구하고 실험 결과가 일관적으로 나타나는 정도. 신뢰도의 중요성은 연구 결과의 정확성, 신뢰성, 재현 가능성을 보장하는 데 있다.

신생아 금단 증후군(neonatal abstinence syndrome) 자궁 내에서 아편류에 노출된 신생아에게 나타나는 증후군이다. 이는 약물 금단 증후군으로 자율신경 불안정, 경련성 운동, 과민성, 미숙한 빨기 반사, 체중 증가 장애, 어떤 경우에는 발작 등의 증상을 포함한다.

신호 전달(transduction) 세포에서 화학적·전기적 신호를 주고받는 과정. 이런 신호는 시냅스에서 세포막을 통해 전달되며, 세포 내에서 고유한 생리적 과정을 유도할 뿐만 아니라 인접한 세포 또한 활성화한다.

아세트산염(acetate) 아세트산이 생성하는 염(鹽)으로, 뇌의 신경 교세포가 대사하는 물질. 분자식: $CH_3CO_2^-$.

알로스테릭(allosteric) 비활성 부위(효소나 수용체에서 활성 부위가 아닌 부위 – 옮긴이)를 통한 간접적 조절.

약물 반감기(drug half-life) 혈장 내 약물 농도가 절반으로 감소하는 데 걸리는 시간.

약물에 대한 기대(drug expectancy) 사용자가 약물을 섭취하기 전 예상하는 인지적·지각적 반응. 이 현상을 연구하면 약물 사용의 시작, 강화, 지속적 사용에 대한 통찰을 얻을 수 있다.

약물 재사용(reinstatement) 일정 시간 동안 금단 또는 사용 소멸이 지속된 후, 다시 약물을 사용하는 현상.

약역학(pharmacodynamics) 약물 농도, 작용 부위, 행동적·생물학적 효과, 약물 작용 시간, 효과의 강도 간 상호 작용을 연구하는 생의학의 분야. 약물의 용량, 독성, 임상적 효과를 결정하는 데 필수적이다.

양전자 방출 단층 촬영(positron emission tomography, PET)　방사성 추적자를 이용해 뇌의 혈류, 대사, 신경 전달 물질 결합, 방사성 약물의 농도 등 생리학적 기능의 측정을 가능케 하는 비침습적 신경 영상 기법.

억제성 시냅스 후 전위(inhibitory post-synaptic potential)　시냅스에서 신경세포막의 전기적 전도성이 감소해 활동 전위의 발생 가능성이 낮아지는 현상.

억제제(depressant)　중추 신경계 활동을 둔화시키는 물질. 일반적으로 GABA성 신경세포를 활성화하며 진정제, 신경 안정제, 알코올 등을 포함한다.

엔도페노타입(endophenotype)　특정한 행동이나 질환, 기타 심리생리학적 요인과 관련해 나타나며 유전적 검사를 통해 확인되는 유전적 특성. 엔도페노타입에 대한 분석은 정신 질환에서 유전자와 환경 간의 상호 작용을 좀 더 정밀하게 평가하는 데 활용된다.

역행 차폐(backward masking)　특정한 자극을 제시한 후 거의 즉시 가리거나 감추는 실험 기법. 시공간적(時空間的) 처리, 운동 지각, 반응 속도 등을 연구하는 데 유용하다.

우세 반응(pre-potent response)　새롭거나 관련이 있는 자극에 직면할 때 가장 먼저 나타나는 즉각적·자동적 반응. 이런 반응은 많은 상황에서 맥락, 환경, 다른 정보에 대한 고려에 따라 억제된다.

위험 요인(risk factors)　부정적 결과에 선행하며 그 가능성이 높아지는 것과 관련이 있는, 생물학적·심리적 수준 또는 가족·지역 사회·문화 수준에서의 특징.

유관성 관리법(contingency management, CM)　약물 사용 중단의 유지, 상담 참여, 처방약 복용 준수 등에 보상이나 특권을 제공하는 것 같이 정적 강화를 활용하는 행동 치료 기법.

유인 민감화 이론(incentive sensitization theory) 약물이 보상 시스템에 신경학적 변화를 일으켜 약물에 대한 각성 및 약물을 얻고 사용하려는 동기를 증가시킨다는 이론. 약물이 주는 쾌감 자체는 변하지 않지만, 약물을 사용하고 추구하는 "원함" 정도가 병적으로 증가한다.

유인 현저성 이론(incentive salience theory) 물질에 대한 동기 또는 "원함"을 좋아함 또는 관련한 보상적 기억과 구분하는 이론. 동기가 중독의 필수 요소이며 약물을 얻는 것의 중요성이나 보상을 인식하는 데 일차적으로 작용한다고 제안한다.

유전력(heritability) 모집단 내에서 표현형에 따른 특성의 변이가 개인 간 유전적 변이에 따라 결정되는 정도를 나타내는 추정값.

이온 경사(ionic gradient) 세포막이 능동 수송체라는 단백질을 통해 전하를 띤 이온들(Na^+, K^+, Ca^{2+}, Cl^-)을 분리하는 과정을 가리키는 생화학적 개념. 이런 이온들은 이온 수용체가 열리면 농도 기울기를 따라 세포막을 가로질러 이동하며, 그 결과 세포의 전하 상태에 변화가 발생한다. 이런 생리적 메커니즘은 세포 수준에서 이뤄지는 주요 생물학적 기능들에 핵심 요소로 작용한다.

인지 행동 모델(cognitive behavioral model) 정신적 과정이 정서적·행동적(생리적) 반응에 영향을 미친다는 가정에 기반한 이론.

인지 행동 치료(cognitive behavioral therapy, CBT) 환자가 약물 남용의 가능성이 높은 상황을 인식하고 미리 회피하며 대처하는 법을 배우도록 돕는 치료의 유형.

자극제(stimulant) 노르에피네프린과 도파민을 포함하는 신경 전달 물질인 모노아민에 신경화학적으로 작용해 각성 및 인지 향상을 유도하는 물질. 다른 생리학적 시스템도 자극해 심박수 증가, 혈압 상승, 혈당 증가, 호흡 촉진 등의 변화를 유발한다.

자기 공명 분광법(magnetic resonance spectroscopy, MRS) MRI를 보완하는 기술. (뇌종양의 크기와 위치를 평가하기 위해) 수소 양성자가 다양한 분자에 결합한 정도를 측정함으로써 서로 다른 조직의 특성을 파악하고 뇌 대사산물의 다양한 농도를 알 수 있다.

자기 공명 영상(magnetic resonance imaging, MRI) 자기장과 라디오파를 이용해 신체의 내부 구조를 영상화하는 기술.

작용제(agonist) 특정한 세포 수용체를 활성화하는 분자 또는 리간드.

장소 선호(place preference) 약물로 인한 보상을 실험동물을 이용해 비침습적으로 평가하는 방법. 특정한 구역에서 약물을 투여한 후, 동물이 해당 구역에서 머무르는 시간이 증가한다면 약물에 보상적 효과가 있음을 의미한다.

정서 조절(emotion regulation) 개인이 자신의 정서적 경험 및 표현을 조절하는 능력.

정확도(accuracy) 실험 결과가 실제 또는 올바른 값에 얼마나 부합하는지를 나타내는 지표.

지연 할인(delay discounting) 시간이 지연된 뒤 받는 보상이나 처벌의 가치를 낮게 평가하는 경향. 일반적으로 더 작은 즉각적 보상을 더 큰 장기적 보상보다 선호하는 원리를 설명하는 개념으로 간주한다.

초전도 양자 간섭 장치(superconducting quantum interference device, SQUID) 신경세포의 미세한 자기장 변화를 감지할 수 있는 고감도 자기계. 시간 해상도가 높아 뉴런의 연속적 발화를 실시간으로 추적할 수 있다.

최종 공통 경로(final common pathway) 약물학적으로 모든 중독성 약물이 영향을 미치는 중뇌-변연계 도파민 시스템. 보상을 처리하는 핵심 신경 회로로 작용하며, 중독과 관련한 보상 시스템 기능 이상으로 영향을 받는 중심 시스템이라고 본다.

카나비노이드(cannabinoids) 내인성 카나비노이드 시스템을 조절하는, 자연적으로 존재하거나 합성된 화합물. 인체 내의 CB1 및 CB2 수용체를 활성화시키며 작용한다. 카나비노이드는 식물에서 유래한 물질인 경우도 있고(예: 테트라하이드로카나비놀, 카나비디올), 인체에서 생성되는 경우도 있다(예: 아난다마이드, 2-아라키도노일글리세롤).

컴퓨터 단층 촬영(computed tomography, CT) 컴퓨터를 이용한 엑스선 촬영 기법으로, 특정한 해부학적 부위를 연속적 단면 영상으로 촬영해 3차원 구조를 재구성하는 기술. 신경과학 분야에서는 신경계의 구조 분석에 주로 활용한다.

콜린(choline) 신경 전달 물질인 아세틸콜린의 전구체로, 자기 공명 분광법을 이용한 뇌종양 검출에 사용된다. 또한 전신에 걸쳐 신경 전달 물질의 합성, 세포막 신호 전달, 지질 운반, 메틸기 대사 등 다양한 기능을 수행한다.

쾌락 기준점(hedonic set point) 약물을 반복해 사용하고 악순환이 이어진 후, 신경계가 변화하면서 보상 처리의 기준점이 낮아지는 현상. 일상적 보상 경험이 전처럼 만족스럽지 않아, 원래 쾌락 기준점을 되찾기 위해 약물을 계속해서 사용하게 된다.

쾌락 상실(anhedonia) 즐거움을 경험하는 능력이 감소함.

크레아틴(creatine) 세포가 높은 에너지를 요구할 때 사용되는 아미노산. 자기 공명 분광법에서 인간의 뇌세포 내 신경 대사 활동 평가에 활용된다.

타당도(validity) 특정한 평가나 결과가 의도한 개념·변수·현상을 정확히 측정 및 반영하는지의 여부. 타당도는 신뢰도와 밀접한 관계가 있다.

태아 알코올 증후군(fetal alcohol syndrome) 임신 중 발달하는 배아와 태아가 알코올에 노출되는 경우 나타나는 장애. 특징은 비정상적 안면 형태, 발달 문제, 상악골 발달 부전, 관절 및 손금 이상, 심장 결함, 출생 후 성장 및 발달 지연, 지적 장애, 중추 신경계 기능 이상 등이다.

테슬라(Tesla, T) 자기장의 세기 또는 강도를 측정하는 단위로, 주로 MRI 장비의 자기력 크기를 나타내는 데 사용된다. 테슬라값이 높을수록 MRI 영상의 해상도 또한 높아진다(고해상도의 뇌 영상이나 정밀한 조직 관찰을 위해서는 테슬라값이 높아야 한다—옮긴이).

파블로프식 조건 형성(Pavlovian conditioning) 두 가지 자극을 반복적으로 연합해 학습한 반응을 새로 형성하는 메커니즘. 이반 파블로프(Ivan Pavlov)가 최초로 제안했으며, 고전적 조건 형성이라고도 한다.

포도당 대사(glucose metabolism) 포도당은 뇌의 주요 에너지원으로, 신경세포 및 중추 신경계의 세포 내 미토콘드리아에서 아데노신3인산(ATP)을 생성하는 과정에 활용된다. ATP는 세포 전체에서 여러 기능을 수행하는 데 쓰인다.

피라미드 세포(pyramidal cell) 첨부 수상 돌기(apical dendrite)와 기저 수상 돌기(basal dendrite)가 뚜렷하게 나뉘는 독특한 형태의 신경세포. 핵이 피라미드형 구조를 이루는 것이 특징이다. 이 세포는 중추 신경계 전반에 풍부하게 분포하며 특히 대뇌 피질, 해마, 편도체에서 많이 발견된다. 복잡한 구조적 특성으로 인해 다양한 전문 기능에 유연하게 적응할 수 있다.

항상성(homeostasis) 유기체가 내부의 생물학적 시스템을 안정적으로 유지하기 위해 스스로를 조절한다는 개념.

행동 민감화(behavior sensitization)　특정한 물질을 반복해서 사용하고 그 물질에 노출될 때 나타나는 운동-자극 반응(motor-stimulant response)의 증가.

확률 할인(probability discounting)　동일한 보상이라도 확률적 조건에서 주어지는 경우, 확실히 주어질 때보다 더 낮은 가치를 부여하는 경향. 확률과 가치가 연합되면서, 결과적으로 보상받을 확률이 떨어질수록 그 보상의 주관적 가치도 감소한다.

확산성(diffusivity)　특정한 물질이 시스템을 통해 확산하는 방식과 특성.

환각제(hallucinogens)　사이키델릭스(psychedelics)라고도 한다. 지각, 기분, 인지 기능을 변화시키는 정신 활성 물질.

활성화 가능성 추정(activation likelihood estimation, ALE)　여러 연구 및 참여자의 신경 영상 데이터를 종합해 특정한 뇌 영역의 활성화 좌표를 결정하는 알고리듬. 이 방법은 다양한 실험에서 나타난 결과가 얼마나 일치하는지를 평가할 때 특히 유용하다.

후기 양성 전위(late positive potential, LPP)　느린(즉 300~700밀리초 동안 지속하는) 긍정적 사건 관련 전위로, 정서적으로 중요한 자극에 대한 주의를 측정하는 지표.

휴지기 상태 기능적 연결성(resting-state functional connectivity, rsFC)　fMRI를 활용해 뇌의 여러 영역 간 혈류 흐름을 분석하는 기법. 연구자는 이 방법을 통해 개인이 휴지기 상태(특정 과제를 수행하지 않는 상태-옮긴이)에 있을 때, 다양한 대뇌 피질 영역이 어떻게 서로 신호를 주고받으며 다른 신경 영역들과 소통하고 협력하는지 탐구할 수 있다.

흡입제(inhalants)　가정에서 흔히 사용되는 다양한 제품(기체, 액체, 에어로졸, 일부 고체)에 포함된 휘발성 물질(기체 또는 증기). 흡입은 일반적으로 코나 입을 통한 흡입, 봉지를 이용한 흡입, 분사를 통한 흡입으로 나눈다.

흥분성 시냅스 후 전위(excitatory post-synaptic potential) 시냅스의 신경세포막에서 일어나는 전기적 전도성의 변화. 활동 전위가 발생할 가능성을 **높인다**.

FBJ 쥐 골육종 바이러스 암 유전자 유사체 B(FBJ murine osteosarcoma viral oncogene homolog B, FosB) 신경 가소성과 관련한 주요 전사 인자. 중독으로의 전환에 중요한 역할을 하며, 중독을 영구적으로 지속시키는 비유적 "스위치"를 "켜는" 생물학적 기전으로 간주된다.

***N*-아세틸아스파르트산**(*N*-acetylaspartate, NAA) 자기 공명 분광법에서 가장 신뢰할 수 있는 대사 표지 물질. 중추 신경계 전반에 걸쳐 매우 높은 농도로 존재하는 분자다.

P300 뇌의 전기적 변화에 대한 양(positive, P)의 전압 범위와 자극 제시 이전 약 300밀리초의 잠복기. 이런 신경 전기 전도의 변화는 자극에 대한 생리적 반응이기보다, 참여자의 인지적 반응에 따라 유발되는 것으로 보인다.

찾아보기

용어

갈망
- -과 맥락적 단서　166~167
- -과 보상 시스템에 대한 하이재킹　103~105
- -과 생체 적응 이론　73
- -과 주의　170~171
- 단서 유발 - 모델　76
- 단서 유발 - 패러다임　161~164
- 사후의 -　176
- 신경 분자 수준에서 -의 메커니즘　171~173
- -의 신경 메커니즘　165
- -의 신경생리학적 기초　165~166
- -의 정의 및 관련 연구의 역사　159~161
- (갈망 관련) 생태학적 타당도　160, 162

감마아미노뷰티르산(GABA)

- -과 급성 금단 증상　141
- -과 아캄프로세이트　211~212
- -과 알코올 사용　117, 239
- -과 쾌락 반응　34

강박 장애　37~38

고전적 조건화 실험　32

과민 반응　69

교감 신경 작용　142

구조적 MRI　54

《국제질병분류(ICD)》　23, 29

금단
- -과 시스템 간 적응　147~149
- -과 유인 민감화 모델　69~70
- 급성 - 증상　140~143
- 뇌의 적응과 - 증상　35
- 만성 - 증상　143~144
- - 증상과 iRISA 이론　75

-증상과 뇌 기능　141~143
　　-증상과 물질 사용　25
　　-증상과 생체 적응 이론　71
　　-증상과 설탕　37~38
　　-증상과 중독의 어두운 면　36
　　-증상의 분류　137~138
　　-증상의 전기생리학적 메커니즘
　　　144~147
　　-증상의 정의　136
금전적 보상 지연과제　105
급성 금단 증상　140~143
기능적 자기 공명 영상(fMRI)
　　-과 갈망 연구　161, 209~211
　　-과 뇌 메커니즘　123~124
　　-과 역행 차폐　170~171
　　-과 인지 행동 치료　213
　　-과 중독에서의 성차　243
　　-과 청소년기　105
　　-에 대한 설명　54
기다리기　197
기다림 회로　198
기억과 중독　100~102
길항제　114

내성
　　-과 뇌의 적응　35
　　-과 물질 사용　25
　　-과 생체 적응 이론　70~73

　　-과 설탕　38
내수용 감각 관련 과정　76
노력-보상 계산　100
뇌
　　중뇌-피질-변연계 보상 시스템에 미치
　　　는 약물의 영향　35
　　청소년기의 -　233~235
뇌 기능
　　-과 단기 중독　118~124
　　-과 사랑　63
　　-과 충동성　195
　　금단 기간의 -　141~143
　　만성 금단 증상과 -　144
　　약물에 의한 -의 하이재킹　169~170
　　-의 측정　50~53
(뇌) 수상 돌기의 변화　171~173
뇌의 10년　206
뇌 자기 공명 영상 기술(MEG)　51~53
뇌전도 검사(EEG)
　　-와 갈망　165~166
　　-와 금단 증상　144~147
　　-와 뇌의 메커니즘　118~119
　　-와 알코올의 엔도페노타입　239
　　-의 수행　50~53
뇌 혈류　142
니코틴 사용
　　-과 갈망　162~164
　　-과 금단 증상　138, 142
　　-과 뇌의 메커니즘　118~120

-과 사회 계층　78

　-과 지연 할인　196~198

　-과 콜린성 시스템　96

　-의 약리학적 치료　211

　-의 인구통계학적 특성　26~28

　-의 작용 영역　116~117

단서 반응 접근법

　-과 갈망　161

　-과 메타돈　209

　-패러다임　161~164

단서 유발 갈망 이론　76

단일 광자 방출 컴퓨터 단층 촬영(SPECT)　57~58, 119

대립 과정 이론　70~71, 147~149

대마초 사용

　-과 내인성 카나비노이드 시스템　96

　-과 스트레스　250~251

　-과 엔도페노타입　239

　-과 유전학　60

　-과 지각한 스트레스 및 기분　77~78

　-과 치료 결과　219

　-에 대한 갈망　163

　-에 대한 종단 연구　244~245

　-의 금단 증상　138

　-의 작용 영역　117

　-의 행동적 효과　34

대사산물　57

더니딘 다학제 간 건강 및 발달 연구　245

도박 중독　37

도파민

　-과 갈망　162

　-과 보상 학습 메커니즘　93~95

　-과 유인 민감화 모델　70

　-과 쾌락 반응　34~35

　-과 행동의 활성화 및 노력　99~100

　-과 호르몬　244

　-과 ADHD　186~187

　-과 iRISA 이론　74~75

　만성 금단 증상과 -　143~144

도파민 고갈 가설　141

동기

　-와 미래의 약물 사용 예측　105~107

　-와 보상 학습 메커니즘　87~102

동기 강화 상담　214, 217

동기 강화 치료　214

동료 회복 전문가　223~224

동맥 스핀 라벨링　163

두개 내 자기 자극 실험　31, 88

디설피람　212

리간드　114

리세르그산 디에틸아미드(LSD)　41, 116

마리화나 문제 척도(MPS)　164

만성 금단 증상 143~144
메스암페타민 사용 96
메타돈 209
모르핀 31~32
무동기 상태 144
물질 사용 장애(SUD)
　-로서의 중독 23
　-의 분류 체계 29~31
　-의 행동적 증상 37~38
(물질의) 반감기 139
미국 국립보건원(NIH) 64
미국 마약단속국의 마약류 등급 분류 24
미국 마약단속국(DEA) 23
미국정신의학회 29

-과 갈망 167~170
-과 동기 87~102
-과 유인 민감화 69
-과 중독 34~37
-과 행동 및 약물 치료의 병행 215~216
부프로피온 134
분획 이방성 54
불안
　-과 대마초 사용 77
　-과 베타파의 높은 활동 145~146
　-과 인터넷/비디오 게임 중독 153~154
불쾌감 137

바렛 충동성 평가 185, 188
바이오마커 58
반보상 시스템 36
반응 선택 검사 190
방사성 뉴클레오타이드 57
방사성 추적자 162
베타 스펙트럼 전력 165
베타파 전력
　-과 갈망 165
　-과 불안 146~147
변연계 피질 활성화 166
보상 결핍 증후군 98~99
보상 시스템

사랑과 뇌 기능 63
사회 계층
　-과 약물 사용 77
　-과 중독 27
생체 적응 모델 70~73, 147~148
생화학적 영상 57~58
선호성 167~170
설탕 중독 37~38
세계보건기구(WHO) 23, 29
세로토닌 116
섹스 중독
　-과 선호성 167~168
　행동 중독으로서의 - 37~38

손상된 반응 억제 및 현저성 귀인 증후군
　(iRISA) 모델　73~76
쇼핑 중독　38
수용체　114~116
시상　142
시상하부-뇌하수체-부신(HPA) 축　147
신경로 추적　54
신경 영상 연구
　-와 갈망　161~164
　-와 구조적 MRI　54
　-와 뇌전도 검사　50~52, 118~119,
　　144~147, 165~166, 239~240
　-와 중독 활동　36~37
　-와 충동성　190
　-와 행동 예측　64~65
　-와 확산 텐서 영상　54
　-와 fMRI　54~56, 105~107, 122~124,
　　161, 170~171, 209~210, 213, 239
　-와 MEG　51~52
　-와 MRI　53~57
　-와 MRS　57
　-와 PET　36~37, 56~58, 94~95, 119~
　　123, 126
　-와 SPECT　56~58
　-의 한계　59~60
　통합적 약물 치료에 대한 -　215~218
　행동 승독에 대한 -　38~39
신생아 금단 증후군　26, 151
신호 전달　114

실업률과 중독　26

아이오와 도박 과제(IGT)　192
아캄프로세이트　211~212
알로스테릭 촉진제　211
알코올 사용
　-과 금단 증상　138
　-과 도파민　96
　-과 사회 계층　77~78
　-과 선호성　167
　-과 엔도페노타입　239~241
　-과 장기 금단 상태에서의 쾌락 상실
　　143
　-과 중독 증상　112~114
　-과 후기 양성 전위　165~166
　-에 대한 갈망 연구　159~161
　-에 대한 약리학적 접근　209~213
　-의 낙인　28
　-의 뇌 메커니즘　123~124
　-의 인구통계학적 특성　27
　-의 작용 영역　117
　-의 전기생리학적 지표　145
　-의 행동적 영향　34
알파파　145
암페타민 사용
　-과 행동적 중독　32
　-의 작용 영역　116
약리학적 치료　209~213

(약물) 단기 중독
　-의 뇌 메커니즘　118~124
　-의 약역학　114~116
　-의 작용 영역　116~117
　-의 정의　112~114
　-의 조절 요인　125~127
약물에 대한 기대　127
약물의 분류　114~116
약물 재사용 실험
　-과 약물 중독의 재발　32
　-과 최종 공통 경로　96~98
약물 중독 치료
　- 관련 입법 대 비용　224~226
　　약리학적 -　209~213
　-에 대한 통합적 접근　215~217
　-와 동료들의 영향　223~224
　-의 결과　219~220
　　행동적 -　37, 213~215
약물 중독 치료의 절차　207~208
약역학　114~116
양전자 방출 단층 촬영(PET)
　-과 갈망 관련 연구　162~163
　-과 급성 금단 증상 후 증후군　143~144
　-과 뇌 메커니즘　118~123
　-과 도파민 관련 연구　57~58
억제성 시냅스 후 전위　50
억제성 통제　193, 195~196
엑스터시 → 3, 4-메틸렌디옥시메스암페타민

타민 참조
엔도페노타입　190, 235~243
역행 차폐　170
오지선다 연속 반응 시간 과제(5CSRTT)
　193, 197
오피오이드 사용
　공중 보건 문제로서 -　81~83, 252~253
　-과 약리학적 치료　209~211
　-과 오피오이드 시스템　96
　-과 인구통계학적 특성　26~28
　-과 출생 시 중독　151~152
　-과 쾌락적 반응　35
　-의 작용 영역　117
　-의 치료 비용　224~226
　-의 행동적 효과　34
외상 후 스트레스 장애(PTSD)　41~42, 250~251
우세 반응　185
우울증
　-과 대마초 사용　77~78
　-의 유전적 위험　77
위험 요인　26~28, 233~235
위험한 의사 결정　192~193
유관성 관리　215
유인 민감화 이론　69~70, 168
유인 현저성　69, 87
유전력　235
유전자 표현 수용체　116

유전학
- 과 델타포스비 172~173
- 과 신경 영상의 한계 60
- 과 약물에 대한 기대 127
- 과 중독 28, 98~99, 235~243
- 과 충동성 189~190

음식 중독 37~38

이온 경사 50

이온 통로 수용체 114

인구통계학
- 과 약물 사용 26~28
- 과 충동성 201~202

인지 행동 모델 213~215

인지 행동 치료 213, 217, 219

인지적 손상과 중독 36

인터넷/비디오 게임 중독
- 과 분리 불안 153
  행동 중독으로서 - 38

자극제 사용
- 의 인구통계학적 특성 27
- 의 행동적 효과 34

자기 공명 분광법(MRS) 57

자기 공명 영상(MRI) 36, 53~57

자연적 강화물 37

작용제 114

장소 선호 32

재발에 대한 예측
- 관련 전기생리학적 지표 145
  약물 재사용 실험과 - 32
  약물 중독 환자의 - 206~207
  전전두엽 피질과 - 140~143

재발의 예방 219~220

전전두엽 피질
- 과 갈망 162~163, 171~172
- 과 도파민 93~95
- 과 약물 재사용 96~98
- 과 의사 결정 192~193
- 과 iRISA 이론 73~75
  금단 증상 동안 - 141
- 의 기능 장애와 재발 140~143

정신 장애와 중독 25~28

《정신질환의 진단 및 통계 편람(DSM)》 23, 29

정지 신호 반응 시간(SSRT) 190, 193, 197

제시법 225

젠더와 중독 27, 243~244

주의
- 와 갈망 170~171
- 와 인지 행동 치료 213

주의력 결핍 과잉 행동 장애(ADHD) 186~187

중뇌-변연계 보상 시스템
- 과 단서 유발 갈망 모델 76
- 과 행동 중독 38~39

-의 특성　90
　중독에 따른 -의 변화　32~37
중독
　-과 인과 관계　244~245
　만성 뇌 질환으로서의 -　205~209
　-의 낙인　28~29
　-의 분류 체계　29~31
　-의 어두운 면　147~149
　-의 유병률　22, 233
　-의 인구통계학적 특성　26~28
　-의 임상적 정의/진단　23, 29~31
　-의 행동적 정의　25, 37~38
　-의 행동적 진행　31~34
　-의 현상학　25~26
　정신 장애와 -　26
　화학적 -　29~37
중독 이론
　뇌 질환 모델　31~37
　단서 유발 갈망 모델　76
　생체 적응 모델　70~73
　손상된 반응 억제 및 현저성 귀인 증후
　　군 모델　73~76
　유인 민감화 이론　68~70
　-의 미래　77~78
　(중독의) 뇌 질환 모델　23, 31~37, 205~
　　209
중독의 메커니즘　31~37
중독의 병인론　29
중독의 인구통계학　26~28

중독의 진단　29~31
중독의 현상학　25~26
지연 할인　185, 196~198, 215
질병통제예방센터(CDC)　81

차폐 단서 과제　170~171
청년기 → 청소년기 참조
청소년 뇌 인지 발달(ABCD) 연구　64~
　65
청소년기　201~202, 233~235
(청소년기의) 스트레스　234~235, 250~
　251
초전도 양자 간섭 장치(SQUID)　51
최종 공통 경로　96~98
충동성
　-과 보상의 지연 할인　196~198
　-과 억제성 통제　193, 195~196
　-과 위험한 의사 결정　192~193
　-의 본질　187~191
　-의 신경약리학　186~187
　-의 정의　183~186
　청소년기의 -　201~202
충동적 행동 척도(IBS)　188
측좌핵
　-과 갈망　171~173, 176
　-과 급성 금단 증상　140
　-과 도파민　91~94
　-과 최종 공통 경로　96~98

-과 ADHD　186~187

코카인
　　-과 도파민　94
　　-과 약리학적 치료　211
　　-과 장기 금단　144
　　-과 전기생리학적 지표　145
　　-과 치료 결과　219
　　-과 후기 양성 전위　165
　　-과 iRISA 이론　73
　　-에 대한 갈망 연구　162
　　-에 대한 선호성　168
　　-의 금단 증상　138
　　-의 급성 금단 증상　141
　　-의 작용 영역　117
콜린　57
쾌락 기준점　68
쾌락 분자 → 도파민 참조
쾌락 상실　144
크레아틴　57

태닝 중독　37~38
태아 알코올 증후군　26
테트라하이드로카나비놀(THC)　117

파블로프식 조건 형성　160

펜시클리딘(PCP)　117
편도체 부피
　　-와 단서 유발 갈망 모델　76
　　-와 대마초 사용　59
　　-와 알코올 사용　124
　　-와 정서 조절　166
포도당 대사　120~122
피라미드 세포　50

학교 중퇴율과 중독　26
항상성　70~73
행동 민감화 실험　32
행동 및 약물 치료 개입　213~215
행동 중독　37~39
행동에 대한 예측　64~65
헤로인 사용
　　-과 뇌 하이재킹　169
　　-과 후기 양성 전위　165
　　-의 금단 증상　138
　　-의 전기생리학적 지표　145
혈액 산소 수준 의존(BOLD) 신호　54
호르몬과 도파민　244
화학적 중독　29~37
확률 할인　197
확산 텐서 영상(DTI)　54
확산성　54
환각제의 치료적 이점　41~43
환경　166

활성화 가능성 추정(ALE) 164
효소 연결 수용체 116
후기 양성 전위(LPP) 165
휴지기 상태 기능적 연결성(rsFC) 122
흥분성 시냅스 후 전위 50

FBJ 쥐 골육종 바이러스 암 유전자 유사
　체 B(FosB) 171~173, 176

G 단백질 연결 수용체 116
N-아세틸아스파르트산(NAA) 57
P300 165~166

1급 마약류 23~25
3, 4-메틸렌디옥시메스암페타민(MDMA)
　41~42, 116

인명

Aharonovich, E. 219
Ahmed, S. H. 37
Anagnostaras, S. C. 69
Babor, T. F. 27
Bauer, L. O. 146
Begleiter, H. 118
Berridge, K. C. 69
Bickel, W. K. 136
Bobzean, S. A. 244
Boeijinga, P. H. 212
Boileau, L. 70
Bonson, K. R. 166
Carroll, K. M. 211, 219
Casey, B. J. 234
Childress, A. R. 167~170
Chocyk, A. 235

Cicero, T. J. 27
Clark, L. 193~194
Conklin, C. A. 160
Corbit, J. D. 70
Costello, M. R. 216
Dackis, C. A. 140
Dagher, A. 38
Daglish, M. R. 168~170
DeWitt, S. 76
Domino, E. F. 118, 145
Drummond, D. C. 160
Ducci, F. 235~236
Dunning, J. P. 165
Ersche, K. D. 188~190, 192, 199
Fehr, C. 141
Feldstein Ewing, S. W. 215

Filbey, F. M. 28, 38, 77~78, 163~164, 167~168
Franken, I. H. 145, 165
Franklin, T. R. 162
Gallinat, J. 38, 164
George, O. 149, 162
Gerbing, D. W. 185
Giorgio, A. 22, 234
Glenn, S. W. 147
Gogtay, N. 22~23, 234
Gold, M. S. 140
Goldman, D. 235~236
Goldstein, R. Z. 73~75
Gooding, D. C. 145
Gritz, E. R. 145
Hariri, A. R. 235, 237
Hasan, K. M. 23, 234
Heinze, M. 165
Herning, R. I. 165
Herrmann, M. J. 165
Holden, C. 37
Hommer, D. W. 76
Jarvis, M. J. 27
Johnson, T. S. 211
Kalivas, P. W. 96
Ketcherside, A. 77
Kim, J. E. 38
King, D. E. 145
Kish, S. 43

Knott, V. J. 145, 165
Kober, H. 136
Konova, A. B. 216, 218
Koob, G. F. 36, 68, 71~72, 147~149
Kourosh, A. S. 38
Kuczenski, R. 32
Kuhn, S. 38, 164
Le Moal, M. 68, 71~72, 147~149
Lebel, C. 23, 234
Leith, N. J. 32
Lenoir, M. 37
Lewis, C. C. 213
Littel, M. 145
Liu, X. 165
Loughead, J. 211
Martinotti, G. 143
Myrick, H. 162, 164
Namkoong, K. 165
Nestler, E. J. 172
Niaura, R. S. 160
Nutt, D. J. 168
O'Brien, C. P. 38
Ogawa, S. 54
Orsini, C. 137
Pagliaccio, D. 60
Papageorgiou, C. C. 145
Porjesz, B. 118, 145, 239~240
Potenza, M. N. 216~217
Probst, C. C. 37

Rangaswany, M. 239~240
Reid, M. S. 165
Robinson, T. E. 68~69, 91~92, 161
Roemer, R. A. 145
Salamone, J. D. 99, 101
Schacht, J. P. 59, 239, 242
Schneider, F. 161
Sell, L. A. 169
Seltenhammer, M. 176
Shaw, P. 23, 234
Sinha, R. 141
Skinner, M. D. 213
Sofuoglu, M. 211, 216
Solomon, R. L. 70
Surwillo, W. W. 145
Tanabe, J. 142
Teklezgi, B. G. 209
Tiffany, S. T. 160, 170
van de Laar, M. C. 165

van Eimeren, T. 37
Venables, P. H. 145
Verdejo-Garcia, A. 219
Vogeler, T. 211
Volkow, N. D. 38, 73~74, 76, 95~97, 120~122, 127, 140~144
Wang, G. J. 121
Warren, C. A. 165
Weeks, J. R. 31
Wexler, B. E. 214
Wierenga, L. M. 234
Winterer, G. 164
Wong, D. F. 162
Worhunsky, P. D. 38
Wrase, J. 162
Wray, J. M. 170
Young, K. A. 170~171
Zubieta, J. K. 141